연극
이후의
연극들

연극
이후의
연극들

초판 1쇄 인쇄 · 2026년 2월　5일
초판 1쇄 발행 · 2026년 2월 12일

엮은이 · 한국연극평론가협회
펴낸이 · 한봉숙
펴낸곳 · 푸른사상사

주간 · 맹문재 | 편집 · 지순이 | 교정 · 김수란
등록 · 1999년 7월 8일 제2-2876호
주소 · 경기도 파주시 회동길 337-16 푸른사상사
대표전화 · 031) 955-9111(2) | 팩시밀리 · 031) 955-9114
이메일 · prun21c@hanmail.net
홈페이지 · http://www.prun21c.com

ⓒ 한국연극평론가협회, 2026

ISBN 979-11-308-2358-4　93680
값 29,000원

저자와의 합의에 의해 인지는 생략합니다.
이 도서의 전부 또는 일부 내용을 재사용하려면 사전에 저작권자와 푸른사상사의
서면에 의한 동의를 받아야 합니다.
이 도서의 표지와 본문 디자인에 대한 권한은 푸른사상사에 있습니다.

연극 이후의 연극들

한국연극평론가협회 엮음

김미희　남지수
서지영　엄현희
이미원　임형진
성명문　조만수
최성희　황승경

푸른사상
PRUNSASANG

1990년대 후반 독일에서부터 명명되기 시작한 '포스트 드라마 연극'은 실제로는 1960년대 이래의 긴 기간 동안의 흐름을 이론화한 것이다. 하지만 포스트 드라마연극은 우리 무대에서는 몇몇 간헐적이고 예외적인 움직임 이외에는 2010년대 초까지 가시적으로 드러나지 않았다. 베케트 이래 드라마적 구성과 전통적 인물을 해체하는 몇몇 글쓰기의 시도들, 극장을 벗어나려는 시도, 몸의 강조 등등이 '실험', '전위', '해체'라는 이름으로 두루뭉술하게 범주화되며 주류 연극의 주변을 이루고 있었을 뿐 연극은 단수성으로서의 '연극'의 모습을 굳건히 유지하고 있었다. 부르주아적 예술에 대한 반발이라는 실험적 시도들은 아직 예술 안에서의 이단아적인 목소리에 불과한 것으로 여겨졌다. 그것은 다른 형식의 연극이 등장해도 이내 주변화시키고 일시적인 것으로 보이게 할 만큼 주류 드라마 연극의 힘이 강력했음을 알려주는 것이다. 다시 말해 60년대 이래 2000년대까지는 우리의 삶을 표현하는 형식이 드라마 연극에 의해 포착되고 있었음을 말해준다. 아니 드라마에 의해 포착될 수 있는 감수성의 소지자로서의 '우리'가 — 실은 그렇지 않음에도 불구하고 — 단일한 몸을 이루고 있다고 여겨진 것이다.

새로운 연극적 흐름이 느껴지기 시작한 것은 2010년대 중반 미투운동, 세월호 사건, 그리고 코로나 전염병 국면을 겪으면서이다. 급변하는 사회적 움직임 앞에서, 그리고 용인할 수 있는 윤리성의 한계를 경험하면서, 겉으로는 이제껏의 단수성을 유지하던 연극은, 그 아래서 이미 변화를 모색하던 자신의 다수성으로서의 '연극들'에게 발화의 자리를 내주기 시작했다. 일련의 변화의 계기들은 우리 사회의 대표성을 지니고 있다고 여겨지던 집단이 도덕적으로 신뢰할 수 없으며, 사회적으로 무책임하고, 위기를 관리할 능력이 현격히 부족하다는 것을 어떤 환상도 없이 드러내주었다. 우리 사회에서의 새로운 '연극들'의 대두는 사회적 변화가 새로운 언어의 탄생을 위한 조건이 되었다는 점에서 급작스럽지만, 납득할 만한 필연적 변화였다. 더불어 이 시기 이후 연극 수용의 중심을 이루는 MZ세대는 앞선 세대들과는 대비되는 감수성을 가지고 있었으며 추구하는 삶의 모습과 가치가 달랐다. 포스트드라마 연극이라고 일컫게 되는 연극적 경향이 우리 사회에서 이 시기에 비로소 구체적인 형식으로 나타나기 시작했다는 것은 단지 서구 예술이론이 지칭하는 예술의 새로운 경향의 등장이 아니라 우리 자신의 표현의 방식으로서의 예술 형식이 발현하는 구체적인 사회적 계기들의 작동을 관찰하게 한다는 점에서 흥미롭다.

　미투는 민주/비민주라는 대립구도를 넘어 남/녀, 노/소, 지배/피지배 등의 중층적 대립구조 속에서 복잡한 양상으로 작동되는 폭력을 관찰하게 했다. 민주라는 항목과 성적 폭력이 어떤 결합 속에서는 한 쌍이 될 수 있음을 확인하면서 모든 형태의 권위를 경계하기 시작했다. 예술, 혹은 함께 예술하는 집단을 위해 용인했던 권력과 카리스마를 불신하기 시작했고, 단일한 해석권력의 윤리적 정당성은 해체되었다. 더불어 이와 같은 기존 해석권력을 중심으로 구축된 창작집단들은 와해되었다. 이야기보다는 이야기를 만들고 조직하는 위치, 그리고 그 위치로부터 이야기를 배치하는 방식이 더 중요하게 된다. 연극은 이제 미학적인 것 못지않게 윤리적 사건으로서 기능하기 시작한다.

세월호는 단일하고 대표적인 목소리 — 국가의 목소리이며 윗세대의 목소리 — 의 윤리적 파산을 선고한 사건이었다. 표현의 모든 방식을 압도한 비극적 사건 앞에서 그것을 재현하려는 시도들은 무의미해졌다. 허구로서 재구성할 수 없는 이야기를 위해 다큐멘터리 혹은 수행성을 강조하는 참여적 행위가 세월호 참사에 다가서는 방식이었다. 세월호에 접근하는 드라마적 재현은 윤리적으로 위험해지고, 미학적으로 무기력해졌다. 피해자의 위치를 허구적으로 점유하는 위험을 피면서, 관찰자로 발화하는 여기-지금의 존재가 전면화된다. 해석을 유보하고 인과를 최소화하면서 그리고 감정의 과잉을 억제하고 말을 최소화하며, 증언이 되기 위해 삶의 실제 목소리에 배우의 몸을 빌려주는 다큐멘터리적 형식들이 선택되었다.

코로나는 연극을 소비하는 방식에 변화를 가져왔다. 극장이 시민 공론의 장으로서 사회적 가치들이 제시되고, 논의되며, 토론되는 시대는 더이상 존재하지 않게 되었다. 관객이 전염의 위험에도 불구하고 극장에 가는 것은 공론장 참여가 아니라, 관객 자신이 지지하는 가치공동체의 소속 행위가 되기 시작하였다. 작품이 내세우는 가치, 그리고 다루는 소재, 윤리적 입장에 따라 '팬덤'화된 가치공동체가 관객을 형성한다. 각각의 창작집단은 지지하는 집단의 적극적 참여에 의해 만석을 이룰 만큼 관객 동원에 성공하지만, 작품들의 사회적 영향력은 크지 않다. 관객은 공동 발화 주체가 되어 자신들이 동의하는 가치를 확인하고 지지하기 위해서 극장에 온다. 극장은 정체성의 수행 공간이 되어간다. 극이 순수하게 소비의 대상이라고 생각하는 관객 역시도 '소비자'로서의 자신의 정체성에 어울리는 상품을 구매하기 위해 극장에 온다. 다양한 형식의 연극이 자기 관객들을 찾아내고, 그들에게 의지하지만 연극들이 이루는 몸은 연극의 몸보다 작아졌다.

미투, 세월호, 코로나 이외에도 2010년대 중반 이후 2020년대 중반에 이르는 현재에까지 사회적으로, 그리고 공연 분야에서 새로운 변화의 계기가 되는 것은 '기술적인 변화'이다. 사회 전반에 걸쳐 AI가 가져올 미래사회의 변화에 대해 주목하고 있다. AI뿐만 아니라 메타버스 또한 연극을 기존의 연극과 다른 방식으로 기능하게 하며, 심지어 이제까지와는 다른 방식으로 연극을 정의하게 한다. AI는 창작 주체의 측면에서 변화를 가져온다. 누가 연극을 쓰는가? 누가 연극을 해석하는가? 그리고 누가 무대 위에서 연기하는가? 이 모든 측면에서 AI의 개입이 현실화될 수 있다. 메타버스는 연극에서 공연자와 관람자의 공간적, 시간적 동시성에 변화를 가져온다. 오프라인에 관객이 현존하는 것이 연극의 고유성을 이루는 필수적 조건이 아니게 됨으로써 연극은 이제 다른 정의를 필요로 한다. 과학의 발전과 더불어 연극은 하나의 사건이 아니라 시스템이 될 수도 있다.

연극이 연극들로 분화해간다고 해서 연극들의 목소리들이 다성의 화음을 이루는 것은 아니다. 이들 목소리들은 제각기 혼자말로 떠들거나, 서로를 향한다 하더라도 대화로서 기능하기보다는 경합하고 갈등한다. 게다가 다양한 만큼 목소리 하나하나의 힘은 작아진다. 하지만 이 연극들이 자신의 목소리를 발화하는 방식을 각기 찾아가는 시간이 필요하다. 각각의 목소리들은 자신이 선택한 주제에 대한 더 깊은 천착이 필요하며, 그 주제를 이론적인 측면뿐만 아니라 실천적 측면에서도 수행성을 갖는 시간이 필요하다. 극장에서 수행성을 강조하기 위해서는 현실 속에서의 가치의 실천 행위의 중요성도 강조되어야 하기 때문이다. 포스트드라마 연극은 그런 의미에서 한 편의 제작을 위해서 드라마 연극보다 더 많은 시간이 필요할 수 있다.

연극이 연극들로 분화되면서, 분화된 연극들은 자신의 목소리가 담길 새로운 형식을 찾아야 한다. 가치공동체 내의 목소리로 남는 것이 아니라, 다른 가치 지향성을 갖는 이들에게까지 확장된 말을 건네기 위한 형식을 찾아야 한다. 때로 어떤 창작자는 의미 대신 감각을 공유하는 작업을 통해 이 대화를 시도하며, 또 때로 어떤 창작자들은 소통 가능한 현실의 장을 무대 위에서 펼쳐보고자 시도한다. 감각적 공공성이든, 현실을 함께 제작해가는 사회적 공공성이든 간에, 연극들이 자신의 형식과 타자의 형식을 접속시켜 서로에게서 공농의 것으로 소통할 수 있는 움직임을 이어갈 때, 연극들은 연극보다 풍요로운 결과물을 지니게 될 것이다.

2026년 1월

조만수

차례

김미희

동시대 한국의 장애연극과 새로운 극미학

동시대 한국의 장애연극과 새로운 극미학

1. 들어가며

한국 연극계에서 장애예술[1]에 대한 관심이 뜨겁다. 2025년 5월 1일 모두예술극장에서 가진 오스트리아의 안무가 마이클 투린스키(Michael Turinsky)의 〈위태로운 움직임(*Precarious Moves*)〉의 공연 첫날, 공연이 시작되기 전의 극장 앞 2층 로비 풍경이 단적인 예다. 한국에서 장애예술을 좀 한다는 창작자들과 이론가들이 다 모인 듯했다. 눈에 익은 장애인 배우들, 장애 · 비장애 연출가들과 안무가들, 연극과 무용 관련 평론가들과 연구자들로 북적였다. 서로 안면이 있는 관객들의 친숙함과 곧 보게 될 공연에 대한 기대감이 감돌아 일반 공연장의 로비에서와는 다른 연대감과 설렘 같은 분위기도 느

---

1 본고에서 '장애연극'과 '장애예술' 용어를 같이 사용한다. 연극을 중심으로 하는 논의지만, 오늘날 장애연극은 신체성이 부각되면서 통상적인 언어 중심의 서사보다는 고유한 장애 신체와 움직임에 대한 감각을 중요시하며 다원적인 성격을 띠고 있어 장애연극 대신, 장애예술이라고 불러도 무방하다고 보기 때문이다. 본고의 장애연극에 대한 논의는 사실상 장애예술에 대한 논의와 같다고 보아 맥락상 구분 없이 사용한다.

껴졌다. 이처럼 해외 유수 장애예술가의 공연을 관람하고 그 노하우를 배우려는 한국 예술가들의 열기야말로 지난 10여 년간 한국 장애예술 발전의 원동력이었다고 할 수 있다.

본고는 동시대 한국연극의 가장 역동적인 추세의 하나인 장애연극의 전개 양상과 그 실천이 갖는 의의를 살펴보는 데 목적이 있다. 이는 한국 장애연극의 미학적, 사회적 의미를 밝히는 일이기도 하다.

2. 한국 장애연극의 형성 배경

동시대 한국의 장애연극의 발전을 견인한 데에는 다양한 공연 외적인 환경이 중요한 역할을 했다. 크게 정책적 요소, 문화적 영향, 사회적 분위기를 꼽을 수 있다.

장애연극의 발전을 선도한 정책적 요소는 정부의 법률적, 제도적 지원이다. 장애인 문화예술 활동과 관련한 법 제정은 1989년에 장애인복지법 제15조에 '문화환경의 정비'를 규정하며 시작되었다. 그러나 이는 장애인의 체육과 여가활동을 의미하는 데 그친 한계가 있다.[2] 1998년 장애인복지발전 5개년 계획의 수립과 함께, 1998년 '장애인복지법'이 전면개정되어 장애인의 문화 권리에 대한 관심을 고조시키며 처음으로 장애인의 문화예술향유를 기본 인권으로 인식하도록 했다. 2015년 한국장애인문화예술원의 설립은 장애인 문화예술 정책의 전환점이 되었다. 한편 2017년에 들어선 문재인 정부는 국가 비전으로서 '혁신적 포용 국가'를 표방했다. 포용적 문화정

2　주윤정 외, 『장애예술인 창작 활성화 프로그램 개발연구 최종보고서』, 서울대학교 사회발전연구소, 2018, 15쪽.

책의 역할을 포용 국가 전략에 포함시키면서 장애인의 복지와 문화활동에 대한 지원도 사회적 평등과 다양성을 존중하는 문화정책의 일환으로 들어오게 된다.[3] 국가 인재 역량인 창의성 증진을 위해 문화 소외계층을 포용할 필요가 있다고 보아, 기존의 문화예술 향유 접근성에 집중한 정책에서 탈피하여 문화적 표현에 대한 인식을 제고한 것이다. 국가 구성원 '누구나' 지리적, 사회적 배경, 경제적 수준, 신체적 능력 등과 상관없이 문화적 표현을 동등하게 할 수 있어야 한다고 보고 포용적 문화정책에 문화 창작과 향유 활동을 모두 포함시켰다.[4] 이에 따라 장애인, 경제적 취약계층, 소수인종, 성소수자, 외국인, 여성, 난민 등 사회적 소외자 집단의[5] 문화적 다양성과 표현을 증진하기 위한 정책들이 나오게 된다. 장애예술인 창작 지원 정책과 함께 포용적 공연장 환경 구축도 이어졌는데, 2023년 10월 모두예술극장의 개관이 그 상징적 결실이다.

---

3 김기란은 장애예술이 '모두의 연극'이라는 포용적 문화정책의 부분으로 들어오게 된 데 문제를 제기한다. 국내에서 '모두의 예술'을 의미하는 '포용적'이라는 용어 사용과 영국에서의 '포용적(Social Inclusion)'이라는 용어 사용을 구분해야 한다며 비판한다. 영국의 경우에는 장애인 창작자와 장애인 관객들에게 예술 창작 및 향유에 대한 접근성을 높일 수 있는 정책이 제시되는 경우에만 '포용적'이란 용어를 사용하고, 문화예술 생산 및 향유와 관련해서는 소수인종이나 젠더, 여령층 등을 위한 다양성(diversity)이나 평등성(equality)의 개념을 주로 사용한다는 것이다. 모두예술극장이나 '모두의 연극'을 언급할 때 '포용적'인 것이 다양성과 평등을 의미하는지, 접근성을 뜻하는지 국내에서는 개념에 대한 합의나 뚜렷한 정의가 없어 혼란이 일어난다고 본다. 김기란, 「감각 존중 혹은 나눔의 윤리」, 『정기 심포지엄 '모두의 연극, 실현 가능성 모색' 자료집』, 한국연극평론가협회, 2024.9, 24~25쪽.

4 조현성 · 연수현, 『혁신적 포용 국가 달성을 위한 문화정책 발전 방향 연구』, 한국문화관광연구원, 2019, 70~96쪽.

5 선병태, 『장애인 예술 장르별 지원 방안 연구』, 한국문화관광연구원, 2014, 107쪽.

문화적 영향으로는, 동시대 해외 장애예술이 한국 장애연극의 발전을 견인했다고 볼 수 있다. 국내 연극인들과 관객들은 2000년대 전후 일본에서 소개된 에이블 아트(Able Arts)를 위시하여 해외에서 초청된 다양한 장애예술들을 접하게 되면서 시야가 넓어지고 창작에 영향을 받게 된다. 먼저 2011년 호주의 백투백시어터(Back to Back Theatre)가 서울국제공연예술제에서 선보인 〈작은 금속물체(*Small Metal Objects*)〉가 국내 공연계술계의 눈길을 모았다. 전문 배우와 지적장애인이 협업, 창작한 작품이다. 서울역 3층 KTX 역사를 오가는 사람들을 일상적 배경으로 하여 헤드폰으로 관객과 퍼포머들을 연결해 장애인의 성, 우생학적인 인간 구분, 거짓 지식, 욕망과 죽음 등의 문제를 제기했다. 2019년 서울거리예술축제에 소개된 호주의 레스트레스 댄스시어터(Restless Dance Theatre)의 무용극 〈친밀한 공간(*Intimate Space*)〉도 관객을 호텔로 초청하여 사적인 행동과 공적인 행동에 대한 질문을 장소 특정적 퍼포먼스로 펼쳤다. 장애·비장애 예술가의 협업으로 접근성, 다양성, 포용성에 대한 인식 전환을 촉구한 공연이다. 2023년 10월에 개관한 모두예술극장도 유수 해외 작품을 소개하는 것을 주요 사업의 하나로 삼았다. 개관 후 1년간 공연한 여섯 작품 중 해외 초청작이 두 편이다. 바로 백투백시어터의 〈사냥꾼의 먹이가 된 그림자(*The Shadow Whose Prey the Hunter Becomes*)〉와 프랑스의 카탈리즈 극단(Catalyse Company)의 〈걸리버 마지막 여행(*Gulliver, the Last Voyage*)〉이다. 〈사냥꾼의 먹이가 된 그림자〉는 발달장애인들 간의 지적 능력의 차이와 차별을 내용으로 하는 작품으로, 장애가 있거나 장애라고 말하고 싶지 않은 배우 3명이 나와[6] 1시간 동안 다양한 이슈에 대해 질문을 던

---

6 이혜리, 「공연 리뷰_폭력, 차별, 억압에 대해 질문을 던지는 〈사냥꾼의 먹이가 된 그림자〉」 참조. https://blog.naver.com/moduarttheater/223264207814(2025.5.30. 접속)

진다. 인공지능의 시대에 인간 모두가 지적장애인일 수 있다는 것, 장애인과 정상인의 범주화 문제, 장애인의 억압과 차별의 역사 등에 목소리를 높인다. 〈걸리버 마지막 여행〉은 조너선 스위프트의 소설을 발달장애인 배우와 공동으로 각색하여 발달장애인들이 공연한 작품이다.

마지막으로 한국의 장애예술 발전에 영향을 끼친 주된 요소는 사회적 분위기다. 68혁명이 기존의 제도와 문화적 권력에 저항해 예술의 민주화와 참여를 가져와 서구의 장애예술을 성장시킨 간접적인 계기였다면,[7] 2010년대 후반 한국 사회와 예술계를 휩쓴 두 사건이 한국 장애예술의 발전에 영향을 미쳤다고 할 수 있다. 바로 2016년 겨울에서 2017년 봄 사이에 일어난 문화예술계 블랙리스트 사태와 2018년 연극계를 강타한 미투운동이다. 문화예술계 블랙리스트 사태는 권력이 검열로 예술 표현의 자유를 제한하고 문화예술인의 권리를 침해하여 연극계에 엄청한 분노와 저항을 야기시켰다. 이를 계기로 연극예술가들은 인간의 기본권이자 예술가의 생존권으로서 표현의 자유라는 민주적 가치의 중요성을 새삼 인식하게 되었다. 1980년대 민주화 이후 한동안 정치적 색채가 옅어진 연극계에, 블랙리스트 사태는 특히 젊은 연극인들에게 강한 정치의식을 불어넣었다. 블랙리스트 사태와 맞물려 발생한 미투운동은 한국연극의 지각 변화를 가져오면서 실질적으로는 블랙리스트 검열 사태보다 더 큰 타격을 주었다. 그동안 권력을 휘두르며 위계를 행사하던 대표적인 남성 연출가들과 연기자들을 연극 현장에서 퇴출시켰을 뿐 아니라, 구시대적 위계질서에 젖어 있던 기성세대를 일선에서 물러나게 함으로써 연극계 세대교체의 결정적인 신호탄이 되었다. 이는 젊은 여성 창작자들이 극작, 연출, 기획 등의 분야에서 약진하는 결과를 가져

---

7   주윤정 외, 앞의 책, 1쪽.

왔다. 인적 교체와 함께 공연 제작 전반에도 변화가 이루어졌다. 연출과 연기자 간의 위계 타파, 민주적이고 평등한 연극 작업 요구, 성폭력 예방 교육 실시, 표준계약서 관행 정착 등, 연극계의 불공정을 철폐하고 예술가의 지위와 권리 보장을 위한 실천들이 다각적으로 이루어지기 시작했다. 이렇게 블랙리스트 사태와 미투운동은 한국연극의 창작 주체에게 인권의식을 고취시키고 소수자와 약자에 대한 관심을 기울이게 하여, 다양성과 포용성을 지향하는 '정치적으로 올바른 연극'에 경도하도록 했다.[8] 이러한 사회적 분위기 속에서 연극예술가들의 관심은 자연스럽게 장애연극으로 향했다고 할 수 있다.[9] 즉, 한국 연극계의 장애연극에 대한 관심은 블랙리스트 사태와 미투운동을 기점으로 변화된 한국연극의 소재 및 미학적 확장의 한 측면이다.

3. 한국 장애연극의 전개 양상

한국의 장애연극은 정부의 정책적 지원과 사회문화적 요구에 힘입어, 10년도 채 되지 않는 짧은 기간에 그 스펙트럼을 넓히며, 주로 복지적 차원에 머물렀던 성격에서 한국연극의 주류 무대로 진입하고 있다. 초기에는 장애

---

8 김방옥 연극평론가가 그의 책 『미학적 연극에서 올바름의 연극으로—세월호와 미투 이후의 한국연극』(연극과인간, 2022)에서 '올바름의 연극' 이란 표현을 처음 사용한다. 그는 2010년대 중반 이후 7~8년 사이에 한국 연극계에 일어난 새로운 변혁의 물결에 대해 '미학적 연극' 에서 '올바름의 연극' 으로 가고 있다고 보며, 그 변혁의 도화선이 된 사건으로 세월호 참사, 검열과 블랙리스트, 촛불집회와 대통령 탄핵, 미투, 청년실업, 코로나 팬데믹과 기후위기를 들고 있다.

9 김소연도 미투운동이 소재적으로 여성 서사뿐 아니라, 장애, 동물권, 노동 등의 비주류나 소수자들에 대한 관심을 증폭시켰다고 본다. 김소연, 「장애와 연극, 장애와 극장」, 『문화과학』 115, 문화과학사, 2023.9, 169쪽.

인 관객이 공연장에 접근하는 데 필요한 물리적인 장벽을 없애는 배리어프리 공연 환경을 만드는 데 집중했으나, 점차 장애인은 단순히 예술을 소비하고 향유하는 대상에 그치지 않고 창작의 주체로 들어오기 시작했다. 비장애인과 함께 협력 작업을 하는 등 다양한 창작·제작 형태를 보이며 최근에는 장애연극만의 독자적이고 고유한 극미학을 찾으려는 시도들이 나타나고 있다. 공연이라는 실천적 형태로 공연장 안팎에서 일종의 붐이라고 할 정도로 장애연극은 다양한 실험과 시도가 진행 중이다.

공연상, 한국의 장애연극을 크게 세 유형으로 분류할 수 있다.

첫 번째 유형은 연극의 내용에 초점을 둔다. 장애인이나 장애를 소재나 주제로 다루며 장애인이 처한 현실을 전통적인 재현의 미학으로 드러내는 작품들이 이에 해당한다. 근이양증장애를 가진 주인공의 죽음을 다룬 연극 〈책 속의 시간〉(장애인 문화나눔 노리터 제작, 2016), 시각장애인을 소재로 한 〈타오르는 어둠 속에서〉(김경익 연출, 2016), 청각장애인의 자녀 이야기를 다룬 〈깍두기〉(서지원 연출, 2025), 다운증후군 여성의 결혼과 출산을 두고 비장애인 엄마와의 갈등을 다룬 번역극 〈젤리피쉬(*Jellyfish*)〉(민새롬 연출, 2025)가 이에 해당한다.

두 번째 유형에는, 공연의 내용을 넘어 공연의 형식과 환경의 변화를 모색하는 작품들이 속한다. 물리적인 '배리어프리'를 중시하는 범주다. 배리어프리는 건축학에서 유래한 용어다. 1974년 6월 국제연합 회의에서 「장벽 없는 건축 설계에 관한 보고서」에 처음 언급된 뒤, 장애인에 대한 차별과 편견을 없애는 뜻으로 의미가 확장되어 사용되어왔다. 문화예술 분야에서는 문화예술 향유권과 관련하여 흔히 사용되어왔으나, 여기에 문화표현권을 더해 창작과 수용 모두에 걸쳐 배리어프리를 추구하는 유형이다. 무대나 객석에서 장애인의 참여 여부를 중시하는 것이다. 이는 다시 장애인이 관객으로만 참여하는 경우와 창작이나 실연에도 참여하는 경우로 나눌 수 있다. 장애인의 공연장 접근성을 표방하는 대부분의 배리어프리 공연들이 전자에 해당한다. 이 유형의 공연들은 장애인 관객의 물리적인 공연 접근성을 확보하기 위한 티켓 예약, 공연장 이동 안내, 휠체어석 마련, 개방·폐쇄형 음성해설, 수어·문자 통역, 점자 자료, 터치 투어, 동반인 할인 및 티켓 제공 등의 다양한 배리어프리 서비스를 제공하는 데 노력한다. 국내 공연에서는 2014년 6월 엠포컴퍼니가 공연한 〈달팽이의 별〉에서 '배리어프리 연극'이라는 용어를 처음 사용했다. 한편 창작과 실연에 장애인이 참여하는 경우에는 '당사자성'이 강조되는데, 국·공립 공연단체를 중심으로 활발하게 적이다. 전반적으로 과거에는 비장애 배우가 하던 장애인 인물 역이 점차 장애 배우로 대체되는 추세다.

마지막 공연 유형으로, 장애연극만의 미학적 차별성과 가능성을 적극적으로 모색하는 작품들을 들 수 있다. 가장 진보적인 장애연극 유형이다. 장애의 특수성으로 인해 비장애 배우와 움직임, 속도, 언어 구사 등에서 차이가 나는 장애인 배우의 수행성이 오히려 근대적인 극미학에 저항하며 연극의 본질적인 우연성과 맞닿게 한다고 본다. 전통적인 극미학에서 기대하는 필연성과 예측 가능성이야말로 오히려 연극의 본질에서 벗어난다고 보는 관점이다. 최근 모두예술극장 등에서 초청해 선보인 해외 작품들에서 사례를 많이 볼 수 있다.

본고는 동시대 한국 장애연극의 새로운 전개 양상과 특성에 대해 살펴보는 데 목적이 있으므로, 두 번째와 세 번째 유형을 중심으로 장애연극이 구체적으로 어떻게 드러나고 있는지 대표적인 공연 사례를 통해 살펴볼 것이다.

1) 장애인의 접근성과 참여를 강조하는 배리어프리 공연

국내 최초의 배리어프리 연극은 2014년 6월 엠포컴퍼니가 카톨릭청년센터에서 공연한 〈달팽이의 별〉이다. 공연은 실화를 바탕으로 한 장애인 부부의 이야기를 내용으로 하여, 장애인 관객의 접근성에 중점을 두었다. 시각장애인을 위한 청각 해설과 점자 대본, 저시력 관객을 위한 인쇄 대본, 청각장애인을 위한 좌석의 스크린, 휠체어 관객을 위한 넓은 좌석 공간 등을 구비했다. 이후 일반 관객을 대상으로 장애연극 제작을 주도한 것은 주로 국·공립 제작극장들이다.

국립극단은 2021년 10월 〈로드킬 인 더 씨어터〉에서 적극적으로 배리어프리 연극을 시도했다. 동물의 시선을 통해 '대상화'의 문제를 인간 중심의 사회에서 짚어보는 작품이다. 기존의 연극성에 의문을 제기하며 소수자의 목소리를 높여온 구자혜 연출로 수어통역, 음성해설, 한글자막 등의 배리어프리 서비스를 전회차에 걸쳐 제공했다. 2023년 재공연한 아동청소년극 〈영지〉는 배리어프리 공연을 고려하여 대본을 수정하고 자막과 인물, 극적 상황을 디자인적으로 이미지화했다.[10] 전회차에 한글자막을 도입하고 음성해설을 제공했다. 국립극단의 배리어프리 공연 편수와 장애인 관객은 점차 늘어나는 추세다. 2019년에는 16편 공연 중 배리어프리 공연은 아예 없었다. 그러다가 2020년에는 2편으로 전체 공연의 20%를 차지했고, 2021년에는 6편으로 40%, 2022년에는 상반기만 4편으로 45%를 차지하며 늘고 있다. 장애인 관람객도 2020년에 전체 관객의 0.51%에서 2021년에는 0.73%, 2022년에는 상반기만 1.55%를 차지하며 증가하고 있다. 2021년 국립극단은 공연팀에게 자체 제작한 배리어프리 공연 접근성 강화 매뉴얼을 배부하

10　김소연, 앞의 글, 162쪽.

여 실행하도록 했으며, 장애인 관객 지원 방안도 구체화하며 실질적인 배리어프리 공연장으로 운영할 수 있는 환경을 마련했다.[11]

　국립극장은 코로나 팬데믹이 끝나면서 공연 현장에 배리어프리 장치들을 적용했다. 2020년에 '동행, 장벽 없는 극장 만들기' 사업을 시작으로 공연에 음성해설, 자막, 수어가 들어왔다. 2021년 10월에 기획, 초청 공연한 장애인극단 다빈나오의 소리극 〈옥이〉가 그 포문을 열었다. 무대 위 해설과 수어 통역, 점자로 된 공연 안내지, 보조 휠체어 서비스, 장애인용 셔틀버스 서비스를 제공했으며, 예술 창작의 주체로 장애 당사자 배우가 무대에 등장하도록 했다. 2024년 5월에 김미란 연출이 수어와 소리로 재탄생시킨 〈맥베스〉도 호평을 받았다. 6명의 농인 배우와 4명의 소리꾼이 참여한 공연으로, 원작을 현대의 정육점 살인사건으로 각색하여, 수어와 판소리를 사용해 실험적인 극형식을 만들어냈다. 배리어프리 형식 자체에 대한 미학적 실험을 시도한 작품이다. 김미란은 어떻게 해도 장애인 관객이 경험하는 장애를 극장에서 완전히 없애기는 불가능하다고 판단하여, 역설적으로 모두가 장애를 갖는 연극을 제안하게 되었다고 한다. 원작을 해체·재구성한 16개 에피소드들의 단편적인 이미지만을 제시해 관객이 각자의 장애를 갖고 수어나, 자막, 음성언어 등을 통해 나름의 방식으로 무대를 해석하도록 한 것이다. 장애 서사도 장애 형식도 없는 무장애 연극이라는 새로운 극형식에 대한 실험으로 볼 수 있다. 원천적으로 배리어프리가 불가능하다면, 장애가 존재한다는 것을 의식해야 한다는 '배리어 컨셔스(barrier conscious)' 공연으로 방향을 전환하자는 발상의 전환이 돋보인다.

　서울시 산하 창작공간 남산예술센터도 2019년도에 4개 공연에서 배리어

11　https://www.welfarenews.net/news/articleView.html?idxno=86865(2025.5.24. 접속)

프리 공연을 시도했다. 2019년 4월 남산예술센터와 극단 여기는당연히극장이 공동제작한 〈7번 국도〉는 청각장애인을 위한 문자와 수화 통역, 시각장애인을 위해 음성해설을 제공한 공공극장 최초의 배리어프리 공연이다. 2021년 서울시극단의 레퍼토리로 올린 박해성 연출의 〈천만 개의 도시〉도 배리어프리 공연이다. 도시에서 만나는 일상의 인물 100여 명을 무대로 소환했는데, 뇌병변장애 배우 하지성을 캐스팅하여 휠체어를 타고 버스에 오르는 일상의 인물로 등장시켰다. 연습실에 경사로를 설치하고 연습 기간 내내 수어 통역사가 상주하며 전 과정을 배리어프리로 진행하였으며, 전 회차에 자막해설과 음성해설을 제공했다.

국공립극장 외에 민간 제작극장인 두산아트센터도 한국의 장애연극 발전에 앞장섰다. 두산아트센터는 신진예술가를 발굴, 장기적으로 지원하여 신진예술가 성장의 교두보 역할을 해왔다. 시대와 사회의 민감한 주요 이슈들을 매년 기획 주제로 설정하여 '인문극장'이라는 이름으로 인문학 강연과 예술, 과학을 잇는 복합 프로그램도 운영하고 있다. 한국연극에서 전위적인 역할을 해온 두산아트센터가 배리어프리 지원에 앞장선 것은 어쩌면 당연해 보인다. 두산아트센터는 장애인을 위한 접근성 지원 프로그램을 모든 공연에 준비하고 있으며, 두산인문극장의 강연도 실시간으로 문자 통역을 하고 강연이 끝난 뒤에는 유튜브로 수어 통역이 들어간 영상을 제공하고 있다.

그 외 대한민국연극제, 서울국제공연예술제(SPAF) 등에서도 희망하는 참가작에게 배리어프리 공연을 지원하고 있다. 그러나 연극제라는 특성상 배리어프리 공연을 구현하는 데는 많은 제약이 있어, 주최 측의 전시적인 제스처에 그치는 면이 있다.

프로젝트 0set의 연구에 따르면 한국연극의 메카라고 할 수 있는 대학로의 120개 공연장 중에서 장애인이 활동 보조 없이 이용할 수 있는 시설을 구비한 곳은 14개(11.7%)에 불과하다. 부분적으로나마 접근이 가능한 곳도 21개(17.5%)에 그친다.[12] 현실은 여전히 배리어프리를 필수가 아닌 선택적 공연 조건으로 보고 있음을 반증한다.

2) 당사자성으로 구현하는 장애연극의 새로운 극미학

능력주의 신체관은 사회적, 문화적, 정치적인 장벽을 만들어 장애를 가진 신체에 대해 사회적 기준에 미치지 못하며 삶의 가치를 떨어뜨리는 것으로 구조화시키고 라벨링한다.[13] 능력주의 규범으로 장애인을 사회적으로 침묵시키며 배제하고 주류 커뮤니티의 삶에서 분리해온 것이다. 반면 장애미학은 능력주의 신체관과 대조적으로 손상되고 열등한 장애 신체를 받아들여, 우리 사회에 스며든 능력주의 규범에 도전하며 변화를 촉구한다. 장애예술은 능력주의 미학이 찬양하는 전체성, 통일성, 일관성, 완전함을 남성적 판타지라고 비판하고 전복시킨다. 장애인 개개인의 고유한 경험과 관점으로 규범화에 도전하는 장애예술 창작의 중심에 '당사자성'의 개념이 있다.

'당사자성'이란 용어는 당사자가 주체적으로 자신의 경험과 목소리를 내 주체로서의 권리와 지위를 확보하는 것으로 정의할 수 있다. 사회적 불평등이나 정체성, 권리에 대해 주장을 할 때 사용하는 중요한 개념이다.[14] 당

---

12 https://www.hankookilbo.com/News/Read/201912011638317806(2025.5.24. 접속)

13 Ronald J. Berger and Loren E. Wilbers, *Introducing Disability Studies*, Boulder: Lynne Rienner Publisher, 2013, p.27.

14 이지형은 '어떤 일에 직접 관련된 사람'이란 의미로 통용되는 '당사자'와 달리 '당사자성'의 정의는 분명하지 않다고 본다. 당사자성 개념이 일반적으로 마이너리티 당사자를 가리키기는 하지만 비당사자–당사자라는 이분법적 구도가 당사자 내부의

사자성을 강조하는 이유는 당사자 개인의 경험과 목소리를 억압하는 구조와 외적 권력에서 영향을 받지 않고 발화하기 위해서다. 장애예술에서 당사자성은 장애를 가진 당사자가 관련 창작에 직접 참여하거나 관여하여, 당사자로서의 경험과 관점이 왜곡되지 않고 반영될 수 있도록 하는 예술 행위를 함의한다.

장애공연예술의 경우, 비장애인이 장애를 연기하는 것에 대한 문제의식이 제기되면서 공연에 장애 당사자가 출연하는 일이 많아졌다. 장애인 예술가가 장애인 연기를 하는 '당사자성'은 장애인이 비장애인의 행동이나 연기를 표준으로 삼아 닮으려고 하는 것이 아니라 관객이 장애를 그 자체로 받아들이고 감각하도록 한다.

2019년 두산아트센터 스페이스111에서 장애인으로 구성된 극단 애인이 공연한 〈인정투쟁 : 예술가 편〉은 이연주 작가가 연출까지 맡은 작품이다. 장애 연극인의 당사자성을 연극의 메시지이자 연극의 내용으로 그대로 가져와 우리 사회와 예술계의 비장애중심주의를 고발한다. 신체장애를 지닌

성별, 계급, 출신지, 학력 등의 다양한 차이를 은폐한다고 지적한다. 그럼에도 '당사자성'이 "권력의 주변부에 위치한 마이너리티의 정체성을 현실정치와 운동의 맥락 속에서 문제시할 때 주로 사용"되고 있다는 것을 인정하며, 명확한 정의는 없으나 통용 양상을 볼 때 '당사자'의 연장선상에서 이루어지고 있다고 본다. 또 당사자의 다양한 층위에서 오는 차이와 균열에도 불구하고 '당사자성'이라는 용어가 영향력을 발휘하는 이유를 "당사자가 아니면 온전히 체득할 수 없는 특수한 경험과 정서가 존재한다는 인식"과 "당사자라는 이름으로 소환되는 소외와 차별" 때문이라고 본다. 소외와 차별의 직접적인 근거가 되는 '신체성'과 사회적·문화적·역사적 콘텍스트가 깊숙이 관여되어 있다고 보는 이지형의 관점을 장애예술을 논할 때도 그대로 적용할 수 있다고 보아 본고에서도 같은 맥락에서 '당사자성' 용어를 사용한다. 이지형, 「마이너리티연구에 있어서의 당사자성 문제」, 『횡단인문학』제4호, 2019.8, 79~84쪽.

배우들이 무대에 들어와, 예술가로서 인정을 받기 위해 고군분투하는 실패의 과정에 대해 이야기한다. 장애인이 스스로의 존재를 증명하고 인정받아야 하는 사람들이라는 것을, 예술가로서 인정받기 위해 예술인 패스를 발급받는 실패의 과정을 통해 드러낸다. 배우들은 장애가 있는 신체를 통해 비장애 배우와는 다른 속도와 템포, 움직임을 관객이 그대로 감각하도록 한다. 풍자와 위트로 관객의 반성적 사유를 이끌어낸 점이 특징적이다.

2025년 5월 초 모두예술극장에서 재공연된 〈젤리피쉬〉는 장애인과 비장애인이 함께 무대에 오른 작품이다. 전통적인 드라마 연극이지만, 배우들의 당사자성 연기로 주목을 받았다. 영국 극작가 벤 웨더릴(Ben Weatherill)의 희곡이 원작으로, 다운증후군인 켈리가 비장애인인 닐과의 결혼과 섹슈얼리티 문제를 두고 겪는 갈등과 화해를 다룬 작품이다. 실제 다운증후군 장애인 배우 백지윤이 켈리 역할을 맡았으며, 켈리의 남자 친구로 등장하는 저신장 장애인 도미닉 역할도 저신장 배우 김범진이 맡아 당사자성에 충실하게 등장인물을 캐스팅했다. 장애 배우와 비장애 배우가 함께 공연하며, 켈리 역의 백지원 옆에는 프롬프터가 언제라도 대본 지원을 할 수 있도록 무대에 동반해 대사를 도왔다. 켈리의 특별한 신체성을 숨기지 않아 릴렉스트 퍼포먼스로 진행되었다. 장애인의 사랑과 결혼에 대해 편견이 있는 아그네스는 딸을 여전히 보호와 극복의 대상으로 보는 반면, 켈리는 자신의 성적 욕망과 선택에 충실하고 주체적인 삶을 살고자 하며 엄마와 대립한다. 이러한 서사는, 부모조차 장애인의 결혼과 성에 대해 갖는 세상의 편견을 현실감 있게 전달하며, 장애인의 결혼과 성에 대한 긍정적 비전을 제시한다.

장애 당사자가 쓰고 연기한 〈춤추는 립스틱〉(김진옥 작, 김은미 각색 · 연출, 2025)도 주목을 받은 작품이다. 뇌병변 장애 배우 김진옥이 자기 이야기를 직접 무대에 올라 전하는 자전적 연극이다. 자전적 연극의 실제성을 공유하면서도 각색과 연출을 경유한 허구적 틀을 지녀 재현적 성격도 갖는다. 이야기 당사자인 김진옥 배우가 기억을 통해 엄마와 자신의 삶을 소환해내 무대화하는 가운데, 자신의 이야기를 지켜보기도 하고 인물로 들어가 연기를 하기도 하면서 퍼포머와 캐릭터를 교차하며 극을 진행한다. 개인 서사지만 진옥의 존재를 부정하며 살던 엄마를 통해 부끄러운 한국 현대사를 환유하여 깊이를 더한 작품이다.[15]

당사자성을 새로운 극미학으로 구현하는 데 집중해온 장애예술 연출가로 신재가 손꼽힌다. 그는 2013년에 콜트콜택 해고노동자를 무대에 실제로 등장시킨 〈구일만 햄릿〉으로 처음 주목을 받았다. 연극을 수단으로 사회문제를 지속적으로 제기해온 연출가다. 그는 2016년에 장애와 비장애의 경계에 대한 작업을 시작했으며, 프로젝트 0set를[16] 통해 사회적으로 당연시되는 명제들을 사유하는 작품들을 제작해왔다. 관련 작품으로, 극장을 다른 관점에서 바라보는 체험형 직장 프로그램 〈장애극장〉(2016), 공연장 '접근성에 관한 연극적 탐구'를 주제로 한 〈불편한 입장들〉(2017), 대학로 공연장 접근성을 모니터링하여 진행한 워크숍을 공연으로 만든 〈나는 인간〉(2018), 배우의 신체를 통해 연극의 3요소를 사유해보는 〈연극의 3요소〉(2017) 등이 있다. 2022년 11월 신재가 연출해 세종문화회관 S씨어터에서 선보인 〈아직 등장하지 않은 등장인물〉은 장애연극의 새로운 지평을 연 작품으로 평가받는다. 사전 리서치, 인터뷰 등의 개발 과정을 거쳐 최소 1년 이상의 시간 동안

---

15 김미희, 「장애 당사자가 쓰고 연기한 자전적 연극, 〈춤추는 립스틱〉」, 『한국연극』 No. 589, 한국연극협회, 2025.8, 48~49쪽.

16 '0set'라는 명칭은 전자저울의 버튼에서 가져왔다고 한다. 버튼을 눌러 저울에 놓인 물건의 무게를 0으로 세팅하듯이, 사회문화적으로 당연하게 받아들여지는 명제를 저울 위에 올려놓고 새롭게 세팅하여 공연의 소재로 가져온다는 뜻이다.

조력자, 지원자, 예술인들이 함께 장애인 자신만의 표현 방식을[17] 찾아 선보인 공연이다. 시설에서 지역사회로 나온 지 얼마 되지 않은 발달장애인 배우들이 무대에 등장한다. ㄷ자형 무대에 둥글게 발달장애 등장인물들이 앉아 있다가 조력자의 도움을 받기도 해가며, 음원을 녹음하고 즉흥으로 춤을 추는 등 다양한 방식으로 무대에서 움직인다. 느리지만 자신들의 신체성을 그대로 드러내며 음악에 맞춰 즉흥 춤을 출 때, 각 퍼포머들의 신체가 리듬을 타고 고유한 움직임과 속도로 만들어내는 무대는, 비장애연극에서 경험하지 못한 새로운 감각을 선사한다.

4. 한국 장애연극의 발전 거점, 모두예술극장

2023년 10월에 '장애예술의 창작과 향유의 확대를 지향점으로 장애예술을 집중적으로 발표하고 향유하기 위한 공연장을 목표'로 모두예술극장이 개관하였다. 서울 서대문구 충정로의 구세군빌딩 1~3층에 위치한다. 지하철 2호선과 5호선 충정로역과 공연장이 연결되어 있다. 250석의 블랙박스형으로, 중소규모의 연극, 무용, 뮤지컬 공연에 적합한 공연장과, 3개의 연습실과 스튜디오를 갖추었다. 극장은 무단차 공간으로 설계되었고 층별 장애인 편의시설이 마련되어 있으며, 시청각 장애인들을 위한 음성해설, 자막, 수어 등의 정보와 인력지원을 제공한다.[18] 장애공연예술에 특화된 공연

---

17 https://www.themusical.co.kr/News/Detail?num=13420(2025.5.10. 접속)

18 이하 모두예술극장의 접근성과 공연운영 사례에 대한 정보는 주로 2024년 9월 21일 한국연극평론가협회의 정기 심포지엄 '모두의 연극, 실현 가능성 모색'에서 오세형 한국장애인문화예술원 극장운영본부장이 발표한 「모두예술극장의 접근성과 공연운영 사례」를 수록한 자료집과 모두예술극장 홈페이지 https://moduarttheater.or.kr/

장인 모두예술극장은 개관과 함께 다양한 장애예술의 실험과 소개, 워크숍 등을 통한 장애예술 교육 및 관련 인력 양성, 장애 공연예술의 저변 및 양적 확대를 위해 활발하고도 내실 있는 운영을 해오고 있다.

2024년 10월 기준으로, 모두예술극장의 공연은 자체 기획과 제작 공연의 비중이 30~40%다. 제작극장은 아니지만, 공연장 브랜딩 구축과 장애예술의 질적 성장에 기여하기 위해 다양한 방식의 기획과 제작 공연을 시도하고 있다. 개관 첫 1년 동안 10편의 공연을 기획, 제작하며 장애유형별 다른 접근법과 방법론을 찾고 적용하려는 노력을 해왔다. 장애 인식 개선 작품에서 장애미학 작품까지, 재현적 예술에서 동시대 다원적 예술까지, 스펙트럼이 넓은 레퍼토리를 보여준다. 개관 초기에는 작품 개발을 할 때 장애 유형별 접근성에 관심을 갖고 수어나 음성해설 들의 소통 방법에 집중했다면, 1년이 지나면서 장애예술가들의 정체성과 감성을 담아내는 작품에 더 주목하고 있다. 주제와 미학이 심화되는 장애예술 창작의 필요성이 커졌기 때문이라고 한다. 한편, 오세형 본부장은 장애연극의 확산과 발전을 위해 평론가들의 역할도 중요하다고 강조한다. 국내 장애예술에 대한 비평이나 이론적 접근이 빈약한 현실을 토로하며, 이론적 기반을 마련하기 위해 정기적인 학술행사 등으로 담론 확장이 필요하다고 본다.

모두예술극장이 개관 후 1년 동안 무대에 올린 작품들의 성향을 분석해 보면 한국의 장애연극의 방향성을 어떻게 잡고 있는지 가늠이 된다. 초청 공연으로 2편의 해외 작품(호주 백투백시어터의 〈사냥꾼의 먹이가 된 그림자〉, 프랑스 카탈리즈 극단의 〈걸리버 마지막 여행〉)과 국내 극단인 북새통의 발달장애 아동청소년을 위한 〈똑똑똑〉을 공연했다. 또 3편의 자체 제작 작품(극단 다

———
home/main에서 참조함.

빈나오의 장애에 대한 편견과 인식 개선을 주제로 한 뮤지컬 〈푸른 나비의 숲〉, 벤 웨더릴 작, 민새롬 연출의 〈젤리피쉬〉, 배요섭 연출의 시각장애인의 경험과 정체성을 탐구한 쇼케이스 〈어둠 속의 풍경〉을 무대에 올렸다. 그 외 2020년에 영국 작가 케이티 오라일리(Kaite O'Reilly)의 〈나인 프리다(*The 9 Fridas*)〉, 〈물속에서 나는 무게가 없어(*In water I'm Weightless*)〉를 낭독공연으로 소개했다. 2026년에는 해외희곡 낭독공연으로, 사무엘 헌터(Samuel Hunter) 작, 전인철 연출의 〈더 힐링(*The Healing*)〉, 마이크 어빈(Mike Ervin) 작, 신재훈 연출의 〈볼링의 역사(*The History of Bowling*)〉, 데이비드 프리먼(David E. Freeman) 작, 강보름 연출의 〈크립스(*Creeps*)〉가 예정되어 있다. 모두예술극장이 해외 작품을 많이 소개하는 데에 대한 극장 측의 입장은 분명하다. 오세형 극장운영본부장은 국내 작가의 작품 개발에 노력을 기울였으나 장애인의 당사자성이 깊숙이 녹아 있는 작품이 나오기에는 국내 작품이 아직 경험이나 무게 면에서 제한적이기 때문이라고 설명한다.[19] 해외 작품들을 통해 배우고 참조하며 창작의 노하우를 익힐 수 있기에 아직 미학적 자산이 일천한 한국 장애연극으로서는 필요한 단계라고 본다.

모두예술극장이 초청 창작진과 연기나 창작 워크숍 등으로 장애예술 창작 교육에 힘을 쏟는 것은 고무적이다. 그러나 오세형 본부장이 잘 인지하고 있듯이 해외 희곡들이 장애인의 정체성과 삶을 다루지만 젠더, 성소수자, 인종 등 다양한 소수자성이 중복되는 교차성이 많아 국내와 문화 차이로 인해 그대로 공연하는 데는 무리가 있는 것도 사실이다. 문화적 번역이 동반되어야 함은 물론이다.

---

19 오세형, 「모두예술극장의 접근성과 공연운영 사례」, 『모두의 연극, 실현 가능성 모색』, 한국연극평론가협회, 2024, 9, 10~11쪽.

5. 장애연극 창작 및 제작을 위한 교육

한국의 장애인 예술 창작 교육을 공식적으로 지원하고 주관하는 기관은 한국장애인문화예술원이다. 장애인 문화예술 생태계 조성을 미션으로 하고 장애예술인의 창의적 발산과 성장을 위한 핵심 플랫폼이[20] 되는 것을 비전으로 삼고 있다. 산하 예술교육 과정으로 이음 예술창작 아카데미를 두고 있고 장애예술인 문화예술 교육을 지원한다. 장애예술인 강사도 양성하는데, 이를 위해 강사 양성 매뉴얼을 개발하여 장애예술인 강사 전문인력을 배출하는 것을 목표로 한다. 또 장애유형 및 예술장르별 이해를 바탕으로 한 장애인 문화예술교육 프로그램을 개발하며 장애예술인 강사 활동을 지원한다. 그 외 장애예술 창작자를 위한 교육은 주로 모두예술극장에서 이루어지고 있다.

모두예술극장은 개관 후 장애 공연예술가를 위한 다양한 교육 프로그램을 운영해왔다. 연극 관련 교육 프로그램들은 강연, 워크숍, 행사 등의 이름으로 실시되었다. 주로 국내외 유수 창작자들을 초청하여 공연한 뒤 그 노하우를 국내 장애예술가들과 공유하는 워크숍을 갖도록 갖는 방식으로 운영하여, 국내 장애연극 창작자들의 역량 향상에 사업의 목표가 있음을 알 수 있다. 그동안 모두예술극장이 주최한 교육 프로그램들을 내용상 분류해 보자면, 움직임과 연기 방법론 탐구, 장애예술의 새로운 신체미학 모색, 신기술과 장애예술의 접목 연구, 전반적인 창작과정 노하우 공유 등으로 정리할 수 있다. 장애 예술가의 특별한 신체성을 통해 전통적인 연극에서는 찾

---

20 이하 한국장애인문화예술원의 미션과 비전, 사업에 관한 내용은 한국장애인문화예술원 홈페이지를 참고. https://www.kdac.or.kr/contents/view?contentsNo=8&level=2&menuNo=15

아볼 수 없는 고유한 장애미학을 탐구하는 것을 주요 목표로 삼고 있음을 알 수 있다. 프로그램들이 모두 장애인과 비장애인들에게 열려 있어 한국의 장애예술 역량을 증진시키는 디딤돌 역할을 담당하겠다는 극장의 소명감이 엿보인다.

그 밖에 국립 연극 고등교육기관인 한국예술종합학교 연극원도 장애예술의 교육 기반을 조성하는 데 노력을 기울여왔다. 2022년 10월에 국내 최초로 『배리어프리 연극 제작 매뉴얼』을 발간했으며, 음성해설 장치와 자막을 위한 모니터 등을 구비하여 배리어프리 연극을 제작하고자 하는 학생들을 지원하고 있다.

6. 나가며

전통적인 미학은 지적, 정신적 영역을 우위에 두고 인간 신체의 감각적 영역을 열등한 것으로 간주하며 예술과 신체의 연결을 단절시켰다. 신체의 중요성을 부정해왔으며 예술의 구성 요소로 신체를 최소화해왔다. 이에 따라 인식과 해석, 감각적 반응을 실제로 작동하도록 하는 신체의 역할과 미적 체험의 복합성이 무시되거나 경시되었다. 동시대 장애미학은 인간의 신체와 신체의 유약성(vulnerabilities)을 오히려 드러내는 예술 관점을 취한다. 신체의 파편성이나 장애를 그대로 받아들여 삶의 복잡하고 고통스러운 리얼리티들을 직시함으로써 기존의 지배적인 예술 관점에 도전하는 것이다. 미, 전체성, 완전함, 규범성과 같은 전통적인 미학의 개념들을 거부하고, 개개인의 관점과 그 감각적 경험에 초점을 둔다. 장애를 결함이나 비극이 아닌, 인간의 다양성을 이루는 자연스러운 한 부분으로 인식하기에 장애미학은 규범과 이상으로서의 전통적인 능력주의 미학에 저항한다. 따라서 장애를 차별화되는 창의성의 원천으로 삼는 장애예술은 장애 목소리의 플랫폼으로서 사회, 정치 시스템과 정책의 변화를 견인하고 있다고 볼 수 있다.[21]

오늘날 주류 장애학은 장애 정체성을 개인의 결함이 아니라 장애를 초래하는 사회, 사회적 불평등의 산물로 본다. 한국에서 비장애 연극 창작자들이 대거 장애연극에 대한 관심을 갖게 된 계기는 동시대 한국 사회 변혁의 기점이 된 정치·사회적 사건과 긴밀한 관련이 있다. 연극인들이 블랙리스트 사태로 그 어떤 분야에서보다 정치적으로 각성된 상태에서 미투운동은 연극의 소재와 주제를 바라보는 관점을 급격히 바꿔놓았다. 연극예술가들이 사회악과 불평등에 대해 예민하게 반응하며 창작해낸 '올바름의 연극'이 지난 10년 이상 한국 연극계의 주된 흐름을 이어온 이유다. 이러한 경향 속에서 장애연극 작업을 지속해온 신재, 김미란, 구자혜, 이연주, 남인우, 이진엽 등이 여성 연출가란 점은 결코 우연이 아니다. 이들은 연극 활동을 본격적으로 시작할 즈음 세월호 참사를 경험했으며, 블랙리스트 사태와 미투의 폭격을 직접 맞아야 했던 주인공들이었다. 요컨대 20~40대 여성 창작자들과 여성 관객들의 진보적 성향이 극장에서의 정치적 실천을 이끌며 한국 장애연극의 지평을 넓혀왔다고 할 수 있다. 변화와 변혁에 대한 이들의 열망으로 장애연극은 우리 사회를 포용 사회로 한층 가깝게 다가가도록 이끌고 있다.

---

21 한편, 장애미학의 한계와 위험성도 염두에 둘 필요가 있다. 장애 신체를 통해 장애를 페티시화하고 이국적인 것으로 여기도록 할 가능성이 있기 때문이다. 또한 장애라는 신체적 식별성이 드러내는 현실성(realism)으로 인해 장애 정체성을 단지 문화적 정체성으로 수렴하기에는 현실적인 딜레마도 있다. 그러나 정치적이면서도 현실적인 장애 신체는 장애를 무대화할 때 장애예술만의 고유한 미학을 만드는 차별적인 요소로 작동한다.

김기란, 「감각 존중 혹은 나눔의 윤리」, 『정기 심포지엄 '모두의 연극, 실현 가능성 모색' 자료집』, 한국연극평론가협회, 2024.9, 24~25쪽.

김소연, 「장애와 연극, 장애와 극장」, 『문화과학』 115, 문화과학사, 2023.9.

오세형, 「모두예술극장의 접근성과 공연운영 사례」, 『모두의 연극, 실현 가능성 모색』, 한국연극평론가협회, 2024, 9.

이지형, 「마이너리티 연구에 있어서의 당사자성 문제」, 『횡단인문학』 제4호, 2019.8.

전병태, 『장애인 예술 장르별 지원 방안 연구』, 한국문화관광연구원, 2014.

조현성·연수현, 『혁신적 포용 국가 달성을 위한 문화정책 발전 방향 연구』, 한국문화관광연구원, 2019, 70~96쪽.

주윤정 외, 『장애예술인 창작 활성화 프로그램 개발연구 최종보고서』, 서울대학교 사회발전연구소, 2018.

Berger, Ronald J. and Wilbers, Loren E., *Introducing Disability Studies*, Boulder: Lynne Rienner Publisher, 2013.

남지수

대안 언론으로서의 버바팀 연극

대안 언론으로서의 버바팀 연극

해먼드 : 버바팀이 언론의 기능을 수행한다고 보나요?
해어 : 버바팀은 언론이 실패한 것을 수행합니다.[1]

1. 버바팀 연극과 다큐멘터리 연극

버바팀 연극에 관한 이야기를 하기 전에, 버바팀의 상위개념인 다큐멘터리 연극에 대한 개념을 정립할 필요가 있겠다. 다큐멘터리 연극이란 무엇인가? 먼저 방송, 영화, 연극 등 다양한 매체에서 다큐멘터리가 시도되고 있지만 연극에서의 다큐멘터리는 본질적으로 그 속성이 매우 다르다는 점을 주지할 필요가 있다. 영상매체의 경우 '카메라의 눈'이라는 객관적 장치의 개입으로 인해 현실을 담보하는 방식으로 다큐멘터리를 재현하는 반면, 연극은 기본적으로 무대라는 허구적 공간에서 배우라는 허구적인 인물이 수행하는 특성을 벗어날 수 없기에 영상 다큐멘터리와는 다른 성격을 지닐 수밖에 없는 것이다. 따라서 다큐멘터리 연극을 두고 이것이 사실 또는 현실에 얼마나 가깝게 재현되었는지에 관해 논쟁을 벌이는 것은 퍽 무용한 일이다. 연극에서의 다큐멘터리란 허구성을 바탕으로 하며, 연극이라는 허구적

---

1   Dan Steward, Will Hammond (Eds.), *Verbatim verbatim*, London: Oberon books, 2008, p.68.

장치를 활용해 현실을 직접적으로 이야기하는 방식을 고민한 것이 다큐멘터리 연극이기 때문이다.

다큐멘터리 연극을 좀더 쉽게 도식화해서 설명하면 다큐멘트를 기반으로 또는 다큐멘트를 응용해서 만드는 연극이라고도 말할 수 있겠다. 다큐멘트란 기록으로 남겨지거나 기록화될 수 있는 것들을 의미한다. 신문기사, 공문서, 재판기록 같은 공적 기록에서부터 메모나 일기, 비디오 영상 같은 사적 기록들, 그리고 증언과 진술, 인터뷰 같은 구술자료도 포함될 수 있다. 20세기를 거치며 다큐멘터리 연극이라는 이름으로 시도되어온 실험들은 주로 이러한 기록의 다큐멘트를 활용한 공연이었다. 간혹 다큐멘트와 리서치가 중심이 된다는 점에서 다큐멘터리 연극과 역사극이 종종 혼동을 빚기도 하는데, 역사극에서의 다큐멘트는 작가의 상상력이 개입될 수 있는 근거로 작동한다면 다큐멘트가 집적된 다큐멘터리 연극은 그 자체가 하나의 아카이브로 간주될 수 있다는 점에서 차이를 지닌다.[2]

동시대 다큐멘터리 연극은 과거 다큐멘터리 연극이 다큐멘트를 보는 관점과 그것을 응용하는 방식이 달라지면서 새로운 양상을 보인다. 이는 자료를 기반으로 사실 확인을 중시하는 실증주의적 역사관으로부터 벗어나, 소위 사실에 대한 믿음이 사라져가는 포스트-다큐멘트(post-document) 또는 포스트-트루스(post-truth)에 대한 인식 속에서 다큐멘트의 개념을 유연하게 바라보게 된 영향 때문이다. 기록은 마치 사실 또는 진실처럼 보이는 확실성을 갖는 듯 하지만 그 역시 기록한 자에 의한 해석이라는 점에서 한계가 있고, 기록은 얼마든지 변형과 조작이 가능할 뿐 아니라 자료가 편집되고 배열되는 방식에 따라 전달하는 메시지가 달라지기도 한다. 따라서 어떠한 데

---

2   남지수, 『뉴다큐멘터리 연극』, 연극과인간, 2017, 42쪽.

이터가 다큐멘트가 될 수 있음은 그것이 진짜라는 사실에서 비롯된 것이 아니라, 과거나 사건을 충분히 대표할 수 있는 잠재적 권위가 부여된 흔적이나 묘사이기 때문이다. 이러한 관점에서 보자면 다큐멘트는 단순히 기록자료와 구술자료에만 제한될 것이 아니라 미처 말하거나 쓰이지 못한 누군가의 기억과 경험까지도 포함될 수 있다. 혹자는 기억이란 불확실하고 자의적이기에 다큐멘트로서의 취약성을 지닌다며 그 가치를 평가절하하기도 하지만, 사실 그것은 온전히 '나의 것'이라는 점에서 어떤 확실성을 갖는다고도 말할 수 있다. 역사는 승리자에 의해 쓰여진 것이라 했던 발터 벤야민(Walter Benjamin)의 말을 다른 측면에서 곱씹어보자면, "기억은 패배자에 의해 불러일으켜지는 것으로, 패배자는 자신의 설움을 설욕할 날만을 고대하면서 그 상실과 고통, 불의를 계속해서 상기"하기에 오히려 사실에 더 가까울 수 있는 것이다.[3]

이에 본고는 다큐멘트가 지닌 잠재적 권위와 존재론적 가치에 주목하며 다큐멘터리 연극의 한 가지 방법론인 버바팀 기법에 주목해보고자 한다. 특히 최근에는 당사자성이 매개되는 연극과 개인적 다큐멘트에 주목하는 다큐멘터리 연극이 크게 주목되고 있지만, 본고에서는 사회적 사건과 현실의 이슈에 적극적으로 응답하며 포스트-다큐멘터리적 접근방식을 보여주는 버바팀 연극에 주목해보고자 한다. 그리고 이들이 미학적 범주를 넘어서 하나의 대안 언론으로서 역할을 수행하고 있다는 것을 국가별 버바팀 연극의 몇 가지 사례를 통해 살펴보고자 한다.

---

3   위의 책, 125쪽.

2. 버바팀 연극

verbatim : in exactly the same words, word for word : 말/글자 그대로

버바팀이란 용어는 발화된 텍스트를 일컫는 말에 기원을 둔다. 실제 인물들의 언어는 인터뷰와 리서치, 또는 공식 채록본을 바탕으로 작가에 의해 기록된 것이다. 그러므로 언어는 편집되고 구성되며 혹은 드라마의 형식을 갖추기 위해 재맥락화되기도 한다. 버바팀 연극에서 배우들은 실제 인물들이 사용하는 말로 캐릭터를 연기한다.[4]

라틴어에서 유래한 버바팀이란 용어는 말이나 글자 그대로의 인용을 의미한다. 인용이라는 말은 다소 완곡한 표현이기도 한데, 버바팀은 말과 글자를 그대로(exactly) 베껴 쓰는 극작술을 의미하는 것이기 때문이다. 타인의 말을 출처를 표시하지 않고 옮겨오는 '그대로 쓰기(verbatim)'는 일면 표절행위라고 볼 수도 있을 것인데, 그렇다면 버바팀을 창작의 극작술로 이야기하는 것이 일면 당혹스럽게 느껴질 수도 있겠다.

버바팀 연극은 주로 인터뷰, 증언, 진술 같은 구술 다큐멘트와 함께 법적 기록, 청문회 기록, 일기, 편지, 이메일 등 기록된 다큐멘트를 편집하여 구성한다. 즉, 버바팀에서 핵심적인 극작술은 편집과 인용이라 할 수 있으며, 엄격한 버바팀은 발화된/기록된 말에 작가(편집자)가 한마디도 덧붙이지 않을 정도로 다큐멘트에 대한 절대적 존중을 보이기도 한다. 과거의 다큐멘터리 연극은 재판장이나 청문회, 언론 인터뷰 같은 공적 영역에서의 발화에 주목하며 사회고발적이고 참여적인 버바팀을 시도해왔다면, 동시대 다큐멘터리/버바팀 연극은 개인적인 인터뷰와 증언, 고백에 주목함과 동시에 '말'

4　Dan Steward, Will Hammond(Eds.), op.cit., p.9.

이 지닌 즉물적이고 현상학적인 측면을 연극적으로 탐색하는 데 보다 많은 관심을 보인다. 이로 인해 증언(진술, 인터뷰)에 방점을 두는 동시대 버바팀 연극은 소위 증인의 연극(theatre of witness) 또는 증언의 연극(theatre of testimony)라 불리기도 한다.

버바팀 연극이라는 명칭으로 불리지는 않았으나 인용의 기술을 본격적으로 활용한 극작술의 시도는 1960년대 독일 다큐멘터리 연극의 사례에서 — '기록극'이라고 불리기도 한다 — 찾아볼 수 있다. 주로 진보적이고 저항적이었던 다큐멘터리 연극작가들은 나치 시대의 정치적 공포를 망각한 채 정치적, 경제적 복원에 여념이 없던 전후(戰後) 독일 사회를 비판하며 나치 범죄의 실상과 그 책임을 집요하게 묻는 작품들을 생산했다. 이들은 자신들이 경험했던 가까운 과거의 사건이나 이슈를 객관적으로 탐구하는 방법으로써 역사적, 정치적, 사회적 사건의 기록들, 예컨대 신문과 라디오 보도, 잡지, 속기록, 팜플렛, 인터뷰, 연설문, 서류, 편지, 통계표, 정부성명 등을 엄밀히 조사해 분석하였고, 작가는 가능한 이 기록물을 정확하게 인용해 텍스트를 구성하였다. 예를 들어 페터 바이스(1916~1982)의 〈수사(*Die Ermittlung*)〉(1965)는 텍스트의 99%가 아우슈비츠 프랑크푸르트 재판에 작가가 참관하며 기록했던 수만 장의 기록을 근거로 구성되었다. 바이스는 『다큐멘터리 연극에 대한 주해』(1968)란 글에서, 기본적으로 다큐멘터리 연극은 하나의 문학형식이긴 하지만 어떠한 창작도 피하며 인증된 자료를 수집하여 내용을 변경하지 않고 일정한 형식으로 '편집'하여 무대에서 재현한다고 말했다. 즉, 바이스는 자신의 작품이 "팩트 이상의 어떤 것도 포함되어서는 안 된다"고 생각한 것이다. 60년대 독일 다큐멘터리 극작가에게는 엄밀한 자료조사와 수집을 바탕으로 엄격하고 객관적인 사회적 안목과 비평적 관점을 드러낼 수 있는 글쓰기를 중요하게 간주했던 것이다.

버바팀 연극이라는 용어가 처음 등장했던 것은 1985년 연극 전문잡지인
『NTQ(*National Theatre Quarterly*)』의 공동편집장이었던 클리브 바커(Clive Barker)
로 거론되며, 1980년대 영국 중부의 공업도시 스토크온트렌트(Stoke-on-
Trent)에서 노동자의 삶에 관심을 갖고 녹음기술을 활용해 커뮤니티 연극을
수행했던 연출가 피터 치즈먼(Peter Cheeseman)의 활동은 버바팀 연극의 계보
에 있어 매우 유의미한 시도로 살필 수 있다. 그리고 1980년대 버바팀 연극
의 시도가 가능했던 것은 기술장비의 발전과도 밀접하게 관계되는데, 녹음
기능이 있는 워크맨의 보급화 덕분에 인터뷰와 리서치가 보다 자유롭게 이
루어질 수 있었기 때문이다. 이러한 기술발전에 힘입어 버바팀 연극은 1990
년대 영국에서 하나의 주요한 경향으로 안착하게 되고, 이후 전 세계적으로
버바팀 연극에 대한 관심이 확장된다.

특히 작가/텍스트 중심의 연극 전통을 강하게 지켜온 영국에서는 90년
대 중반부터 새로운 글쓰기 방식으로서 버바팀 연극실험이 그야말로 폭발
했고, 밀레니엄 시대에 들어서면서 전 세계적으로 주목된 일련의 사고와 재
난, 정치사회적 갈등이 버바팀 연극의 레퍼런스로 활용되면서 — 마치 60년
대 독일 다큐멘터리 연극이 정치사회적으로 격렬한 저항성을 동력으로 터
져 나왔듯이 — 세계적으로 버바팀 연극의 물결이 가시화되기 시작했다. 예
컨대 상대적으로 유럽에 비해 정치극에 대한 주목이 약했던 미국 연극에서
도 2001년 9·11테러와 2003년 이라크전쟁 이후 버바팀/다큐멘터리 연극
의 증가가 주요하게 관찰되고, 심지어 아프리카 대륙의 최남단에 위치한 남
아프리카공화국에서는 유색인종차별정책인 아파르트헤이트(Apartheid)가 공
식적으로 철폐된 1990년대 이후부터 버바팀 연극이 매우 활발하게 이루어
지기도 했다. 이러한 현상은 국내 연극무대에서도 예외가 아니다. 한국연극
계에서는 2014년 세월호 참사와 2016년 블랙리스트 사태, 2017년 국정농

단, 2018년 미투운동으로 이어지는 사회적 저항과 투쟁 속에서 버바팀 기법을 활용한 연극이 활발하게 시도되었다. 요컨대 버바팀 연극은 포스트-다큐멘트에 대한 인식 속에서 다큐멘트를 둘러싼 새로운 개념 정립, 휴대용 녹음기술 및 디지털 전자장비 발전에 힘입은 인터뷰와 리서치의 확대, 밀레니엄 전후 정치사회적 격변에 대한 연극적 응답이라는 복합적인 맥락 속에서 현실을 가까이 이야기하기 위한 방법으로서 주목받아 온 것이라 할 수 있는 것이다.

3. 영국 버바팀 연극 : 밀레니엄 정치극의 산실

버바팀 연극은 90년대 영국 연극계에서 특별히 가시화되며 하나의 움직임을 형성했고, 이후 전 세계 연극에 상당한 영향을 미치며 확장되어 나갔다는 점에서 영국은 동시대 버바팀 연극의 부흥지라 일컬을 만하다.[5] 영국

---

5   영국 버바팀 연극이 직접적으로 영향을 미쳤던 곳 중 하나는 바로 러시아 연극계였다. 러시아에서 버바팀 연극에 관심이 부상하게 된 시점은 1999년 7월로 거슬러 올라간다. 소비에트 연방이 해체되고 냉전 시대의 종막 이후, 러시아는 정치경제적, 사회문화적으로 유럽국가들의 영향을 많이 받기 시작한다. 이러한 문화적 교류 속에 당시 영국 로열코트 극장은 실험적인 움직임을 만들어가고 있는 영국의 작가들과—엘리제 도지슨(Elyse Dodgeson), 슈테판 달드리(Stephan Daldry), 제임스 맥도날드(James Macdonald), 레이민 그레이(Ramin Gray) 등—함께 모스크바에서 창작 세미나를 개최(1999)하였다. 세미나는 러시아 주재 영국문화원의 후원을 받아 황금마스크 오프 프로그램에서 개최되었는데, 이 교류의 장을 통해 공식적으로 러시아에 버바팀 연극이 소개되었다. 세미나는 꽤 성공적인 반향을 일으켰다고 추측되는데, 그것은 러시아 연극인들의 열정적인 요청에 힘입어 이듬해 러시아 노보시비르스크(Novosibirsk)에서 세미나가 재차 열렸기 때문이다. 1990년대 이후 '새로운 글쓰기', '새로운 희곡'을 발굴하기 위해 매진해왔던 로열코트 극장의 비전이 철의 장막 이후

에서 버바팀 연극이 특별히 주목받을 수 있었던 데에는 버바팀 형식이 사회적 현안이나 정치적 논쟁 등 민감한 이슈들에 대해 목소리를 높일 수 있는 유용한 방법이었고, 편집과 인용을 골자로 하는 버바팀 극작술은 연극의 제작속도를 빠르게 하여 작품의 시의성과 파급력을 증폭시킬 수 있었기 때문이다. 특히 마거릿 대처(Margaret Thatcher)와 보수당 집권(1979~1997) 시기 신자유주의 체제의 강화와 노동운동 탄압, 예술에 대한 검열 등으로 정치사회적 불만이 폭발적으로 증가했던 영국에서는 그 어느 때보다 예술의 르포르타주적 충동이 강렬하게 끓어올랐고, 정권이 바뀐 90년대 후반에는 동구권 공산주의 사회가 몰락하고 베를린장벽이 붕괴되는 굵직한 대외적 이슈 속에서 버바팀 방법론이 재차 주목받게 된다. 영국 극작가 데이비드 에드거(David Edgar)는 90년대로부터 밀레니엄으로 이어진 영국 연극의 주요 경향을 팩션, 풍자, 버바팀이라는 세 가지 키워드로 설명하는데,[6] 그의 말은 역사현실을 포착하려는 영국 연극계의 강렬한 열망과 함께 버바팀 연극이 단발적이고 국소적 실험에 그친 것이 아니었음을 보여준다.

영국 버바팀 연극을 이야기하는 데 있어 런던 북쪽 다민족 주거지역인 킬

러시아의 젊은 연극인들에게 매우 신선한 자극이었고, 특히 버바팀 연극에 대한 관심을 일으킨 직접적인 원동력이었다. 세미나에 참여했던 미하일 우가로브(Mikhail Ugarov)와 엘레나 그레미나(Elena Gremina)는 다큐멘터리 연극집단 '테아트르.독(Teatre.doc)'을 결성해 소비에트의 평범한 일상을 녹취하듯 정확하게 포착하고 재현하겠다는 의지로서 버바팀 기법을 적극 활용하는 작업을 수행하였다. 그러나 푸틴의 재집권(2011~) 이래 러시아 연극계에서 다큐멘터리/버바팀 연극은 그 동력을 거의 상실한 상태로 보이며, 심지어 테아트르.독은 2014년 10월 건물 계약기간 만료를 이유로 러시아 정부로부터 극장을 폐쇄당하기까지 했다.

6 Rebecca D'Monte, *Graham Saunders, Cool Britannia?: British Political Drama in the 1990s*, Lodnon: Palgrave Macmillan, 2007, pp.8~9.

번(Kilburn)에 위치한 트라이시클 극장(Tricycle Theatre)은 버바팀 연극을 실질적으로 견인해온 대표적 산실이다. 90년대 후반부터 트라이시클 극장은 재판기록, 판결문, 청문회 기록, 신문기사 등 주로 재판이나 청문회와 관련된 공적 기록들을 편집하거나 재구성한 법정연극(tribunal theatre)을 적극적으로 시도하였다. 버바팀 연극과 법정연극은 크게 다르지 않지만 콘텍스트에 있어 미묘한 차이가 있는데, 버바팀은 인터뷰한 내용(말)을 그대로 무대 위에서 발화하는 (수행적) 방법론에 방점을 두는 반면, 법정연극은 심리자료, 재판자료, 속기록 등 공식적인 법정기록만을 버바팀한다는 점에서 60년대 독일 다큐멘터리 연극과 일면 유사한 성격을 지닌다. 당시 트라이시클 극장의 예술감독이었던 니콜라스 켄트(Nikolas Kent)가 『가디언(*Guardian*)』 기자였던 리처드 노튼-테일러(Richard Norton-Taylor)와 함께 법정기록과 취조문에 철저히 근거해 텍스트를 구성했던 〈그림의 반쪽(*Half the Picture*)〉(1994)은 버바팀 연극의 신호탄이었고, 현재까지도 트라이시클 극장은 버바팀 연극을 활발하게 제작해오고 있다. 90년대 트라이시클 극장은 주로 인종 갈등이나 이라크 파병 등 영국의 국내 이슈를 탐색하는 데 주력하다가 인권, 핵무기, 내전 등 국제적 사건들로 관심의 영역을 점자 확장하였는데, 특히 2003년 영국이 이라크 참전을 결정한 이후에는 이라크전쟁과 직접적으로 관련된 인물들의 인터뷰와 기록들을 버바팀함으로써 반전 메시지 및 반정부 스탠스를 노골적으로 드러내는 버바팀 연극이 상당수 발표되기도 했다. 이러한 맥락에서 살필 수 있는 공연으로는 흑인 청년 슈테판 로렌스의 살인사건을 다루었던 〈정의의 색(*The Colour of Justice*)〉(1999), 이라크전쟁에 대한 영국 정부의 결정 및 무기과학자 데이비드 켈리의 죽음과 관련해 영국 하원의 청문회에 기반한 〈정당화된 전쟁(*Justifying War*)〉, 쿠바 관타나모 감옥에 억류된 군인들의 폭력과 학대를 생존자의 증언을 통해 폭로했던 〈관타나모 : 자유의 수호

〈*Guantanamo: Honor bound to defend freedom*〉〉(2004), 아프가니스탄의 복잡한 국제관계와 오랜 역사적 갈등을 다룬 〈위대한 전쟁 : 아프가니스탄(*The Great Game: Afghanistan*)〉 등을 언급할 수 있다.

트라이시클의 활동은 영국 극작가들에게 상당한 영향을 미쳤다. 세계적인 극작가 데이비드 해어(David Hare)는 이러한 새로운 다큐멘터리 글쓰기 방식에 영감을 받아 〈비아 돌로로사(*Via Dolorosa*)〉(1998)와 〈철로(*The Permanent Way*)〉(2003), 〈스터프 해픈즈(*Stuff Happens*)〉(2004) 등의 버바팀 연극을 집필했고, 현재까지도 왕성하게 활동하고 있는 리처드 노튼-테일러, 질리언 슬로보(Gilian Slovo), 빅토리아 브리튼(Vitoria Brittain), 캐서린 비너(Katherine Viner) 등 기자 출신 버바팀 작가들은 트라이시클 극장이 배출해낸 작가들이라 해도 과언이 아니다. 특별히 흥미로운 지점은 영국에서는 기자(journalist) 출신의 버바팀 작가(편집자)들이 활발하게 활동해오고 있다는 점이다. 기자 출신 버바팀 작가가 여럿 목도되는 것은 버바팀 글쓰기란 저널리스트적 글쓰기가 확장된 방식이라는 점에서 어떤 공통분모를 갖기 때문인 듯 보인다. 보통 기자들은 사건에 관한 취재 및 자료 수집, 인터뷰 등을 수행한 뒤 자기 관점을 갖고 보도(스토리텔링)한다는 점에서 버바팀 글쓰기와 크게 다르지 않은 글쓰기를 수행한다. 그러나 무엇보다도 기자 출신 버바팀 작가들의 강점이라 한다면, 정치사회적 이슈를 발빠르게 점할 뿐 아니라 그것을 빠르게 연극으로 제작함으로써 현실의 이슈와 시의성을 증폭시키는 역량을 갖추고 있다는 점이다.[7]

이러한 맥락에서 영국 버바팀 연극 중에는 현실 재판에 대한 강력한 주목

---

7 남지수, 「버베이팀 연극」, 『동시대 연극의 말하기 방식』, 국립극단 편, 2018, 125~126쪽 참조.

을 일으키거나 현실에서 재판이 진행 중인 사건과 전혀 다른 결론을 제시함으로써 격렬한 논쟁을 야기한 작품들도 있다. 1993년 흑인 청년 슈테판 로렌스 살인사건에 관한 맥퍼슨 청문회(1998)를 버바팀한 〈정의의 색〉(1999)은 최종보고서가 제출되기 전 트라이시클에서 무대화됨으로써 로렌스 살인사건을 이슈화하였다. 그리고 무기과학자인 켈리의 의문사를 중심으로 이라크 참전을 조사한 허튼 보고서(2003)를 버바팀한 〈정당화된 전쟁〉은 청문회 보고서와 상반된 결론을 보여주었을 뿐 아니라, 이 역시 최종보고서가 제출되기 한 달 전 트라이시클에서 공연되며 의도적으로 논쟁을 점화시키기까지 했다.[8] 이들은 영국 버바팀 연극이 연극의 허구성을 전략적으로 활용하며 주류 언론과 다른 방식의 말하기를 서슴지 않는 대안 언론으로서의 역할을 수행함을 분명히 보여주는 사례이다.

4. 미국 버바팀 연극 : 안나 드베어 스미스와 9 · 11테러 이후의 버바팀

1991년 흑인 운전자에 대한 부당한 처우에서 비롯된 브루클린 크라운하이츠 폭동과 1992년 흑인 청년 로드니 킹에 대한 경찰의 과잉 진압이 계기가 된 LA폭동은 아프리카계 미국인인 안나 드베어 스미스(Anne Deveare Smith)의 버바팀 연극 〈거울 속 화염(*Fires in the mirror*)〉(1992)과 〈황혼(*Twilight*)〉(1994)으로 구성되었다. 스미스는 폭동과 직접적으로 연관된 당사자 및 가족들, 이웃들, 주변인 등을 수백 명을 인터뷰하였고, 인터뷰의 말을 추려 버바팀

---

8 남지수, 「버바팀 극작술의 한 가지 방식에 관한 소고 — 영국 트라이시클 극장의 법정연극」, 『한국연극학』 62, 한국연극학회, 2017, 123~124쪽 참조.

일인극으로 공연하였다. 80년대부터 작가, 연출, 배우의 역할을 도맡으며 일인극을 지속해온 스미스는, 어떠한 사건과 관련해 직간접적으로 관련된 사람들을 인터뷰하고 그 인터뷰를 버바팀해 공연텍스트를 구성한 뒤, 녹음 된 인터뷰 자료가 재생되는 이어폰을 장착한 채 배우로서 그 말을 전달하는 매우 독특한 방식의 버바팀 일인극을 수행하였다. 소위 이어폰-버바팀 연 극을 개척한 스미스의 방법론은 단순히 기법적인 차원에서의 특이성뿐 아 니라 배우의 '집중력 있는 듣기(intense listening)'를 통해 현실의 말을 연극적으 로 매개한다는 점에서 드라마투르기적으로 매우 흥미로운 시도이다.

스미스의 이어폰-버바팀 연극에서는 말의 내용을 전달하는 것뿐만 아니 라 인터뷰이의 발화 방식을 가능한 온전히 재현하는 것이 무척 중요한 임무 다. 이를 위해 스미스는 인터뷰를 수행한 뒤 그것을 연구하는 과정에서 단 어와 구문을 하나씩 끊어가며 분석하고, 인터뷰이의 태도나 억양, 숨쉬기, 성량, 포즈, 어미 처리, 말버릇 등 말을 둘러싸고 있는 디테일한 요소들을 치밀하게 연구한다. 즉, 그는 녹음된 말을 반복해 들으면서 분석하는 연습 과정을 이어폰을 착용한 채 공연을 수행하는 과정으로 치환한 것인데, 이는 '(인터뷰어의) 듣기를 (관객에게) 시각화'한다는 점에서 인터뷰를 연극적 맥락 으로 확장시키는 시도라고도 볼 수 있다.

이러한 점에서 스미스의 연극작업은 다른 버바팀 연극에서는 보이지 않 던 어떤 진정성을 생산한다. 이때의 진정성이란 이어폰을 착용함으로써 실 제의 인물과 매우 가까워진 재현을 통해 창출된다기보다는, 이어폰의 착용 자체가 "진정성의 증상이자 기표"[9]로서 작동하기 때문이다. 마치 동시통역

---

9 Christopher Innes, "Towards a Post-Millenial Mainstream?", *Modern Drama* 3, 2007, pp.435~452, 436.

사가 귀로 들리는 말을 정확한 말로 전달하기 위해서 집중하듯, 배우 스미스는 이어폰에서 흘러나오는 말을 관객에게 온전히 전달하기 위해 귀에 집중하는 연기를 수행하는 것이다. 다시 말해 관객들은 노출된 이어폰이라는 장치, 그리고 (관객에게는 들리지 않지만) 관객에게 이야기를 전달하면서도 재생되는 인터뷰에 집중하는 배우의 태도를 통해 현실이 온전히 매개되고 있다고 인식하게 되는 것이다. 이어폰이라는 작은 장치가 관객에게 포착됨으로써 관객의 수용감각에 큰 차이가 발생하는 것이다.

이러한 스미스의 연극작업은 동시대 연극실천가들에게 많은 영감을 주었다. 영국 연출가 알레키 블라이스(Alecky Blythe)와 호주 연출가 로즐린 오데스(Roslyn Oades)는 영국 국립극장이 진행했던 새로운 글쓰기 워크숍(2001)을 통해 스미스의 이어폰-버바팀 방법론을 접한 이후 이 방식으로 지속적으로 작업을 수행해오고 있는 대표적인 인물들이다. 특히 블라이스의 극단은 '레코디드 딜리버리(recorded delivery)'라는 이름으로 극단의 정체성을 (이어폰-)버바팀에 두고 있음을 명확히 드러내기도 한다. 뿐만 아니라 한국에서도 이어폰-버바팀의 방법을 활용한 공연이 몇 차례 시도된 적 있다. 예를 들어 안정민 연출은 자국의 음식으로 서울에서 레스토랑을 운영하고 있는 외국인들을 인터뷰해 그들의 말을 이어폰-버바팀으로 전달한 〈이방인의 만찬〉(2017)을 선보였고, 한 평범한 할머니의 삶을 여극화한 극단 크리에이티브바키와 이경성 연출의 〈몇 가지 방식의 대화들〉(2015)에서는 할머니의 말이 이어폰-버바팀의 방식으로 전달되는 나경민 배우의 연기수행 장면이 개입되어 있다.

스미스의 이어폰-버바팀 연극은 80~90년대 미국 사회에서의 인종과 종교, 민족을 둘러싼 갈등에 주목하는 개별적이고 독창적인 실험으로 간주된다면, 동시대 미국 연극에서는 9·11테러와 이라크전쟁으로 인해 20세기

잊혀졌던 전쟁과 테러라는 화두가 다시금 소환되며 정치극에 대한 주목과 함께 여러 버바팀/다큐멘터리 연극실험이 시도되었다. 특히 동시대 미국 버바팀 연극은 사적 다큐멘트와 증언, 인터뷰를 활용한 버바팀 연극을 통해 주로 국가와 언론이 언급하지 않는 전쟁과 테러의 바깥 이야기들에 주목하며 국가의 통치방식에 저항하는 면모를 드러낸다. 테러 이후 미국은 국가주의와 민족주의, 예외주의를 강력히 작동시키며 이라크를 비롯해 적대적인 비서구 국가를 악의 축으로 간주했는데, 이 시기 버바팀/다큐멘터리 연극은 이러한 국가의 공식적 입장에 비판적 태도를 드러내며 대안 언론의 역할을 적극적으로 수행하였다. 다시 말해 국가주도형 역사쓰기가 아닌 전쟁과 테러의 이면을 들추고 그 실체를 조명하거나 하는 정치극으로서의 연극, 나아가 (신식민주의적 갈등, 인종과 종교적 갈등 등) 복잡한 국제정세에 대한 이해 속에서 변증법적 사유를 강조하는 새로운 역사쓰기의 방식을 보여주고자 한 것이다.

이러한 맥락에서 대표적으로 언급될 수 있는 작품으로는 앤 넬슨(Anne Nelson)의 〈동료들(The Guys)〉(2001)과 조지 패커(George Packer)의 〈배신(Betrayed)〉(2008)이 있다. 이 작품들은 실존 인물과의 인터뷰, 편지, 일기, 이메일 등의 자료를 버바팀해 미국 사회에 알려지지 않은 이야기를 들려준다. 〈동료들〉은 9·11테러로 목숨을 잃은 동료 소방관들의 조사를 도와주는 뉴욕시 언론인의 실화를 바탕으로 한 이야기로, 극작가 앤 넬슨은 기자 출신 작가이기도 하다. 그리고 패커의 〈배신〉은 이라크 미군부대에서 일했던 두 이라크인을 인터뷰한 자료를 토대로 한다. 통역병과 미군 비서로 일했던 두 이라크인은 전쟁 전후 이라크의 분위기, 미군부대 근무 경험 등을 이야기하며 자신들의 변화된 삶을 증언한다. 미국인에게 이라크인은 악마의 이미지로 인식되지만, 사실 이라크인 중에는 미국과의 전쟁을 통해 사담 후세인

정권이 몰락한 것을 반겼던 사람들이 많았다고 말한다. 두 이라크인 역시도 미군의 진입을 반겼고 그랬기에 미군부대에서 근무한다는 것을 영광스럽게 생각했지만, 어느새 미국인에게도 이라크인에게도 모두 적대와 혐오의 대상인 자신을 발견하게 되었다고 말한다. 패커는 두 이라크인을 인터뷰한 기사를 『뉴요커(*The New Worker*)』 신문에 실었고, 이후 기사가 거의 그대로 버바팀되어 공연화된 것이 〈배신〉이다.

한국에서도 〈배신〉과 유사한 방식으로 구성된 버바팀 연극이 있다. 민복기 각색/연출의 〈김정욱들〉(2016)은 40일간 굴뚝에서 농성했던 쌍용자동차 해고노동자의 인터뷰가 실린 〈한겨레〉의 기사를 버바팀한 작품이다. 〈한겨레〉 이재훈 기자는 이틀에 걸쳐 장시간 인터뷰를 수행하였다. 신문지면에 싣기에 다소 부담스러운 분량이었음에도 불구하고 상당한 내용이 길게 지면에 실렸다. 연극적인 장면만들기가 일부 있었지만, 〈김정욱들〉은 기본적으로 인터뷰의 말을 충실히 인용하며 인터뷰의 컨텍스트를 전달하려는 의도가 분명하게 엿보인 비바팀 연극이었다.

5. 남아프리카공화국 버바팀 연극 : 아파르트헤이트와
진실과화해위원회

버바팀 연극은 주로 영미권과 유럽에서 적극적으로 수행되어왔지만, 아프리카 대륙 최남단에 위치한 남아프리카공화국에서도 하나의 가시적인 움직임을 형성해왔다는 점에서 매우 주목할 만하다. 사실 남아공 현대연극은 버바팀 연극을 제외하고는 논하기가 어려울 만큼 적극적으로 수행되어왔다. 이러한 남아공의 연극적 특징 역시 정치사회적 상황과 깊이 관계된 것이다. 이들의 특수한 정치적 상황이란 반세기 가까이 이어진 유색인종 차별

정책인 아파르트헤이트가 1990년대 공식적으로 철폐된 뒤, 아파르트헤이트는 남아공 인구의 10% 정도에 불과한 백인이 90%의 유색인종을 합법적으로 차별할 수 있는 제도였다. 예컨대 주민등록증에는 인종이 명시되어 있고, 인종 간 결혼은 불가하며, 마트와 병원, 학교 등 모든 일상 시설에는 백인과 유색인종의 출입구가 분리되어 있었다. 여러 국내외적 압박 및 그즈음 석방됐던 넬슨 만델라(Nelson Mandela)가 최초의 흑인 대통령으로 취임하면서 아파르트헤이트는 폐지되었다.

아파르트헤이트 체제하에서 자행됐던 억압과 폭력의 역사를 정확하게 인식하고 기억하기 위해 '진실과화해위원회(Truth and Reconciliation Commission : TRC)'가 발족하면서 시작되었다. 진실과화해위원회는 1996년부터 2년 동안 남아공 전역을 이동하며 청문회를 개최하였는데, 이 자리에서 피해자는 자신이 겪은 폭력을 증언함으로써 자기 경험을 역사화하였고 가해자 역시 자신의 죄를 완전히 털어놓았다고 평가받는 경우 법적 사면을 받을 수 있었다. 이 청문회는 TV와 라디오를 통해 남아공 전역에 매일 생중계되었기에, 당시 남아공인들은 청문회에서 어떠한 발언이 나왔는지에 눈과 귀를 집중시키며 일상을 보냈다.

1996년부터 남아공에서 버바팀 연극이 꾸준히 제작될 수 있던 것은 바로 진실과화해위원회의 청문회에서 나온 진술들 때문이다. 남아공에서는 아파르트헤이트를 말하기 위한 방식으로 버바팀 연극이 활발하게 전개되었기에 남아공 연극에서 버바팀은 결코 간과될 수 없는 것이다. 두마 쿠말로(Duma Kumalo), 존 카니(John Kani), 마이클 르싹(Michael Lessac) 등의 작가/연출가들은 1990년대부터 현재까지 청문회 레퍼런스 및 인터뷰를 활용한 버바팀 연극을 활발하게 이어오고 있는 대표적인 연극인들로, 주로 아파르트헤이트 체제하에서 침묵되거나 은폐된 사건을 드러내는 증언의 연극을 수행해왔다.

남아공 버바팀 연극에서 주목할 만한 작품으로는 극단 핸드스프링퍼펫컴퍼니(Handspring Puppet Company)와 연출가 윌리엄 켄트리지(William Kentridge)가 만든 〈위비와 진실위원회(*Ubu and the Truth Commission*)〉을 꼽을 수 있다. 제목에서도 잘 드러나듯이 이 연극은 알프레드 자리(Alfred Jarry)의 〈위비왕〉과 진실과화해위원회의 청문회를 결합해 서사를 구성하였다. 이 연극은 자리의 〈위비왕〉의 기본적인 서사를 그대로 취하면서, 청문회에서 증언했던 피해자의 진술이 중간중간 여섯 개의 버바팀 장면으로 개입한다. 백인남성 배우가 분하는 위비왕이 아파르트헤이트하에서 폭력을 일삼았던 가해자인 반면, 모든 버바팀 장면의 피해자들은 인형으로 제작되었다. 흥미로운 것은 인형은 두 명의 인형조종사에 의해 움직이는데, 이 중 한 명의 조종사는 청문회에서 피해자 곁에 앉아 그들을 위로했던 컴포터(comforter) 역할을 수행하는 것처럼 보인다는 것이다. 뿐만 아니라 남아공에는 11개의 공식 언어가 지정되어 있을 만큼 다양한 소수민족의 언어가 통용되고 있기에 청문회에는 통역자와 통역부스가 설치되어 있었고, 이에 버바팀 장면에서는 청문회 통역부스와 통역자가 등장해 소수민족의 말이 영어로 전달되는 과정을 보여주기도 한다. 즉, 관객들은 인형이 등장해 피해자로서의 경험을 이야기하는 장면에서 청문회를 쉽게 떠올리게 되고, 이로써 인형의 버바팀된 말은 피해자의 증언으로서 수용되는 것이다.

공연의 마지막 장면에서 위비왕을 맡은 백인 배우는 청문회에 서서 자기 항변을 한다. 자신의 악행은 그저 시켜서 한 일이었고, 당시에는(아파르트헤이트 체제하에서는) 그것이 옳은 일이었기에 죄가 아니라는 논리로 자기 죄를 당당하게 폭로하는 위비왕의 모습이 그려진다. 그리고 위비왕에게는 사면이 내려지고 그는 배를 타고 유유히 떠나는 장면으로 연극이 마무리된다. 이 장면은 매우 격렬한 논쟁을 야기했는데, 실제로 청문회를 통해 800명 이상의 가해자들이 사면을 받아 사회적 논란이 일었던 현실을 비판한 장면이기 때문이다. 요컨대 남아공의 버바팀 연극은 아파르트헤이트 폐지와 진실화화해위원회의 청문회라는 구체적인 사건에서 비롯된 정치사회적 산물이자, 청문회를 감시하고 비판하는 역할까지도 수행하는 대안 언론으로서의 역할을 수행했다고 말할 수 있겠다.

6. 한국 버바팀 연극 : 세월호 참사와 블랙리스트 이후

한국에서의 버바팀 연극은 2014년 세월호 참사와 2015년 문화계 블랙리스트 사태 이후 적극적으로 실험되는 양상을 보인다. 그것은 단지 이슈에의 주목을 넘어, 남아프리카공화국의 사례와 마찬가지로 기록의 동시대적 생산과 관련된다. 세월호 참사 이후 많은 논란과 진통 끝에 세월호진상조사위원회가 꾸려졌고, 수사과정과 청문회 등을 통해 많은 진술과 증언, 기록들이 쏟아져 나왔다. 그리고 2015년에는 국정감사에서 문화계 블랙리스트 의혹에 관한 최초의 공식적인 발화가 나오면서 여러 관련된 문제제기와 의혹들이 제기되었고, 2016년 국정농단 사태로 이어지면서 수많은 정치사회적 발화와 기록들이 생산되었다. 국내에서는 이러한 다큐멘트를 토대로 여러 버바팀 연극들이 시도되었는데, 특히 세월호를 주제로한 혜화동일번지 페스티벌과 2016년 연극적 필리버스터의 취지로서 시작된 정치극페스티벌 '권리장전'에서는 버바팀 기법을 활용한 작품들이 여럿 주목되었다.

한국의 버바팀 연극실천에서 주목할 만한 사례로는 극단 여기는, 당연히 극장과 구자혜 연출의 〈킬링타임〉(2016)을 빼놓을 수 없다. 이 작품은 세월호진상조사위원회가 실시했던 청문회에서 가해자 및 가해자로 분류될 수 있는 참고인들의 발화만을 인용한, 소위 정통 버바팀 연극이라 부를 수 있는 작품이다. 마치 바이스가 〈수사〉의 99%가 법정기록에 근거한다고 밝혔듯, 이 연극 역시 철저하게 청문회의 말을 인용해 구성되었다. 약간의 차이가 있다면 〈킬링타임〉에서는 가해자들의 말이 짤막하게 분절된 형태로 나열된다는 차이 정도다. 이는 말의 맥락을 왜곡하는 편집이라기보다는, 오히려 말에서 도드라졌거나 혹은 숨기려 애썼던 의도를 명확하게 드러내는 방식이다. 이 연극은 당시 생중계됐던 세월호 청문회를 배우들이 속기하면서 시작되었고, 단원들은 청문회 말을 분석하는 과정에서 가해자의 말에는 반복되는 패턴이 있음을 발견하게 된다. 네 명의 배우는 빈 무대에 등장해 파편적이고 분절된 내용의 발화를 이어간다. 배우들의 말은 어떠한 질문에 대한 답인지, 그 답변 내용 역시 온전히 이해할 수는 없지만, 나열되는 말들을 듣다 보면 저들이 하는 말이 어떠한 맥락에서 발화되고 있는 것인지, 질문이 무엇이었을지, 어떠한 현실의 인물을 대리하고 있는 것인지 등이 자연스레 머릿속에 떠오르게 된다. 그리고 "기억이 나지 않습니다" "통상적으로 그래왔습니다" "보고를 받기는 했습니다"와 같은 자기 책임을 전가하기에 급급한 발화들이 계속 축적되면서 관객들은 참을 수 없는 피곤함과 분노감을 느끼게도 된다. 참고로 배우들은 주로 어떤 말을 강조하거나 풍자적으로 전달하고 싶은 배우의 의도를 전달하기 위해 제스처를 수행할 뿐 가능한 (청문회 상황을 보여주듯 제스처를 절제한 채) 말을 전달하는 행위에만 집중한다. 요컨대 〈킬링타임〉은 자신의 책임을 지우고자 했던 가해자들의 말을 정확하게 인용함으로써 세월호 참사의 비극은 그들의 책임과 무능에서 비롯된 구조적 산물이었음을 명백하게 보여준 공연이었다.

2016년 권리장전 페스티벌의 개막작이었던 김재엽 작/연출의 〈검열언어의 정치학 : 두 개의 국민〉(2016) 역시 버바팀 연극의 사례로서 주목할 만하다. 이 작품은 2015년 국정감사에서 발화됐던 말의 버바팀과 동시에 작가가 창작한 (또는 허구적으로 구성한) 장면들이 뒤섞인 작품이다. 블랙리스트 사태를 둘러싼 여러 정치적 의혹을 고발하는 이 공연에서는 박근형 연출의 〈개구리〉에서 촉발된 문제와 극단 골목길의 창작산실 지원배제 의혹을 둘러싼 국정조사 장면이 등장한다. 이 장면에서는 국회의원 도종환, 박대출, 한선교와 박명진 문화예술위원회 위원장, 김종덕 문화체육관광부 장관 및 직원들의 국정조사에서의 발언이 버바팀되었다. 흥미로운 것은 이 정치인과 공직자들의 말을 버바팀하는 배우들의 태도이다. 배우들은 국정조사의 발언을 충실하게 전달하면서도, 이 인물들을 마치 연극적 인물들로 간주하며 비판적 코멘트를 덧붙이기를 주저하지 않는다. 예를 들어 박명진 위원장의 불성실한 답변 태도는 회전의자를 빙 돌리며 대충 답변을 얼버무리는 배우의 액팅으로 보여지고, 김종덕 장관을 연기한 배우는 연기 도중에 "이 사람은 캐릭터 분석이 안 된다. 이해가 안 돼서 연기를 못해 먹겠다."는 뉘앙스로 자기 배역에 대한 논평을 수행하기도 한다. 버바팀 방법론을 활용하면서도 재현에 있어 허구성을 드러내는 이러한 방식은 발화의 내용만으로는 맥락을 이해하기 어려운 부분을 논평의 연기로 명확하게 풀어내며 현실을 보다 비판적으로 이야기하는 흥미로움을 보여주었다.

7. 나가며

지금까지 살펴보았듯, 동시대 다큐멘터리 연극의 한 가지 방식인 버바팀 연극은 당대의 정치사회적 이슈에 적극적으로 응답, 비판, 논평을 수행함으로써 주류 언론에 대항하는 대안 언론으로서의 역할을 수행해왔다. 이들은 주로 주류 언론에서는 다뤄지지 않는 이야기, 역사 속에서 침묵을 강요받아온 이야기, 복잡한 정치사회적 맥락을 명료하게 보여주는 이야기, 국가의 노선과 정책에 반대하는 목소리를 내는 이야기 등에 관심을 보이며 연극을 통해 현실의 이슈를 증폭시키고 현실에 대한 비판적 관심을 제고하고자 했다. 이러한 점에서 정치사회적 이슈를 다루는 버바팀 연극은 이데올로기적으로 편향된 연극, 선동/선전연극이라 불리기도 하지만, 버바팀을 통해 현실과 연극의 거리를 가능한 가까이 좁히려 하는 이러한 연극들은 그 어떤 연극보다 현실을 보다 구체적이고 비판적으로 사유하게 한다는 점에서 분명한 제 의미를 지닌다. 그리고 정치사회적 이슈를 공론화하는 버바팀 연극을 정치적이라고 부른다면, 그것은 이들이 정치적 이슈를 다루고 있어서라기보다는 그 문제들이 토론될 수 있는 공적 공간으로서의 연극을 지향하기 때문이다. 요컨대 대안 언론으로서의 역할을 수행하는 버바팀 연극은 시민사회의 성숙한 공론화를 견인하는 하나의 장이라 말할 수 있는 것이다.

참고문헌

남지수, 『뉴다큐멘터리 연극』, 연극과 인간, 2017.
―――, 「버바팀 극작술의 한 가지 방식에 관한 소고 ― 영국 트라이시클 극장의 법정 연극」, 『한국연극학』 62, 한국연극학회, 2017, 107~147쪽.
―――, 「버베이팀 연극」, 『동시대 연극의 말하기 방식』, 국립극단 편, 2018.
D'Monte, Rebecca and Saunders, Graham, *Cool Britannia?: British Political Drama in the 1990s*, Lodnon: Palgrave Macmillan, 2007.
Innes, Christopher, "Towards a Post-Millenial Mainstream?", *Modern Drama* 3, 2007, 435-452.
Steward, Dan, Hammond, Will(Eds.), *Verbatim verbatim*, London: Oberon books, 2008.

서지영

연극을 디스포지티브로 정의하는 것에 대하여

연극을 디스포지티브로 정의하는 것에 대하여[1]

포스트드라마 연극 이후, 연극 개념의 확장을 요구하는 시대성은 연극 미학과 연극학의 전환점을 만들 것을 요청했다. 2015년을 전후로 독일에서는 미셸 푸코(Michel Foucault)의 '디스포지티브(Dispositiv)' 개념에 다시 주목하며, 연극이론 논의를 재점화했다. 인터미디어나 하이브리드가 공연 예술의 경계를 없애고, 연극에서도 미학적인 것과 비미학적인 것을 구분하기 어려운 상황에서, 이제 기존의 상연 개념은 연극을 설명하기에 턱없이 부족한 이론이 되었다. 더 나아가 코로나 상황에서 일어난 전례 없는 온라인 스트리밍으로 공연의 공동 현존이 과연 필수 조건인지도 의문시되었다. 이러한 문제의식들에서 쏟아지는 질문과 시대의 요구에 응답하는 연극 형식을 탐색하고자 필자는 독일 학자들의 연구를 토대로, '스테이징'을 벗어난 연극 행동의 미학적 기반을 논하려 한다.

---

1   이 글은 다음 논문을 수정하여 게재했음을 밝힌다. 서지영, 「(연극)디스포지티브 모델의 인식론적 질서와 새로운 사회적 기능」, 『브레히트와 현대연극』 제52집, 한국브레히트학회, 2025.

1. 기센에서 시작된 새로운 도전

연극에 대한 새로운 논의는 포스트드라마 연극의 발원지인 독일 기센대학교(Justus-Liebig-Universität Gießen)에서 시작되었다. 응용연극학과 연구팀의 프로젝트는 푸코의 디스포지티브 개념을 바탕으로 현대연극과 공연 예술의 복잡한 구조와 작용 양상을 설명할 수 있는 이론적 틀을 고안했다. 이 프로젝트의 참가 연구원 중 로렌츠 악거만(Lorenz Aggermann)은 디스포지티브를 구체적인 연극 모델로 구상했다. 연극을 '디스포지티브'로 정의하는 새로운 연극 모델은, 연극과 타학문의 디스포지티브를 연결하고자 했다. 연극이 각 학문의 고유한 질서와 소통하고 갈등을 겪으며 통합과 분리의 기준을 만들어 나가는 것을 중요한 과정으로 삼았다. 이 과제는 나아가 연극과 사회 사이의 새로운 교류 방식을 모색하고, 연극의 사회적 기능을 이전과는 다른 방식으로 실현할 가능성을 열고자 한다. 연극인의 사회적 행동을 공연으로 이어지게 하거나, 연극 무대에서 해결하기 어려운 사회의 문제들에 연극이 직접 들어가서 사회와의 통합을 꾀할 수 있다. 본고에서는 악거만의 모델을 소개하고 그 실천 사례를 제시해보기로 한다.

디스포지티브를 어떻게 연극으로 정의할 수 있는지 탐구하고자 먼저 디스포지티브라는 용어에 대해 알아본다. 디스포지티브는 국내에서 영화와 매체 연구에 등장하기 시작했다. 예술계에서는 배치, 배열, 장치 등으로 번역하여 자주 언급하고 있으나 그 뜻이 명확히 정리되지 않은 채 떠돌았다. 가스통 바슐라르, 들뢰즈, 아감벤, 료타르 등 수 많은 학자가 이 개념에 관심을 보였는데, 그 기원이 되는 인물은 푸코이다. 푸코는 디스포지티브를 일상의 관계망을 설명하기 위해 사용했다. 그는 1970년대 후반에 권력과 지식이 사회에서 작용하는 방식과 그 과정을 설명하고자 이 개념을 고안했다. 그는 권력 구조가 사회 규범과 인간의 자아 형성과정에 깊이 개입하여 인간 스스로 사회적 기준에 맞춰 살아가도록 하는 작용력(권력)을 디스포지티브로 설명했다. 푸코가 말하는 권력은 억압적이거나 물리적인 힘은 아니다. 권력은 지식, 규범, 제도가 결합해 사회 문제를 해결하고 질서를 유지하는 데 유동적으로 작용하는 힘이다. 그렇지만 푸코는 디스포지티브에 힘이 작용한다는 점에서 저항과 폭력성이 있음을 경고한 바 있다. 예컨대 권력은 병원이나 학교처럼 치료와 교육이라는 지식으로 작용하기도 하지만, 개인 안에 들어가 스스로를 조작하는 자기 착취의 상황을 만들기도 한다. 푸코는 후기의 연구 작업에서는 디스포지티브의 개념을 미학으로 확장했다. 푸코가 말하는 '미학적인 것'이란 모방하고 속이고 과장하는 것으로서, 힘의 흐름을 교란하는 행위이다. 이것은 사회의 모순을 해결하는 역할을 할 수도 있다. 푸코 자신이 직접 디스포지티브의 이론을 정리한 것이 아니고 전, 후기의 쓰임새도 달라서 상당히 혼란스러운 용어로 알려진다.

2. 푸코의 디스포지티브

디스포지티브의 어원을 추적하면, 고대 수사학에서 논증적 연설의 구성을 의미하는 디스포지티오(dispositio)를 발견할 수 있다. 조르조 아감벤(Giorgio Agamben)은 디스포지티오를 그리스어 오이코노미아(oikonomia)의 라틴어 번역에서 유래했다고 보며, 이를 푸코의 디스포지티브의 어원이라고 주장했다. 오이코노미아는 '경영'을 뜻한다. 어떤 특수한 상황에 그때그때 직면해야 하는 프락시스, 즉 실천적 활동이다. 프랑스에서는 디스포지티브를 도구, 장치, 조치, 기구, 시스템, 또는 모델 등으로 번역하여 사용한다. 그러나 '기계적 장치'나 '기구'는 주로 기술적이거나 인과 논리적 연계를 강조하는 반면에, 디스포지티브는 특정하지만, 항상 명확하지 않은 규칙으로 작동하는 추상화된 질서라는 점에서 용어의 혼용이 문제가 될 수 있다. 역사—문화학의 전문 용어에서 디스포지티브는 주로 푸코의 성의 역사, 정신의학 및 범죄사 연구에 관한 작업과 연결된다. 푸코는 디스포지티브를 개념으로 정리하지 않은 채 강의에서만 종종 언급하였다. 따라서 그의 연구에 대한 방법론적 성찰 속에서 개념적 중요성을 탐구할 수 있을 뿐이다. 푸코는『성의 역사 1』을 출간한 후 정신분석학자들과의 인터뷰에서 비로소 디스포지티브 개념에 대한 견해를 밝혔고, 아감벤이 이를 기록하였다.

그 내용을 정리해보면, 푸코는 디스포지티브를 담론, 제도, 법적 장치, 건축적 구조, 행정적 결정, 과학적 진술, 철학적 개념, 심지어 기술적 도구까지 포함하는 이질적 요소들의 집합체로 본다. 이들은 서로 연결되어 특정한 사회적 기능(예: 통제, 규율, 지식 생산)을 수행한다. 디스포지티브는 이러한 요소들을 연결하는 네트워크 역할을 한다. 이때 요소들 사이에는 힘의 우위가 작용하는데 이것이 곧 지식이다. 푸코는 권력과 지식이 분리될 수 없다고 보았다. 디스포지티브는 권력과 지식 관계를 구체적인 형태로 드러낸다. 예를 들어, 감옥, 병원, 학교 같은 제도들은 각각 특정한 형태의 지식을 생산하고, 이를 통해 개인과 집단을 규율하는 방식으로 권력을 행사한다. 디스포지티브에서 권력이란 단순히 억압적인 것을 지칭하지 않는다. 푸코는 디스포지티브를 개인과 집단의 행동을 미세하게 조정하고 규율하는 권력의 미시적 작동 방식이라고 강조한다. 주지하다시피 푸코는 판옵티콘이라는 감시 체계를 예로 들어 디스포지티브가 어떻게 개인의 자기 규율을 유도하는지 설명한 바 있다. 푸코가 말하는 권력은 "법이 아닌 기술에 따라, 법률이 아닌 규범화에 따라, 징벌이 아닌 통제에 따라 작동한다." 디스포지티브는 고정된 것이 아니라 특정 시대와 상황에 따라 변화한다. 따라서 한 사회에서 작동하는 디스포지티브는 그 사회의 역사적 맥락을 반영하며, 시간이 흐르면서 새로운 디스포지티브를 형성할 수 있다. 푸코가 강조한 것은 디스포지티브를 일종의 '형성(Formation)'으로 이해하라는 것이다. 고정된 것이 아니라 변화하며 만들어지는 것이다. 푸코는 이 형성의 주요 기능은 특정한 역사적 시점에서 긴급 상황에 대응하는 것이라고 말한다. 따라서 디스포지티브는 주로 전략적 기능을 가진다. 고정되고 유지되는 질서가 아닌 긴급함에 답하는 우발적인 성격을 지닌 네트워크이다.

후기의 푸코는 디스포지티브를 미학적으로 설명하는데, 여기서 "미학적"이라는 표현은 예술이거나 허구라는 의미가 아니라, 실존 인물이나 허구의 인물이 전략적이고 디스포지티브적인 행동을 취하는 것을 말한다. 이들은 모방하고, 속이고, 일부러 드러내는 방식으로 행동하며, 이성적인 가면을 쓴 채 의도적으로 역사의 톱니바퀴에 개입하여 사물의 흐름을 패러디하거나, 분해하거나, 해체하려고 시도한다. 푸코는 이러한 현상을 유토피아이고, 우연이며, 폭력을 해체하는 해방된 상태라고 보았다. 따라서 푸코가 미학적 디스포지티브를 연극이라고 언급하지는 않았지만, 그 안에는 연극적 요소를 내포하고 있다. 예컨대 "미학적 장치"와 "미메틱한 행동," "가면을 쓴 상태에서 역사의 사건에 개입"하는 것 등은 연극의 특성인 재현(representation), 역할 연기(role-playing), 풍자, 비판과 유사하다. 특히, 후기 푸코가 말하는 "미학적 디스포지티브"는 특정 행위나 퍼포먼스를 통해 사회와 역사의 맥락에 개입하거나 해체하는 방식으로, 연극 실천과 닮은 점이 많다. 그렇다면 연극 디스포지티브는 가면과 속임수에서 출발하는가?

푸코가 말하는 이질적인 것의 '다중적 혼잡'은 너무 다른 것들이 헤아릴 수 없는 상태로 남겨져서 이들을 분류하는 기준이나 지식도 가변적이고 부정확하다. 무엇보다도 디스포지티브 안에서 결정하는 주체가 불분명하다. 즉 전략이 어디서부터 출발하는지 불확실하다. 푸코의 인식론에서 지식이 사물을 배열하는 질서는 안정되고 고정적인 것이 아니어서 모든 요소의 이질성과 불일치가 나타난다. 이러한 허점은 디스포지티브를 예술로 설명하는 데는 오히려 유리한 조건이 되었다.

3. 디스포지티브와 '배치'

예술 분야에서 푸코의 디스포지티브 개념은 포스트모더니즘의 해체론 미학을 대표하는 들뢰즈와 가타리(Guattari)의 '배치' 개념과 혼용되어왔다. 배치나 배열이 푸코의 디스포지티브를 대체할 수 있을까? 디스포지티브를 설명하는 과정에서 이 용어들을 사용할 수는 있으나 디스포지티브와 동의어는 아니다. 그 이유를 설명하고자 한다.

아감벤이 푸코의 디스포지티브를 정리해서 기술한 것보다 10년 앞서 들뢰즈가 욕망을 설명하기 위한 욕망 기계(다이어그램)에 이 용어를 적용해버린다. 들뢰즈 역시 푸코의 용어를 차용했음을 밝혔다. 독일 연극학자 우테 프리취(Ute Frietsch)는 실용 용어 전문 사전에서 "디스포지티브를 배치(Anordnung), 배열(Arrangement) 등으로 번역하는 바람에 개념의 풍부함이 손실된 경우가 많았음"을 지적한다. 그녀는 디스포지티브의 의미를 단순히 "배치"로 볼 수 없으며 제도와 담론, 그리고 실천의 상호작용을 포함한 사회적 구조와 권력의 맥락을 설명하는 다층적 개념으로 이해되어야 한다고 주장한다. 들뢰즈와 푸코의 개념들을 비교하면 이들 용어의 다른 점을 발견할 수 있다. 푸코의 디스포지티브와 들뢰즈의 다이어그램은 모두 권력, 지식, 실천이 얽힌 사회적 구조를 설명하지만, 권력이 어떻게 작용하는가에 관해서는 양자의 견해가 상반된다. 푸코의 디스포지티브는 공간, 담론, 제도, 장치, 과학적 진술 및 방법 등 이질적인 요소들 사이의 네트워크로서, 여기서 지식과 주체가 생산되며 동시에 권력 체제를 형성한다. 반면에 들뢰즈는 권력의 헤게모니적 분배와 그로 인해 불가피하게 발생하는 비대칭성을 문제화하고, 이를 초월하여 대안적 분배 방식을 실험할 가능성을 열어준다. 푸코는 디스포지티브를 권력과 지식이 어떻게 배치되고 실현되는지 분석하는 데 중점을 두었고, 들뢰즈는 다이어그램을 통해 변화와 창조의 원천을 강조함으로써 푸코보다 더 추상적이고 역동적인 권력관계의 가능성을 탐구했다. 들뢰즈는 "힘이란 결코 단수가 아니며, 언제나 본질적으로 다른 힘들과의 연관 아래에서만 존재하는 것"이라고 말하며 모든 힘이란 이미 언제나 하나의 관계, 즉 권력인데, 힘은 다른 힘들 이외의 어떤 대상 또는 주체를 갖지 않는다고 주장했다. 들뢰즈는 다이아그램에 규범 효과가 아니라 감각적이고 혼돈적인 효과를 부여하며, 이를 통해 저항과 창조적 오류의 역할을 강화한다. 반면 푸코는 디스포지티브의 규범 효과를 '권력의 미시물리학'이라는 형태로 재확인하며, 이는 "삶을 보존하기 위해", "지속적이고, 규제적이며, 교정하는 메커니즘"으로 삶에 작용한다고 본다. 이들의 개념이 형성되는 바탕에는 공통적으로 조르주 캉길렘(Georges Canguilhem)의 이론이 자리 잡고 있다.

4. 디스포지티브의 불완전성과 오류에 대하여

푸코의 스승이자 들뢰즈의 학문적 스승인 의생물학자 조르주 캉길렘은 그의 논문 「기계와 생체」(1952)에서 인간 신체의 작동 원리를 디스포지티브로 설명했다. 1943년에 발표한 그의 의철학 박사학위 논문에서 다룬 세 가

지 항목은 디스포지티브와 관련해서 의미심장하게 살필 필요가 있다. 그것
은 '생명 그 자체의 생산적 역할, 오류의 생산적 역할, 유기적 규범의 생산
적 변동성'이다.[2] 이 연구에서 생명은 자신의 본질을 초월하고 새로운 형태
를 창조하려는 성향을 지닌다는 것과 생명은 필연적인 적응 과정, 항상성,
해독, 유전적 진화 및 근본적인 자기 갱신을 통해 지속적으로 변화를 겪는
다는 내용을 명시한다. 캉길렘의 연구는 '생명이 자신의 한계를 넘어서며,
자기 초월과 자기 변형의 과정에서 끊임없이 발전하는' 역동적 본질을 탐구
한 것이다. 그런데 캉길렘에 따르면, 생명체의 유기적 형태는 지나친 적응
으로 인한 과도한 전문화(Spezialisierung) 때문에 유연성을 잃게 된다. 생명체
의 적응으로 인해 초래된 규범화는, "항상 그 옆에 부적응적 편차, 탈분화,
가역적인 요소, 즉 진화적 가능성에 대한 잔여(reserve)가 존재하지 않는 한,
결국 진화의 막다른 길로 이어진다." 캉길렘에게 잔여는 생명체가 외부 환
경의 변화나 위기에 대응하기 위해 동원할 수 있는 내부적인 잠재적 능력이
나 잉여 에너지를 뜻한다. 이는 생명체가 단순히 환경에 수동적으로 적응하
는 존재가 아니라, 적극적으로 자신을 재구성하고 새로운 질서를 창출할 수
있는 능동적 존재임을 보여준다. 따라서 생명은 끊임없이 변화하며 스스로
를 조정하고 적응하는 과정에서 그 불완전성을 창조적으로 활용한다. 그것
은 '완벽한 불완전성(perfektionierte Imperfektion)'이라는 생명에 대한 새로운 이
해로 드러났다. 신경생리학자 쿠르트 골드슈타인은 생물체는 항상 발전하
는 과정에 있으며, 진정으로 "병들었다"고 할 수 있는 것은 새로운 규범을
개발하고 실험할 수 없는 생물체, 역설적으로 실수를 범할 수 없는 생물체

---

2   Schaub, Mirjam, "Dispositive als strategische Ordnungen … und ihr Nicht-Scheitern-Können am Beispiel von Stanley Kubricks Dr. Strangelove", S. 146, 2017.

라고 말한다.

캉길렘의 잔여 또는 보유자원은 들뢰즈의 다이어그램에서 저항적이면서
도 창조적인 힘을 구성하게 되며, 푸코는 캉길렘의 연구에서 진화적 디스포
지티프의 전략과 규범에 관심을 두게 된다. 캉길렘은 디스포지티프/다이어
그램적 이탈의 힘들, 규범성/저항, 선택성/오류를 결합하여 삶의 독창성 문
제를 해결하고, 삶의 개념에 "이론이라기보다는 오히려 도덕"으로서의 가
능성을 제시한다.

> 소위 정상이란 사실은 규범의 표현이다. 어떤 사실이 더 이상 규범을
> 참조할 필요가 없을 때 그 규범의 권위는 박탈된다. 그 자체로 정상적이거
> 나 병리적인 사실은 없다. 이상이나 돌연변이는 그 자체로 병리적은 아니
> 다. 이들은 가능한 생명의 또 다른 규범을 표현한다. 만약 이러한 규범들
> 이 안정성, 번식성, 생명의 변이성에서 앞선 특정한 규범에 비해 열등하다
> 면 이러한 규범들은 병리적이라고 말해질 것이다. 만약 이러한 규범들이
> 결국은 상응하는 동일한 환경이나 보다 우위의 환경에서 나타난다면 이
> 들은 정상적이라고 말해질 것이다. 그들의 정상성은 그들의 규범성에서
> 올 것이다. 병리적인 것이란 생물학적 규범의 결여가 아니라 생명에 의해
> 배척되는 또 다른 규범이다.[3]

푸코는 생명에 관하여 그의 스승의 의견에 동의하며, 생명이라고 할 수
있는 것은 오류를 범할 수 있는 것뿐이라고 말한다. 푸코는 식물학이나 의
학은 진리만이 아니라 오류에 의해서 형성되는데, 오류라고 하는 것은 '맞
는 것'안에 있어야 하는 것이다. 상상적인 테마들, 직접적인 경험들에는 오

---

3 캉길렘, 조르주, 『정상적인 것과 병리적인 것』, 여인석 역, 그린비, 2018, 167쪽.

류가 존재하지 않을 것이라고 말한다.[4] 따라서 푸코의 디스포지티브에는 '완벽한 불완전성(perfektionierte Imperfektion)'이라는 캉길렘의 생명에 대한에 이해가 전제되었음을 기억할 필요가 있겠다.

5. 연극 디스포지티브 모델

디스포지티브 연극 연구는 현대연극의 주류를 이루는 '공연(Performance)'과 '분석'의 패러다임을 넘어 요소 간의 상호작용으로 논쟁하는 새로운 연극 미학으로의 전환을 유도한다. 이 과정에서 포스트드라마 연극의 경향을 넘어서려는 시도가 이루어지고, 기존의 연극 담론을 확장하는 움직임이 두드러진다. 다시 말해 이 연구는 연극과 사회 구조의 상호작용, 공연 공간의 권력관계, 그리고 연극인의 사회 현장 참여와 같은 주제를 주된 관심사로 논의할 수 있다. 이에 따른 가장 큰 궁금증은 디스포지티브 연극을 어떻게 실행할 것인가의 문제이다. 기센 연구팀의 디스포지티브 모델이 특정 형식으로 설계된 것은 아니다. 포스트드라마 연극이 그랬듯이 디스포지티브 모델 역시 애매한 표현들로 미학적 조건들을 논한다. 이 조건들은 답안지가 아니라 사유를 위한 지침서가 될 것이기 때문이다. 악거만의 연극 모델이 가장 뚜렷하게 변화를 추구하는 부분은 형이상학적이고 관념적인 이론으로부터 연극을 벗어나게 하는 것이다. 악거만의 연극 디스포지티브 모델 구상은 다음과 같은 문제의식에서 출발한다.

이론적 정의를 특정 사례에 기반해 세심하게 검토하고 분석하는 방식

---

[4] 푸코, 미셸, 『담론의 질서』, 이정우 역, 중원문화사, 2012, 27~28쪽.

이 수년간 이 분야의 일반적 관행이 되어왔다. (…) 이를 통해 예술, 특히 그 물질화가 기원적, 제도적 뿌리와는 상관없이 미적 특수성으로 평가되는 경우가 많다. 이는 특히 연극의 새로운 현상학을 추구하는 시도에서 나타난다. 결국 공연 분석은 종종 자기충족적 예언과도 같아, 분석된 예시에서 개념적 도구와 관련된 방법이 허용하는 것만이 인식되고 드러나게 된다.

악거만의 모델은 넓게 보면 포스트모더니즘 이후 연극의 제도 및 관습의 구조를 회복하려는 움직임이기도 하다. 포스트모더니즘은 전통적 권위와 제도의 해체, 중심적 서사의 거부, 다원성과 불확정성을 강조하며 예술과 연극의 형식 및 관행에 큰 변화를 가져왔다. 그 여파로 한동안 연극 분석은 악거만의 지적처럼 눈앞에 보이는 현상에만 집중하는 미적 탐구의 경향을 보여왔다. 최근 예술가들 사이에서는 해체된 구조를 새로운 형태로 재구성할 필요가 있다는 목소리가 커지고 있다. 그 반향으로 해체된 권력 구조를 재반영하면서도, 정치·사회적인 역할을 할 수 있는 민주적 연극을 모색하기에 이른다. 예를 들어, 기후 위기, 인종차별, 젠더 불평등 등의 문제를 다루는 연극들은 이를 해결하거나 토론하는 플랫폼으로 자리 잡으면서 제도적 지위를 가질 수 있다. 이렇게 되면 연극은 미학적 실험실을 나와 실질적인 사회 변화에 참여하는 행동 공간에서 거듭날 수 있다.

연극은 디스포지티브의 패러다임적인 협상 장소다. 특히 연극은 다양하고 이질적인 요소들의 조합인 디스포지티브로만 이해될 수 있기 때문에 디스포지티브의 근본적인 특성을 대변한다.[5]

---

5 Aggermann, Lorenz, "Die Ordnung der darstellenden Kunst und ihre Materialisationen. Eine methodische Skizze zum Forschungs-projekt Theater als Dispositiv", S. 23, 2017.

연극 디스포지티브 모델을 제안한 악거만은 "연극을 이질적인 요소들의 집합체로서 본다면, 의식, 시, 책, 수집물과 전시물, 연출이나 프로젝트, 미적인 것, 정치 또는 교육적 실험, 나아가 뛰어난 표현이나 오페라 등 여러 가지 모습으로 드러날 수 있다."고 말한다. 다양한 미적 물질화는 연극 디스포지티브를 다른 디스포지티브와 구별할 수 있게 한다. 그렇다면 디스포지티브라는 개념을 연극의 형식으로도 구현할 수 있을까? 기실 모든 연극에는 이미 디스포지티브가 작동하고 있다. 푸코가 연극을 디스포지티브로 설명한 적은 없으나 앞 장에서 언급한 푸코의 미학적 디스포지티브를 굳이 언급하지 않더라도, 그의 디스포지티브 개념을 연극에 적용하는 것은 충분히 가능하다. 먼저, 디스포지티브가 인식론의 질서에서 파생되었다는 점에서 연극과 비교해 보면, 연극은 고유한 법칙성(계산)과 규제적 역동성(전략)에 종속되어 있으며, 특정한 지식과 경험을 내포하고 비상사태에 대응하는 디스포지티브로 이해할 수 있다. 물론 연극과 디스포지티브 사이에 모순점도 보인다. 연극의 미적 경험은 자유를 향하고 있으나, 디스포지티브는 제약과 문제 해결을 목표로 하기 때문이다. 두 개념에서 드러나는 공통점이 있다면 연극과 디스포지티브 모두 현실과 관련을 맺고 영향을 미친다는 점이다. 예술적 효과가 때로는 규범을 형성하는 방식으로 나타나며, 디스포지티브와 마찬가지로 사람들에게 규제적 기능을 한다. 예를 들어, 건축, 도시 계획, 사용 설명서, 법안, 전시, 공연 등은 각각 디스포지티브의 힘과 긴장을 드러내고, 사람들이 그 경계 안에서 행동하게 만든다. 요약하자면, 연극은 디스포지티브의 개념을 실질적으로 경험하고 표현할 수 있는 강력한 도구인 셈이다.

악거만이 제안한 연극의 디스포지티브 모델은 연구를 위한 방법론이며 연극을 특정 형식으로 규정하지는 않는다. 그는 연극 모델의 미학적 조건들을 제시할 뿐이다. 먼저, 디스포지티브 모델의 특징을 요약하면, 다양한 제도(관습, 규칙) 속에서 물질화되지만, 포스트모더니즘 이후에 해체되었던 연극적 관습을 — 비판적으로 — 복원하고자 한다. 따라서 "현장의 커뮤니케이션 연결로 이해되는 전통적 공연 개념이나, 이를 반복 가능한 약속과 행동 지침으로 정의하는 연출 개념과는 일치하지 않으며 훨씬 더 개방적인 형태의 물질화로 생각해야 한다."

이 모델은 역사적, 문화적, 제도적 맥락과의 관계를 중시한다. 악거만은 공연을 연극 디스포지티브의 물질화로 이해하려면 공연이 속한 환경에 주목해야 한다고 말한다. 공연의 발원뿐 아니라 아직 실현되지 않은 실천과 제도들, 그리고 공연을 구성하는 요소들과 그에 연루된 것들도 중요한 의미를 지닌다. 특히 연극에서 이러한 요소에는 대개 상당한 역사적 기반을 가진 제도들이 포함된다. 이러한 제도들은 전위적 실험에서조차도 필연적으로 그 역사를 기입하고 미래의 공연 제작 가능성과 미학을 결정짓는다.

"현재의 공연 형식을 오직 하나 이상의 저자적 주체, 현재의 제도, 혹은 즉흥적 실천의 의도에만 귀속시키는 것"은 이 모델의 핵심뿐만 아니라, 이미 과거와 미래에 걸쳐 있는 연극 디스포지티브와 그 물질화의 복잡한 시간성을 놓치는 일이라고 악거만은 주장한다. 따라서 이 모델은 전통적인 공연 개념에서는 벗어나지만, 포스트모더니즘의 유산인 제도 이탈적인 실행은 거부한다. 아무 곳에서나 발생하는 사건성을 지닌 퍼포먼스에는 동의할 수 없음이다.

다음으로 중요한 것은 전략과 계산의 상호작용이다. 연극은 고유한 계산 방식에 따라 움직인다. 그 계산이란 배우나 무용수가 전통적인 연기나 무용술을 훈련과 연습으로 습득하는 것을 말한다. 미학적 디스포지티브의 자유란 아방가르드적이거나 전복적인 실행에도 강력한 규범화를 동반하는 것이다. 따라서 연극적 디스포지티브의 원칙을 두 가지로 나눌 수 있다. 하나는 역사적 계보에 의해 규정된 내재적이고 비주관적인 계산이며, 다른 하나는 주관적이고 저작권적인 전략이다. 후자는 명확히 명명할 수 있는 특정 기관이나 인물 집단에서 비롯되며, 푸코가 말한 '저자 기능'과 관련된다. 특히, (비)공연이라는 주제는 저작권 전략과 내재적 계산 사이의 갈등 속에서 나타나는 중요한 현상이다. 이 갈등은 연극의 생산과 수용에서 중요한 역할을 한다. 연극적 디스포지티브가 기관이나 제도의 통제를 받기 어려운 이유는 본질적으로 연극은 내재적 계산과 함께 작동하는 특성을 가지기 때문이다. 연극 고유의 관습과 규칙은 새로운 형식들에도 항상 내재되어 있다. 따라서 비관습적 연극은 존재하기 어려우며 계산(관습)과 전략(주관)의 상호 작용이 이루어지게 된다.

연극 디스포지티브 모델은 연출 중심의 고정된 구조가 아닌 역동적인 구성을 이루는 데 초점을 맞춘다. 작품이라는 완성된 결과물로서의 연극이 아니며, 전략과 계산 사이의 상호작용만이 남는다. 분석적 접근 대신 관계성에 집중하고, 고정된 대상을 다루기보다는 요소들 사이의 역학 관계를 탐구하는 것이 이 방법론의 특징이다. 따라서 이 모델은 포스트드라마연극에서의 수평적 네트워크가 아닌 요소 간의 힘의 우위가 작용하도록 하여 사라졌던 구심점이 귀환한다. 이때 여러 개의 구심점이 생성될 수 있다. 그럼으로써 모두가 힘을 나눠 가지는 애매모호한 무대를 만들지 않고, 그 힘이 재빠르게 옮겨 다니는 것으로서 새로운 공평성을 제공할 수 있다. 주체는 계속 생성되면서 사라졌다 나타났다 한다. 이 원리는 디스포지티브의 근원이 된 생명체 이론으로서 증명할 수 있겠다.

의사이며 신경학자였던 빅토르 폰 바이츠제커(Viktor von Weizsäcker)는 생명체의 객체와 주체가 서로 얽히고 숨는 것을 회전문 원칙으로 설명한다. "내가 움직임으로써 지각하게 되고, 내가 뭔가를 인지함으로써 나에게 운동이 현재화된다." 그는 생명력 있는 존재의 움직임을 "자기운동(Selbstbewegung)" 이라고 불렀다. 생명체는 '스스로에 의해서, 스스로 움직이는 존재이며 움직임을 수행하는 주체다. 자기운동은 주체에 상응한다. 주체인 내가 움직일 때 객체도 함께 움직이는 회전문처럼 외부에서 야기된 유기체의 움직임, 즉 환경과 자기운동은 서로 영향을 '미친다'. 따라서 하나의 주체가 가지는 객체, 즉 무생물인 객체도 움직인다. 객체를 지닌 주체의 움직임인 회전문은 단지 찰나의 특성을 갖는다. 디스포지티브의 주체는 숨바꼭질 같은 이러한 질서에서 나타났다 사라지길 반복할 수 있다. 연극 디스포지티브 모델의 계산과 전략 사이에서 이렇듯 우연성이나 우발성이 공존하는 것은 "규범적이면서도 동시에 생산적인 힘, 즉 창조적 오류에 의해 가능하다.", 삶이란 "양극성을 지니며, 유기적이면서도 창조적이다. 이것이 진정한 의미에서 살아있는 삶인 것이다." 또한, 연극을 이끄는 힘이다.

6. 연극 디스포지티브의 파손점과 소외된 존재들

악거만은 연극 디스포지티브에 대한 논의를 진행할 때는, 기존의 질서와 행위자들의 규제 네트워크가 원활하게 작동하지 않는 기능 장애나 오류, 허구적인 요소들, 즉 단절 지점에서 시작해야 한다고 주장한다. 그 지점은 파손점, 스캔들, 또는 비-공연과 같은 형태로 드러날 수 있다. 이곳에서 디스포지티브의 전략적 활용을 드러내며 관습과 습관에 의해 가려진 디스포지티브의 기능이 공개된다. 이렇게 단절점을 중시하는 이유는 "연극을 예술이나 사회 문제와 전략적으로 연결하여 이해하고, 그와 관련하여 공연을 어떻게 만들 것인지를 고려하기 위해서"라고 말한다. 여기서 사회적 문제란 질서 안에 있으면서도 네트워크가 원활하게 작동하지 않는 곳의 존재들로서 지배는 받으면서도 권리는 누리지 못하는 사람들의 상황일 수 있다. 배제된 것들, 유보된 존재들, 그리고 기존의 질서를 깨는 사건들도 있다. 연극사를 예로 들면, 고대 비극에 나오는 이교도적인 파레이시아, 근대극에서의 에드립, 관습적 극장을 거부하는 드라마 집필 등을 들 수 있다. 이러한 예외 상황은 종종 지배적인 관습이나 계산된 접근 앞에서 실패를 경험하기도 한다. 이러한 상황은 저자의 주관적 선택이 제약받는 과정을 드러내며, 창작자가 선택한 전략이 특정 조건들 속에서 어떻게 좌절되거나 변형되는지 설명할 수 있게 한다. 이렇듯 디스포지티브 요소들의 오작동으로 발생하는 기능 장애와 이상 현상이 연극에서는 중요한 가치로 작용한다. 들뢰즈는 이것을 도주선이라고 했다. 억압적이고 고정된 체계에서 벗어나 새로운 가능성과 창조를 모색하는 탈주의 경로를 의미한다. 도주선은 단순히 기존 체계에서 도망치는 것이 아니라, 그 과정에서 새로운 연결과 잠재성을 만들어내는 창조적 실천을 의미한다. 들뢰즈와 가타리는 모든 체계에는 내부적으로 균열이 존재한다고 보았다. 도주선은 이러한 균열을 통해 체계를 해체하거나 그 경계를 넘어서도록 하는 경로이다. 이를 통해 새로운 사유와 실천이 가능해진다. 도주선은 반드시 긍정적 결과만을 가져오는 것은 아니다. 그것은 새로운 가능성을 열어주지만, 동시에 파괴적이거나 혼란스러운 상태로 이어질 위험도 있다.

연극 디스포지티브가 원활하게 작동하지 않는 단절 지점에는 공연에서 유보된 요소들도 포함될 수 있다. 이러한 요소에는 편집된 장면, 수정된 대본, 수집된 자료, 그리고 연극인의 사회 현장 참여 경험 등이 있다. 이들은 무대에 드러나지 않는 것들로서 캉길렘이 말하는 생명체 디스포지티브의 잔여와 같은 역할을 할 수 있다. 캉길렘에게 잔여는 앞서 언급했듯이 잠재적 능력이나 잉여 에너지를 뜻한다. 연극의 디스포지티브에는 무대 위에 보이는 것 외에도 드러나지 않은 채 대기하고 있는 잠재된 에너지가 있다. 연극 작업에서 미처 물질화되지 못하고 디스포지티브의 질서에서 도태된 것처럼 보이는 자원들이 언제고 재구성되어 새로운 질서를 창출할 수 있는 능동적 존재로서, 알 수 없는 질서를 따르며 디스포지티브를 재작동할 것이다. 이들을 살핌으로써 무대에서 보이는 것과 보이지 않는 것이 네트워킹하여 공연화 되는 과정을 볼 수 있다. 이것은 연극과 주변 환경의 관계성을 탐구하는 데에도 중요한 단서를 제공할 것이다.

특정한 형태를 갖추지 못하거나 주어진 틀 안에서 물질화되지 못한 존재자도 있다. 디스포지티브 모델은 실현되지 않았거나, 아직 나타나지 않은 미래의 형태들을 유토피아, 허구, 또는 기능 장애로 간주하여 질서에 포함시키고 이론화할 수 있게 한다. 따라서 연극의 디스포지티브 모델이 주목해야 하는 '네트워크가 원활하지 않은 파손점'은 사회의 문제점들인 동시에 창조와 자유의 영역이기도 하다. 연극이 이러한 곳에 집중함으로써 연극 본연의 사회적 기능을 새롭게 활성화하는 것이다. 이것이 곧 디스포지티브 연극 모델이 어떻게 실행되는가의 질문에 대한 답이 될 것이다.

이 모델의 아쉬운 점 중 하나는 연극 중심으로 설명하고 있어서 드라마 텍스트와의 관계까지는 연구가 미치지 못했다는 것이다. 드라마 연구자인 블로이머의 지적처럼, 푸코가 '판옵티시즘(Panoptismus)'으로 서술한 시선과 권력의 도식적 상호작용은 외적이고 시각적인 틀을 전제로 하며, 이 틀 속에서 들리는 말(hörbare Rede)은 종속적으로 취급되는 한계를 드러낸다.

7. 연극 속의 사회, 사회 속의 연극 : 사회적 디스포지티브의 연극화

연극 디스포지티브 모델은 연극학과 타 학문 간의 학제적 교류로 연극과 사회의 상호작용을 유도한다. 악거만은 이 모델이 타 분야와 교류하려면 공연의 질서를 지배하는 전략과 미학적 계산이 다른 디스포지티브와 어떻게 결합하거나 충돌하는지 예측해야 한다는 점을 강조한다. 공연 예술의 디스포지티브는 허구화를 통해 우연성을 창출하며 사물의 질서를 개방적이고 역동적으로 유지하려 하지만, 사회적 디스포지티브는 규제적이고 처벌적인 성격을 가지며, 그 작동 원리를 은폐하려는 경향이 있다. 따라서 양자는 상충된다. 연극 디스포지티브가 사회적 디스포지티브의 규율을 어길 경우에 처벌의 대상이 된다. 그러나 사회적 디스포지티브에서 얻은 경험을 연극으로 전환하는 경우, 이는 연극 무대에서 사회적 기능을 수행할 기회를 얻는다. 연극인이 사회적 디스포지티브와 상호작용한 사례로는 사회운동 참여, 기술 프로젝트 수행, 정치활동, 심지어 전쟁 참전 등이 있다. 이러한 활동은 연극 디스포지티브와 사회적 디스포지티브 간의 경계를 흐리게 하고, 연극인은 여기서 발생하는 갈등과 충돌을 고민해야 한다. 사회적 디스포지티브를 연극화하는 것은 현실을 재구성하고 그 경계를 확장하는 일이다. 디스포지티브에서 허구는 실제와 상호작용하면서 사회를 해석하고, 숨겨진 권력 구조를 드러내며, 새로운 가능성을 타진한다.

기센대학교 프로젝트의 책임자인 지그문트(Gerald Siegmund) 교수는 '연극은 본래 감각적이고 미학적인 디스포지티브'라고 하면서 (필자 : 연극이 사회와 교류를 하더라도) 연극학은 사회학적 접근을 넘어서 미학적 요소를 중심에 두어야 한다는 점을 강조했다. 그는 연극과 사회적 디스포지티브의 대립이 결국은 무대화를 통해 기여할 수 있는 방안을 모색해야 한다고 주장한다. 본고는 사회적 디스포지티브를 무대화(허구화)하고 연극의 미학적 기능을 사회화하는 작업의 예시로서 밀로 라우의 연극을 선택했다.

작가 겸 연출가인 라우는 사회 운동가들과 협업하면서 현실정치의 부당함에 맞서 싸우는 행동가이기도 하다. 그는 지구 곳곳을 다니며 가려진 진실을 파헤치고자 한다. 전투에 참전하고 무대에서 재판을 열었으며 인류의 정의를 세우겠다는 목표로 글로벌 총회를 소집해 생중계도 했다. 라우의 연극은 현장 활동과 연극 사이에 경계를 긋기 어려울 만큼 자신과 동료들의 체험을 무대 위로 가져온다. 이로 인해 그의 연극은 다큐멘터리나 포스트드라마 연극으로 오해받는데, 그의 연극에 다양한 형식이 활용되는 만큼 특정 형식으로 규정하기는 어렵다. 라우의 연극은 사건의 현장과 직접 부딪혀서 사회적 디스포지티브에서 작동하고 있는 상황을 연극 무대로 가져와 허구화한다. 〈연민, 기관총의 역사〉에서는 중동과 콩고 내전 지역의 난민촌에서 라우와 배우들이 취재하고 경험한 이야기를 무대에서 극화했다. 실제 인물이 등장하여 사건을 증언하는데, 이조차도 공연의 대본대로 진행했다. 배우가 악몽의 시간을 기억하며 무대에 서서 소변을 보는 장면은 배우와 인물이 일치되면서 연극적 흐름을 깨고 허구가 실재에게 잠시 자리를 내어주는 상황이라 하겠다. 이 장면은 관객에게 강렬한 경험을 만들어주면서 사건을 각인시켰다.

역사적 사건을 다루는 라우와 동료들의 재연(Reenactment) 프로젝트는 무대와 동일시되는 한 편의 작품으로 완성하지 않고, 아직도 계속되는 역사의 일면을 담론화하는 허구적 장치로서 기능한다. 작가는 재연으로 질문을 만들어 관객을 통해 문제성을 확인하는 전략을 세운다. 2009년 루마니아 독재자 차우세스쿠의 처형 장면을 재연한 것을 시작으로 라우의 재연은 정치적, 사회적 또는 생태적 문제에 초점을 맞추고, 콩고에서의 학살, 여성 이민자, 장애인 등 다양한 주제를 다루었다. 러시아 혁명 100주년을 기념하기 위해 기획된 〈레닌〉에서는 제법 오래된 사건을 중심으로 정치적 은유를 시도했다. 레닌의 임종 날 밤의 상황을 상세히 보여주기 위해 레닌의 별장을 무대 위에 극사실적으로 재연했다. 그런데 레닌의 역할을 여배우 우르시나 라르디(Ursina Lardi)가 맡았다. 연극은 라르디의 레닌 분장 장면까지 보여준다. 레닌의 우유부단한 상태와 어떻게 될지 모를 불안감을 여배우의 연약한 몸이 표현하며 실재감을 보탠다. 라우의 재연은 사건을 단지 무대에 가져와 비판하는 차원이 아니라, 사건을 대면하여 경험하고 현재의 것으로서 논하고자 했다. 이러한 과정을 겪으면서 관객이 변하고 세상이 바뀔 것을 기대한다.

포스트모더니즘과 그 이후의 "자기 결정적 역사의 부재라는 병폐"에 대응하여 재연은 "점점 더 타율적으로 경험되는 역사에 직면하여 자율성을 주장하려는 의도를 지닌 문화"를 더욱 발전시키고자 한다. 체험적 열망을 가진 재연을 과거의 보존적인 미학과 차별하려는 노력이 라우의 연극으로 드러난다. '완벽한 모방과 비판적 재생산 사이의 경계선은 어디에 있는가?'. 라우는 실제 사건의 피해자를 비전문 배우로서 무대에 등장하게 한다. 이에 대해 인터뷰어는 날카롭게 질문한다. "자신이 겪은 고통만으로 캐스팅 된 사람들은 공연의 배경이 될 뿐인데, 이렇게 해도 괜찮은가요?" 라우는 답한다. "이 작품에서 제가 하고자 한 것은 고통을 보여주는 예술이 진정으로 의미가 있는지를 비판하는 것이었습니다." 그는 자신의 연극에 질문을 던지며 비판을 멈추지 않는다. 무대에서 역사를 체험하고 논쟁하게 하며 자신은 또 그것을 관찰하고 비판한다. 메타적 관점을 지닌 라우의 재연은 아마도 다음과 같은 질문에 응답을 구하려는 시도일 것이다.

“과거가 현재를 도울 수 있는가?”, “죽은 자가 산 자를 구할 수 있는가?”[6]

그러나 재연은 실제 사건을 다룬다는 점에서 상연에 한계가 있으며 언제나 왜곡의 가능성을 품고 있다. 이 점을 라우는 어떻게 생각할까? 다큐멘터리 연극을 인정하지 않는 그는 자신의 연극을 모두 허구라고 일축한다. 라우의 연극은 재판이나 회의조차도 사건을 허구화시키는 미학으로 존재한다. 그의 연극에서는 허구와 실재를 구분하기 어렵고, 두 가지 요소가 상호작용한다. 이 점에 주목하여 라우의 〈총회〉 공연을 살펴보기로 한다.

8. 사회적 디스포지티브와 연극적 행동 : 밀로 라우의 〈총회〉

연극과 사회적 디스포지티브의 결합과 충돌을 명확히 보여준 사례가 라우의 연극 〈총회(*General Assembly*)〉(2017)이다. 라우의 재연이 사회적 사건들을 연극적 규칙과 연기술을 사용하여 무대화했다면, 〈총회〉는 윤리와 투명성을 강조한 현실 미학을 연극적 행동으로 실행한다. 〈총회〉의 공연 후 라우는 벨기에 겐트 극장 감독으로 부임하면서 ‘겐트 선언문(Ghent Manifesto)’을 발표했는데, 그 내용 중 다음과 같은 항목들이 〈총회〉에서 선취되었다.

> 모든 공연이 국제적 사건을 다루어야 하고, 비전문 배우와 전문 배우가 협업하며, 지역적이면서도 세계적인 맥락을 고려해야 한다. 또한 제작 과정이 투명하고 윤리적이어야 한다.

2017년 11월 3일부터 5일까지 베를린 샤우뷔네에서 열린 라우의 총회

---

6 한강 작가 노벨싱 수상 소감문 전문, 2024. https://www.ohmynews.com/NWS_Web/View/at_pg.aspx?CNTN_CD=A0003086455(검색일 : 2025.01.15.)

는 Théâtre Nanterre-Amandiers(파리), Théâtre National Wallonie(브뤼셀), NT Gent, Thalia Theater(함부르크), SPIELART Festival(뮌헨)으로 라이브 스트리밍을 했다. 〈총회〉는 라우와 동료들의 IIPM(International Institute of Political Murder, 국제 정치적 살인 연구소)와 샤우뷔네(Schaubühne)가 공동 제작하였다. 전 세계에서 온 60명의 대표를 독일의 수도에 소집하여 새로 선출된 독일 의회에 도전장을 던졌다. 〈총회〉는 독일 정치권의 영향은 받지만, 연방의회에서 정치적 발언권을 갖지 못한 모든 행위자를 대표하는 자리이다. 거기에는 전쟁 피해자, 노동 이주민, 경제적·기후적 난민, 다가오는 생태계 파괴(에코사이드)의 피해자, 아이들, 아직 태어나지 않은 존재들, 그리고 식민 역사의 희생자들까지 포함된다. 디스포지티브가 원활하게 작동하지 않는 곳의 소외된 존재들이다. 〈총회〉의 후원 및 협력 단체들을 살펴보면 회의의 의도를 잘 알 수 있다. 이 연극은 1회의 공연이 아닌 사회운동이랄 수 있다.

지원 단체 : 독일 연방 문화재단(Kulturstiftung des Bundes), 베를린 상임 지원(Spartenoffene Förderung Berlin), 문화 및 유럽 담당 상원의원실(Senatsverwaltung für Kultur und Europa), 정치 교육 연방 센터(Bundeszentrale für politische Bildung)

후원 : 유럽 헌법 및 인권 센터(ECCHR), 메디코 인터내셔널(medico international), 열대우림 구조(Rettet den Regenwald), 로자 룩셈부르크 재단(Rosa-Luxemburg-Stiftung), "국회의사당 습격(Sturm auf den Reichstag)"

추가 지원 : 취리히대학교 슬라브어학 세미나(Slavische Seminar der Universität Zürich), 도르트문트 HMKV, 스위스 국립과학재단(Schweizerischer Nationalfonds), 취리히대학교

협력 단체 : Agit Polska, Bahrain Watch, Berlin Postkolonial, 전국 인신매매 반대 코디네이션 서클(Bundesweiter Koordinationskreis gegen Menschenhandel), Club der polnischen Versager, Diem 25, European Alternatives, FUTURZWEI,

Germanwatch, 위협받는 민족 협회(Gesellschaft für bedrohte Völker), 하인리히 뵐 재단(Heinrich-Böll-Stiftung), 독일 흑인 여성 이니셔티브(ADEFRA), 독일 흑인 단체 이니셔티브(ISD, int. ie), 유엔 의회 캠페인(Democracy Without Borders), 템펠호프-쇤베르크 아동 및 청소년 의회(Kinder- und Jugendparlament Tempelhof-Schöneberg), 독일 쿠르드 커뮤니티(Kurdische Gemeinde Deutschland), Oficina Precaria Berlin/15 M, PowerShift, 국경 없는 기자단(Reporter ohne Grenzen), RomaTrial 공장식 축산 저항 단체(Tierfabriken Widerstand), Urgewald, Voix des Migrants, Welthungerhilfe 등 다수이다.[7]

단체들의 명칭만 보아도 그들의 활동 내력을 파악할 수 있으며 회의에서 어떤 논의가 이루어질 것인지 짐작할 수 있다. 위 단체들은 정치적 공간에서 항상 불안정한 지위에 있는 자들의 모임이거나 그들을 후원하는 단체들이다. 라우의 〈총회〉에서는 정치적 공간에서 누가 대표되는가 — 그리고 누가 대표되지 않는가를 묻는다. 1789년, 제3계급(평민)이 자신들을 "국민제헌의회(Assemblée Nationale Constituante)"라고 선언했을 때, 그것은 혁명이었다. 그렇다면 오늘날, 세계화 시대의 이러한 총회는 어떤 모습일까? 그리고 현대의 제3계급은 누구일까? 이 총회는 대표되지 못한 자들, 목소리를 잃은 자들, 즉 글로벌 제 3계급에게 목소리를 부여했다. 그들은 이주 노동자, 아이들 및 미래 세대, 전쟁 피해자, 섬유 및 광산 노동자, 소농, 경제 및 기후 난민, 다가오는 생태 재앙의 희생자, 세계의 바다와 대기, 가축과 나무들이다.

총회에 참석한 의원들은 다섯 번의 본회의에서 '세계 공동체로서 우리가 현재 어디에 서 있는지, 그리고 무엇을 해야 하는지'를 질문했다. "세계화

---

7 Rau, Milo & IIPM-International Institute of Political Murder(Hg.), "General Assembly, Sturm auf den Reichstag. Pressemappe", S. 3~4, 2017.

시대에 정치적 주권은 무엇을 의미하는가? 세계 인구의 이익은 국가의 민주적 원칙과 어떻게 조화를 이루어야 하는가? 독립, 존엄, 행복에 대한 누구의 요구가 인류 전체의 요구로 확장될 수 있을까?". 이 '글로벌 의회'는 지역 의회의 역할을 대체하며, 새로 선출된 독일 정부 구성원들에게 이 논의에 동참할 것을 요청한다.

인류 역사상 최초의 세계 의회는 국제적인 정치 관찰자들의 동행 속에 진행되었으며, "21세기를 위한 헌장"과 "국회의사당 습격"이 정점을 이루었다. 그들의 선언문은 독일 연방의회와 국가 의회 전반에 대한 비판에서 출발하며, 현행 정치 체제가 민주주의를 표방하지만 실제로는 지배와 착취의 도구에 불과하다고 주장한다. 대량 이주, 기후 변화, 생태계 파괴 등 글로벌 위기를 초래한 국가 로비 중심의 정치에 대한 대안을 제시하며, 소외된 모든 존재를 위한 새로운 민주주의의 필요성을 강조한다. 11월 7일 라우의 '세계 의회'는 국회의사당 앞으로 가서 회의의 내용을 발표하고 결의 시위를 했다. 러시아 혁명을 기념하는 의미에서 100년 전에 '겨울 궁전'을 습격한 것처럼 베를린 국회의사당 점거 계획을 실행하려는 것이다. 이들의 '세계 의회'는 "애들 놀이냐"는 비웃음도 감수해야 했다. 언론은 "밀로 라우의 세계 의회는 실제 정치기구들의 문제와 매우 유사한 절차적 혼란으로 끝맺었다."고 했으며 "행동 예술이 세계를 구하지 못할 수는 있지만, 연극은 구했다."며 행사의 한계와 의의를 짚었다.

〈총회〉 프로젝트와 관련하여 라우와 하랄트 벨처(Harald welzer)의 인터뷰에서 라우는 예술이 단순히 비판에 머무르지 않고, 미래를 위한 상징적 제도와 연대의 실천을 창출해야 함을 강조한다. 그는 〈콩고 법정〉과 같은 프로젝트를 통해 현실을 탐구하는 시야를 넓혀 글로벌 문제를 해결하는 것이 예술의 역할이라고 했다. 그는 연극과 같은 예술 매체가 역사적으로 새로운 계층을 대변하고 정치적 감수성을 확장해왔다고 설명하며, 앞으로도 난민이나 착취당하는 노동자와 같은 계층과 관련해 글로벌 정의의 문제를 계속 제기해야 한다고 주장한다.

> 60년간 포스트모던 이성은 제도를 의심하고 해체하는 데 몰두했습니다. 그러나 이제 그것만으로는 충분하지 않습니다. 우리는 기존의 지배 제도 밖에서 새로운 유토피아적 제도를 준비해야 합니다. 이 제도는 현행 제도가 붕괴할 때를 대비한 것입니다. 그리고 그것은 다음 세대 안에 일어날 것입니다.

밀로 라우는 제도를 단순히 해체하는 데 그치지 않고, 더 나은 사회적 · 정치적 실천을 위해 재구성해야 한다고 강조한다. 그는 연극이 과거의 권력 구조를 반영하는 수동적 예술이 아니라, 새로운 형태의 사회적 참여와 윤리적 책임을 실현하는 기관으로 기능할 수 있음을 보여준다. 라우의 작업은 현대연극이 어떻게 제도적 한계를 넘어설 수 있는지, 그리고 그 과정에서 어떤 새로운 가능성이 열릴 수 있는지를 탐구하는 적절한 사례일 것이다.

9. 글을 마치며: 역사의 귀환과 제도의 복원을 위한 연극 모델

1970년 이후, 포스트모더니즘 예술의 징후 중에서 대표적인 것이 제도의 이탈이다. 이러한 현상은 미학적 관습만이 아니라 권력 공간과의 관계도 해체했다. 60여 년 만에 다시 예술가들은 구조를 복원하고자 한다. 연극 디스포지티브 모델은 연극의 권력 구조를 회복하는 동시에 포스트모더니즘이 해체한 제도(관습)를 새로운 형태로 재구성하고자 한다. 이것은 연극의 정치 · 사회적 역할을 수행할 수 있는 새로운 민주적 형태의 연극을 모색하는 시도이다.

　연극 디스포지티브 모델은 '디스포지티브 연극'이라는 특정 형식을 규정하고자 함이 아니다. 21세기 이후 공연 예술의 경계 확장과 학제 간의 협력이 필요해진 상황에서, 이 모델은 시대에 부응하는 연극학 연구의 방법론을 제안하는 것이다. 연극을 디스포지티브로 정의하는 것은 푸코의 디스포지티브에서 작동하는 힘의 성격을 적용하는 것만이 아니라 연극과 다른 분야의 디스포지티브들의 충돌과 통합을 유도함으로써 연극학의 영역을 확장하고자 한다. 기존의 공연 개념인 '무대와 객석의 소통'으로만 설명할 수 없는 다양한 형식을 이 모델이 포괄하고 설명하는 가능성을 연다. 이 모델을 기반으로 삼는 새로운 작업은 사회적 활동이나 취재를 통해 상상력보다는 전문 지식을 기반으로 연극을 올린다. 그 결과물로 새로운 문제를 만들어 연극은 관객과 함께 행동한다.

　포스트모더니즘의 퇴조기에 등장한 연극의 디스포지티브 모델에서는 주체와 역사가 새로운 방식으로 귀환하고, 주체와 함께 버려진 연극의 역사, 문화, 기원적 배경이 인과관계가 아닌 상호작용을 통해서 재등장한다. 다시 돌아오는 역사는 타율적으로 경험되는 역사가 아닌 스스로 발견하는 자기결정적 역사가 될 것이다. 따라서 연극의 무대 위에서는 관습적 계산과 저자-주의적 전략이 대면하여 논쟁을 벌이게 된다. 또한 이 모델은 연극에서 배제되거나 유보된 존재들의 잠재된 에너지에 주목하여 소수자 권리문제로까지 확산할 수 있는 연극의 사회적 기능을 새롭게 연다. 연극 디스포지티브 모델은 무대 위의 사건 전개로 집중시키는 과거의 사회적 드라마가 아니라, 무대와 사회가 상호 작용함으로써 연극과 사회의 디스포지티브를 교류하게 하는 사회적 연극으로 전환을 꿈꾼다. 이때 연극인의 사회적 행동이 중요하며 이와 관련한 배우의 에이전시 논의도 관심 있게 다루어질 것이다.

우리가 살아가는 일상의 디스포지티브 질서에서 기능 장애, 허구, 도주선, 파손점, 오류 등 디스포지티브가 작동하지 않을 것 같은 그곳에 연극이 있다. 자본력과 지위의 상승 욕구가 충만한 이 사회의 디스포지티브 질서에서 연극은 다른 방향으로 뛰쳐나간 존재자이다. 연극은 다시 연극의 디스포지티브를 작동한다. 그리고 연극은 다시 사회적 디스포지티브와의 결합 또는 충돌을 시도한다. 연극과 사회적 행동의 교류가 험난한 측면이 있는 것도 사실이다. 라우의 연극이 과연 세상을 변화시키고 있는가? 최근에 라우는 반유대주의자라는 오해를 받기도 했고, 그의 글로벌 권력과의 투쟁이 고통의 전시, 다크 투어리즘으로 폄훼되기도 했다. 무대 위에 이민자들을 출연시키고 그들의 얼굴을 각각 클로즈업하며 신상을 소개하는 장면을 보여준 것에 대해, 이민자들은 그저 라우의 연극을 위한 엑스트라에 불과한 게 아니냐는 항간의 비난도 있다. 걸핏하면 혐의를 받고 고소도 당하는 라우의 연극은 사회적 디스포지티브와 연일 갈등을 반복한다. 그러한 상황에서도 정치가 못하는 일에 연극이 나서겠다는 그의 유토피아적 신념은 사라지지 않는다.

참고문헌

들뢰즈, 질, 『푸코』, 허경 역, 그린비, 2019.

서지영, 「밀로 라우의 정치와 연극」, 『연극평론』 88, 2018, 150~154쪽.

―――, 「온라인 연극의 네트워킹과 연극성」, 『브레히트와 현대연극』 48, 2023, 93~115쪽.

아감벤, 조르조, 『장치란 무엇인가 : 장치학을 위한 서론』, 도서출판 난장, 2010.

캉길렘, 조르주, 『정상적인 것과 병리적인 것』, 여인석 역, 그린비, 2018.

푸코, 미셸, 『담론의 질서』, 이정우 역, 중원문화사, 2012.

―――――, 『성의 역사 1』, 이규현 역, 나남출판, 2018.

―――――, 『권력과 공간』, 이상길 역, 문학과지성사, 2023.

한강 작가 노벨상 수상 소감문 전문, 2024. https://www.ohmynews.com/NWS_Web/View/at_pg.aspx?CNTN_CD=A0003086455(검색일 : 2025.01.15.)

Aggermann, Lorenz, "Die Ordnung der darstellenden Kunst und ihre Materialisationen. Eine methodische Skizze zum Forschungs-projekt Theater als Dispositiv", Aggermann, Lorenz, Döcker, Georg & Siegmund, Gerald(Hg.), *Theater als Dispositiv, Dysfunktion, Fiktion und Wissen in der Ordnung der Aufführung*, Frankfurt a.M., 2017, pp.7~32.

Bleumer, Hartmut, "Dramatische Dispositive, Zum Ort des Spiels vor der Zeit des Theaters", *Zeitschrift für Literaturwissenschaft und Linguistik* 50, Online publiziert(7, Oktober 2020), pp.373-395.

Canguilhem, Georges, *Das Normale und das Pathologische*, Frankfurt a. M./Berlin/Wien, 1977.

Deleuze, Gilles, *Francis Bacon. Logik der Sensation*(Übers. v. Joseph Vogl), München. 1995.

Kardos, Anna, "Wie erfolgreich ist Milo Rau mit dem theatralischen Elendstourismus?",

2023. https://www.nzz.ch/feuilleton/profiliert-sich-milo-rau-auf-kosten-
der-opfer-ld.1778959(검색일 : 2025.01.15.)

Foucault, Michel, "Nietzsche, die Genealogie die Historie"(Übers. v. Seitter Walter), *Von
der Subversion des Wissens*, Frankfurt a.M., 1991, pp.69~90

Frietsch, Ute, "Dispositiv", Frietsch, Ute(Hg.), *Praxeologische Begriffe. Ein Handwörter-
buch der Historischen Kulturwissenschaften*, Bielefeld, 2012.

Löffler, Petra, "Theorie- Szenen: Eine"(Wieder-Auffürung), Aggermann, Lorenz, Döck-
er, Georg & Siegmund, Gerald(Hg.), *Theater als Dispositiv, Dysfunktion, Fiktion
und Wissen in der Ordnung der Aufführung*, Frankfurt a.M., 2017, pp.105~122.

Pasquinelli, Matteo, "Was ein Dispositiv nicht ist: Archäologie der Norm bei Foucault,
Canguilhem und Goldstein", Aggermann, Lorenz, Döcker, Georg & Siegmund,
Gerald(Hg.), *Theater als Dispositiv, Dysfunktion, Fiktion und Wissen in der Ord-
nung der Aufführung*, Frankfurt a.M., 2017, pp.123~140.

Rau, Milo & IIPM-International Institute of Political Murder(Hg.), "General Assem-
bly, Sturm auf den Reichstag. Pressemappe(2020): We learn the lesson or we are
fucked", 2017. https://www.ntgent.be/en/news/milo-rau-als-we-hier-geen-
lessen-uit-trekken-zijn-we-genaaid(검색일 : 2025.01.15.)

Schaub, Mirjam, "Dispositive als strategische Ordnungen … und ihr Nicht-Scheitern-
Können am Beispiel von Stanley Kubricks Dr. Strangelove", Aggermann, Lorenz,
Döcker, Georg & Siegmund, Gerald(Hg.), *Theater als Dispositiv, Dysfunktion,
Fiktion und Wissen in der Ordnung der Aufführung*, Frankfurt a.M., 2017,
pp.141~158.

Siegmund, Gerald, "Theater als ästhetisches Dispositiv", *Leipziger Thesen zur Theaterwis-
senschaft XII - Gerald Siegmund über das Ästhetische als spezifische Leistung im the-
atralen Dispositiv der Gegenwart*, Leipzig, 16. Juli 2014. https://nachtkritik.de/
index.php?option=com_content&view=article&id=9800:leipziger-thesen-zur-
theaterwissenschaft-xii&catid=101&Itemid=84(검색일 : 2025.01.15.)

Zybowski, Przemysław, "Rezensions- und Rezeptionsgeschichte zu „Der Gestaltkreis.

Theorie der Einheit von Wahrnehmen und Bewegen" von Viktor von Weizsäcker. Zur Erlangung des akademischen Grades Doctor medicinae(Dr. med.), vorgelegt der Medizinischen Fakultät der Charité Universitätsmedizin. Berlin", 2009.

Weizsäcker, Viktor von, "Der Gestaltkreis. Theorie der Einheit von Wahrnehmen und Bewegen", von Achilles, Peter, Weizsäcker, Carl Friedrich von, Janz, Dieter & Schrenk, Martin(Hg.), *Weizsäcker, Viktor von. Gesammelte Schriften*, Frankfurt a.M., 1990.

엄현희

아르코예술극장의 '기후 프로젝트'가 우리에게 던지는 질문은 무엇인가

극장의 재발견과 포스트휴먼

아르코예술극장의 '기후 프로젝트'가 우리에게 던지는 질문은 무엇인가

극장의 재발견과 포스트휴먼

팬데믹(pandemic)[1]은 우리에게 많은 질문을 안겨줬다. '일상 세계는 과연 안전한가?', '현재까지의 삶의 방식은 괜찮은 것인가, 지속할 수 있는가?', '고도로 발달한 문명의 끝은 결국 인간 사이의 연결 파괴인가?' 등 쉽지 않으며 오래 답하고 또 고쳐가야 할 물음들을 안겨주었다. 그것은 문명의 결정체인 첨단기술이 최근의 팬데믹 사태를 막는 데 도움을 되지 않았다는, 기술문명에 대한 실망감과 더불어 찾아온 것이기도 했다.

첨단기술은 포스트 팬데믹[2]에 이른 현재에도 AI 개발을 위해 각국이 경쟁적으로 뛰어드는 것에서 알 수 있듯이, 'AI 기술 개발 속도를 늦출 것'을 제안하거나[3] AI 기술이 가져올 사회 전반의 구조 변화 및 혼란, 이에 대한 대책 마련과는 별개로 더 빠른 속도의 발전을 향해 달려가는 듯하다. 물론 첨

---

1 팬데믹은 WHO(세계보건기구)가 선포하는 감염병 최고 경고 등급을 뜻한다. 가장 최근의 팬데믹은 코로나 19로 2020년 3월에 선포되었다.
2 WHO는 2023년 5월에 코로나 19 공중보건 비상사태 종료를 선언했다. 이것은 병이 사라졌다는 뜻이 아니라 각국이 관리 체계로 들어섰다는 의미이다.
3 유발 하라리 · 제레드 다이아몬드 외, 『초예측』, 웅진지식하우스, 2019, 103~105쪽.

단기술을 활용해 전 지구가 해결해야 할 과제인 기후변화에 대응하려는 시도 역시 존재하지만,[4] 기술 발달과 이에 따른 문명의 목표는 궁극적으로 '부의 축적'이며 우리는 이를 위해 항상 경쟁한다. '경쟁하는 인간'(호모 리바이얼스Homo Rivalis 혹은 호모 컴피턴츠Homo Competens)이란 비유적 표현은 현대 자본주의 문명의 이상적 인간상으로 적절해 보이는 문구이며, '이기적 인간 유전자' 이론 등의 사회학적 지식은 이를 강력히 뒷받침해준다.[5]

그러나 팬데믹 사태로 표면화된, 전반적인 사회 체제 및 삶의 태도에 관한 회의감과 반성 및 성찰의 분위기가 완전히 사라진 것은 아니다. 오히려 팬데믹이 우리에게 던졌던 질문과 이에 대한 대답은 이제야 본격적으로 시작되는 것으로 봐야 하지 않을까. 팬데믹은 확실히 기술문명에 따른 자본과 부의 축적으로 이룬 사회가 암묵적 혹은 의도적으로 뒤로 물러나게 한, 자연과 환경에 대한 관심, 돌봄의 가치, 공동체의 재정의, 소수자와 약자에 대한 주목과 새로운 관점을 이끌어냈다. 위기가 기회로 연결되는 것처럼, 공포와 두려움은 가치의 전환과 희망을 위한 전조로 바라봐야 할 것이다. '경쟁하는 인간'이 이룬 사회는 '어떻게 승자가 될 수 있는가?'를 사람들 각자가 고민해야 했다면, 달라진 '이후의 사회'는 '어떻게 공존할 수 있는가?'를 함께 고민하는 세상이라 말할 수 있을 것이다. 서로에 대한 적대와 방관 및 무관심에서 인지와 협력으로의 가치 전환을 위해 여러 질문과 시도 및 노력이 필요하다.

---

4 김준하, 『기후변화』, 광주과학기술원, 2017, 106~113쪽.
5 새뮤얼 보울스, 허버트 긴티스, 『협력하는 종』, 한국경제신문사, 2016), 127쪽.

1. '기후 프로젝트'의 소개와 의의

2024년부터 시작되어 2025년까지 2년간 진행된, 아르코·대학로예술극장(극장장 강량원)의 '기후 프로젝트'는 이러한 배경에서 출발한다.[6] '기후 프로젝트'는 몇 가지 점에서 주목할 만하다. 첫째, 과정 중심의 프로젝트이다. '기후 프로젝트'는 공연이 발표됐지만, 공연이 최종적인 목적지나 결과가 아니다. 과정 중심의 기획을 위해 극장은 예술가들에게 프로젝트 기간 동안 공간을 개방했으며, 2024년과 2025년 2년 동안 3월부터 8월까지의 6개월 동안 2년 내내 예술가들은 극장을 거점으로 활동했다. 공연 기간 동안에만 작품을 매개로 관객과 예술가들이 극장에 모이는 것과 차별되는 지점이다. 그러한 의미를 담아내기 위해 글쓴이는 '극장 레지던시'라는 이름을 제안하기도 했다.

예술가들은 아르코예술극장의 방식에 대해 지지하고 동의했으며, 기획 단계에서부터 함께 설계에 참여했다. '기후 프로젝트'는 [균넥(균사체+네트워크)], [극장앞텃밭], [박쥐구실] 세 팀이 꾸려져 함께했다.[7] 이들은 최근의 공연예술 작품 제작 환경 속에서 예술가들이 긴 호흡을 갖고 예술세계에 대한 탐구를 이어가기보다, 결과물이 나와야 한다는 압박 속에서 단기적으로

---

6 글쓴이는 아르코예술극장의 '기후 프로젝트'의 프로젝트 비평의 역할로, 2025년 3월부터 8월까지 과정을 함께했다. 기간 동안 예술가들의 활동을 지켜보고 아르코예술극장 공식 블로그에 7편의 글을 작성하며, 작업의 의미와 가치를 되새기고 알리고자 노력했다. 이 글은 작업이 종료된 후에 시간적 거리감을 갖고서 바라보며 작업에 대해 총체적으로 정리하는 의미를 갖는다.

7 '기후 프로젝트'는 한 팀 당 대략 4~5명의 인원으로 이뤄져, 세 팀 전체 약 20명 안쪽의 예술가들이 침여했다. 첫 해와 두 번째 해 참여하는 예술가들이 추가되기도 했는데, 대부분 2년 내내 참여했다.

진행하도록 만드는 지점을 개선하고자 했다. 따라서 예술가들은 6개월 동안 일련의 주제를 탐구하며 그 과정에서 워크숍, 포럼, 공연 발표 등을 했다. 연극학자 차우두리는 미국의 1990년대부터 활성화된 '생태연극'을 연구하며, '연극을 위한 연구가 아닌, 연구를 위한 연극이 바로 리서치 씨어터이며, 리서치 씨어터는 선정된 주제에 따라 질문이 이어지고, 토론, 워크숍, 협업을 거쳐 연극으로 제작된다'고 주장했다.[8] '기후 프로젝트'는 리서치 씨어터와 일부 흡사해 보인다. '기후 프로젝트'의 2024년의 주제는 '극장'이었고, 2025년의 주제는 '관객'이었다. 과정 중심의 프로젝트는 예술가 및 그의 고민을 프로젝트 방향의 중심에 놓는 것으로 구체화됐다.

'기후 프로젝트'는 둘째, 극장의 역할과 기능에 대해 확장시키는 것으로 주목된다. 일반적으로 극장의 핵심적 기능은 연극과 공연을 만들어 무대에 올리는 것이다. 이러한 역할은 1990년대의 공연예술을 산업적 측면에서 바라보며, 예술작품 역시 시장에서 판매되는 시장가치를 지니고 있고 공연이 지역의 경제 활성화에 기여한다는 것을 주목해 바라보며 강화됐다.[9] 하지만 극장은 작품의 제작 및 유통이 이뤄지는 시장적 장소일 뿐 아니라, 동시에 공연작품이 완성되고 향유가 동시에 이뤄지는 혼잡한 공연생태계의 장소이자, 작품을 만들고 보려고 모인 다수의 사람들이 함께 호흡하는 시설 즉 가치를 중심으로 조직되는 집단으로써 특별한 공감과 소속감을 갖게 하는 곳이며, 고대에서부터 이어진 특별한 경험을 하는 공간이다.[10] '기후 프로젝트'에서 이뤄진 여러 프로그램들은 극장에 대해 폭넓게 사고하도록 이끈다.

---

8   조주영(주저자)·최성희, 「'리서치' 로서의 생태연극 : Carla and Lewis의 에코드라마터지」, 이화여자대학교, 2020, 223쪽.

9   이승엽, 『극장과 공연예술』, 역사넷, 2001, 27쪽.

10   이승엽, 『극장에 대하여』, 마인드빌딩, 2020, 26쪽.

'기후 프로젝트'의 세 팀 [균넥(균사체+네트워크)], [극장앞텃밭], [박쥐구실]
은 워크숍과 포럼, 시장 등을 열어 사람들의 모임을 다양한 방식으로 구성
했다. 작품을 매개로 모여든 이들의 경우에 순간적으로 소속감과 공감 등을
갖게 되지만 이것은 특별한 경우를 제외하고 공연이 무대에서 내려가는 순
간에 사라지는 순간적 감정일 때가 대다수며 연대의 감정의 깊이 역시 깊지
않은 것이 일반적이다. 이것은 만드는 이나 공연을 관람하는 이 모두 마찬
가지다. 반면에 '기후 프로젝트'는 다양한 방식으로 모임을 구성해 여러 공
동체가 만들어져 동시에 운영됐다. 이것은 프로젝트의 주제인 기후위기가
사람들이 함께 모여 주체적이며 능동적으로 해결해야 할, 공동의 문제이자
쟁점이기 때문이기도 하다.[11]

한 모임에 모인 사람들의 숫자는 20여 명을 넘지 않았다. 프로젝트에서
이뤄진 공연의 경우 40여 명까지 한 회당 관객을 모집했지만, 이 역시 일
반적인 관객 수를 생각했을 때 무척 적은 수다. 사람들의 수가 제한적인 것
은 모임에 모인 사람들의 교류의 깊이와 농도 때문이다. 모임들은 참여자들
이 서로에게 스스로를 솔직하게 내보일 수 있는 장으로 운영됐고, 공동체에
대한 소속감과 책임감, 그리고 사람들 사이의 연결 및 연대가 중요한 가치
로 다뤄졌다. 프로그램을 운영하는 예술가들과 모집된 시민이나 예술가들
사이의 위계 및 일방향적인 지식의 전달 등이 이뤄지지 않은 점 또한 특징
이다. 이를 위해 모임들은 참여자들 모두 동등한 위치를 느끼게 하는 별명
으로 서로를 부르게 하거나, 참여자들이 능동적으로 행동해야 하는 요소들

---

11 지구온난화에 따른 기후위기는 지구의 환경을 변화시키고 메커니즘을 파괴시켜 지
    구 기능을 약화시키고, 필연적으로 인간 생활, 산업 구조, 인류와 생태계의 건강 등
    경제의 다양한 분야에 직접적으로 영향을 미칠 것이리라 관측된다. 이승은, 고문현,
    『기후변화와 환경의 미래』, 21세기북스, 2019, 30쪽.

을 배치했다. '기후 프로젝트'를 통해 진행된 여러 프로그램들을 통한 소수의 모임들은 사람들을 다양하게 연결시키며, 사람들은 관계 속에서 서로를 발견하고 나아가 프로젝트 밖으로 연결이 확장되기도 했다. 신유물론자 라투르의 '행위자 연결망 이론'에서처럼,[12] 사람들의 연결망은 생겨났다가 사라졌다가 혹은 변형되기를 반복하며 '기후 프로젝트'를 여러 층위에서 실천하고 파동처럼 퍼뜨렸다. '기후 프로젝트'를 통해 아르코예술극장은 극장을 가치 중심적인 장소로 의미화하며, 극장 공간에 모여든 사람들에게 인식의 전환을 불러왔다.

또한 나중에 이야기하겠지만, 극장은 물리적 공간으로서 예술가들에게 영감을 제공하며 공연에서 새로운 미학적 발견과 연결되는 것을 보여주기도 했다. 예술가들은 일 년에 한 번씩 두 해에 걸쳐 공연을 올리며 관객과 만났는데, 이들의 공연은 관객참여형으로 극장을 적극적으로 활용한 형태이다. 허구와 허구가 아닌 것, 예술과 삶, 행위자와 참여자 등이 명확하게 분리돼 있지 않으며, 그 사이를 가로막는 벽이 아주 얇은 것임을 '기후 프로젝트'는 보여주고 있는데, 이것은 극장의 역할과 기능에 대한 새로운 인식과 함께한다.

2. 균, (토종)씨앗, 박쥐에 대한 탐구, 인간중심을 넘어 포스트휴먼으로

'기후 프로젝트'의 세 팀 [균넥(균사체+네트워크)], [극장앞텃밭], [박쥐구실]은 각각 균, (토종)씨앗, 박쥐를 탐구 주제로 삼았다. '기후 프로젝트'의 프로

---

12 심귀연, 『이 책은 신유물론이다』, 날, 2024, 50쪽.

젝트 대주제가 '극장'과 '관객'이었다면, 세 팀은 균과 씨앗, 박쥐를 매개로 극장과 관객을 연결하려 시도했다. 세 단체가 탐구 주제로 삼은 이들은 명백히 인간이 아닌, 비인간 존재들이다. 왜 예술가들은 이들을 탐구 주제로 삼았는가.

'기후 프로젝트'에 참여한 예술가들의 비인간 존재에 대한 관심은 우선 그들의 삶에서 나온 경험과 연결돼 있어 주목된다. [균넥(균사체+네트워크)]을 이끈 윤혜진 연출가는 "연극 작업에 대한 회의감이 들며 코로나로 집에 있는 시간이 많던 중 식물과 교감하는 특별한 경험을 했다"며, 그 기간 우연히 또 다른 기후 관련 프로그램에서 "인간이 멸종한다면, 극장에 무엇이 있을까를 상상하다가 지하에 자리한 극장들이 많으니 버섯이 자라날 것이라 생각해 극장에서 버섯을 키우기 시작했다"고 말한다.[13] 윤혜진 연출가를 비롯해 그때 만난 이들과 함께 팀을 만들어 '기후 프로젝트'에 합류한 후 고민을 이어가 균과 미생물에 대한 상상으로 넓혀가게 된 것이다.

[극장앞텃밭]의 전윤환 연출가는 8년 전부터 강화도 지역으로 이주해 집 앞에 작은 텃밭을 만들고 있다. 그는 공유 텃밭으로 운영하며 사람들과 함께 정성껏 밭을 돌봤는데, 2020년의 54일간의 장마 기간에 자신의 밭뿐 아니라 주변 이웃들의 농사 모두 망치게 되는 것을 충격 속에서 겪으며, "기후위기가 모두의 삶의 파괴를 불러올 수 있다"는 것을 경험했다고 말한다.[14] 이후 '기후 프로젝트'에서 강화도의 밭과 서울 지역의 밭을 연결시키기 위해 씨앗과 모종을 갖고 와 아르코예술극장 앞에 텃밭을 만들게 됐다.

[박쥐구실]은 셋 중 가장 늦게 합류한 팀으로, 이성직 연출가가 이끌었다.

---

13 윤혜진 인터뷰, 2024. 5. 21.
14 전윤환 인터뷰, 2024. 5. 7.

이성직 연출가는 "코로나 기간을 겪으며 이전과는 세상이 달라졌다고 생각했다"며, "동물 중 하나를 탐구하고 싶었는데, 마침 코로나 시기에 큰 오해와 차별의 대상임을 확인한 박쥐에 대해 흥미롭게 느꼈다"고 말한다.[15] 이 팀의 박쥐는 실존하지 않는 점이 특징이다. [균넥(균사체+네트워크)]과 [극장앞텃밭]의 미생물 및 씨앗을 각 팀들은 탐구 주제로 삼아 여러 측면을 보여주는데, [박쥐구실]의 박쥐는 아르코예술극장에 없다. 대신에 박쥐를 구실 삼아 모인 사람들이 박쥐가 나타나기를 기다리는 마음이 있다.

[균넥(균사체+네트워크)], [극장앞텃밭], [박쥐구실] 세 팀이 탐구한 균과 씨앗, 박쥐는 창작진의 삶과 맞닿아 있는 경험과 연결돼 있다는 점에서 장점과 한계를 동시에 갖는다. 장점은 창작진들에게 2년 동안 작업을 지속할 강력한 동기와 영감을 줄 수 있었다는 것이다. 또한 기후변화라는 크고 추상적이며 실천성이 강한 주제를 예술적으로 접근하고 풀어나가야 할 때 좀 더 수월한 접근 방식이 되었을 것으로 생각된다.

한계 혹은 아쉬운 점 역시 비슷한 지점에서 발생한다. 프로젝트와 세 탐구 주제의 연결이 다소 자의적이거나 임의적으로 다가오는 것이다. 기후위기와 균, 씨앗, 박쥐의 명확한 연관성에 대해 궁금해하는, 프로젝트에 관한 피드백을 듣는 경우들이 있었다. 즉 프로그램이나 공연에서 참여자 및 관객들이 균을 비롯한 미생물과 씨앗과 박쥐를 감각하기보다, 그들은 뒤로 물러서게 되고 예술가들이 더 부각되지 않았는가 하는 고민들이 있다. 이것은 윤혜진 연출가와의 인터뷰 내용에서도 드러나 있기도 하다. 또한 이것은 궁극적으로 기후위기에 대한 감각과 자연 및 생태에 주목하고 연결을 추구하는, 프로젝트의 주제적 측면이 약화될 수 있는 지점이기도 하다.

---

15 이성직 인터뷰, 2024. 4. 24.

균과 씨앗, 박쥐란 비인간 존재들을 탐구한 이들의 활동은 최근에 부상하고 있는 포스트휴먼 논의로 확장될 수 있다. 포스트휴먼은 90년대부터 각광받기 시작했다. 초기에 그것은 기술발달과 밀접히 관련돼 인간과 기계가 결합된 존재들인 사이보그, 인간 정신의 업로드, 인공자궁, 로봇, 인공지능 등의 출현이 불러온 논쟁이었다.[16] 현실에 출현한 현현하는 이들 인간이 아닌 인간 존재들, 즉 비인격 주체들을 무엇이라 부르며 어떻게 관계 맺어야 할지가 문제시 됐다. 그런데 포스트휴먼 논의는 탈−인간 중심 즉 휴머니즘에 대한 비판과 분석으로 나아가며 깊어지고 확장됐다. 이러한 고민은 70년대부터의 생태학과 특히 에코페미니즘 이론이 더해지면서 공고해진 것이다. 에코페미니즘은 인간/비인간의 이원론이 남성/여성, 문명/자연, 인간/동물, 이주민/토착민 등으로 무수히 뻗어감을 분석하며, 위계와 권력의 구조를 통해 이항 대립항의 전자의 요소들이 후자의 요소들을 대상화하고 착취하며 타자화하는 것을 비판한다.

포스트휴먼 3부작을 통해 국내에도 널리 알려진 연구자 로지 브라이도티에 의하면, 포스트휴먼 논제는 서로 구별되고 대립되는 이원론의 대립항을 비판하며, 구분하는 경계를 흐려지게 하거나 모호하게 해야 하며 상호 의존하는 관계로 재배치되고 의미화 되어야 한다고 주장한다.[17] 특히 에코페미니즘은 인간/비인간의 위계에 의해 존재가 지워진, 비인간 존재에 대한 관심과 주목을 요구한다. 이들은 지구를 동물과 식물 뿐 아니라 보통 살아 있다고 여기지 않는 흙, 물, 광물, 균 등을 포함한 다양한 생명체의 집합체로

---

16 신상규 외, 『포스드휴먼이 몰려온다』, 아카넷, 2020, 14~15쪽.
17 로지 브라이도티, 『포스트휴먼』, 아카넷, 2015, 76~136쪽.

바라본다.[18] 인간은 지구별의 하나의 종일 따름이지만, 오만과 독단으로 스스로의 위치를 잊어버린 채 다른 생명체들에게 큰 위협이 될 수도 있는, 기후위기를 불러온 문제적 종이다. 인간중심주의를 해체하고 '인간 너머'를 바라보는 관점을 제안한 포스트휴먼은 최근에 물질이나 사물 등으로 영역을 넓힌 신유물론으로 나아가고 있다.

'기후 프로젝트'에 참여한 세 팀은 균과 씨앗, 박쥐란 비인간 존재를 탐구하는 과정에서 인간중심주의를 벗어난 지점을 보여주거나 세상을 바라보는 새로운 시선을 제안한다. 물론 각 팀이 주제에 접근하고 이를 풀어가는 방식은 다르다. 현실적인 조건도 이들의 운영에 영향을 주었다. 세 팀이 운영한 대표적인 프로그램들과 공연미학을 살펴보면, 좀 더 구체적인 사례로 설명이 될 것이다. 프로그램들과 공연은 모두 아르코·대학로예술극장 공간에서 이뤄지며, 극장은 기후위기 이후의 삶과 세상을 상상하며 사색하는 사람들이 오가는 장소가 되었다. 또한 미생물이 발효되고, 극장 앞에 텃밭에서 작물이 자라며, 옥상 꼭대기에 박쥐집이 설치돼 비인간을 환대하게 됐다.

3. 미생물을 키우며 인간보다 커다란 균의 세계를 모험하다 : [균넥(균사체+네트워크)]

[균넥(균사체+네트워크)] 단체는 김혜원, 박수진, 신지연, 윤소희, 윤혜진으로 구성돼 활동했다. 이들은 다른 팀들과 다르게 기존의 극단 단원들의 모임이 아니다. 따라서 어느 정도 느슨한 형태로 모였고, 일정부분 비슷한 고민을 하는 예술가들이 자신들의 모임 형태처럼 유사하게 '헐거운 사슬'처럼

---

18 로지 브라이도티, 『포스트휴먼 페미니즘』, 아카넷, 2024, 123~179쪽.

연결되며 연쇄적으로 이어지기를 바란 듯하다. 들뢰즈와 가타리의 '리좀 이론'이 연상되기도 하며, 특히 단체가 개최한 균장에서는 예술가 네트워킹을 강하게 권유하고 있다. 또 그것은 단체 이름이기도 한, 서로에게 얽혀들며 연결돼 거대한 그물망을 형성하는 '균사체'의 모습과도 일치한다. [균넥(균사체+네트워크)] 은 여러 장소에서 채취한 균을 배양한 르뱅(천연효모)을 만들고, 균을 통해 버섯을 재배하려 했으며, '균장(시장)'을 열고, 〈균발견_극장균〉을 공연했다. 2년 동안 이 외에도 여러 활동을 했는데, 언급한 것들은 주로 사람들에게 공개하며 고민을 함께 나누고자 한 활동들이다.

[균넥(균사체+네트워크)] 팀이 주목한 균 즉 미생물은 사실 인간중심주의를 비판적으로 바라보는 데 적절한 생명체라 할 수 있다. 인간은 스스로를 독자적인 생명체라 여기지만, 실제로 장 등의 몸속에 살고 있는 균에 의해 생명이 유지되는, 관계적인 생명체이며, 또한 균은 모든 복잡한 생명체의 진화에 관여돼 있는 기원적인 존재이기도 하다. 균의 관점에서 바라봤을 때 오히려 인간은 거대한 균의 세계 중 일부일 수 있으며, 인간의 역사 역시 작은 사건일 수 있다.

[균넥(균사체+네트워크)] 팀은 아르코예술극장의 여러 장소에 유리병을 일정 시간 동안 놓아두고, 거기에 머물며 병 속에 담긴 공기 속의 균을 배양해 다양한 르뱅으로 발전시켰다. 르뱅은 극장 한쪽의 냉장고에 보관되었는데, 나중에 빵이나 차를 만들며 또 변형되기도 했다. 시각적으로 눈에 들어오는 르뱅들과 때에 따라 사람들과 나눠 맛을 느끼게 되며, 미생물은 사소한 존재가 아니라 가시화되고 느껴지는 일종의 형태를 갖추게 된다. 또한 팀은 단지 극장에서만이 아니라 극장 주변과 나아가 지리적으로 멀리 떨어진 공간까지 이동해 르뱅을 만들었는데, 이것은 가시화된 균의 존재들 사이를 물리적으로 연결시키는 행위로 다가왔다. 거대한 균의 세계, 균사체가 형태를

갖추게 되는 셈이다. [균넥(균사체+네트워크)]이 만든 르뱅, 르뱅들의 연결망, 균사체의 세계 속에서 인간은 존재하게 된다.

이 팀이 균을 버섯배지에 배양해 버섯을 키우려 한 것은 좀 더 저항의 메시지를 진하게 보여준다. 버섯의 양분으로 톱밥이나 흙뿐 아니라, 여러 공연들에서 얻게 된 대본 종이, 무대 바닥에 붙인 테이프, 플라스틱 등을 함께 넣었다. 긴 시간 동안 발효의 과정을 거친 후 팀은 '버섯 장례식'을 열어 유리관 속에 키우던 '극장버섯'을 해체하는 작업을 가졌다. 글쓴이는 버섯 장례식을 참관하며, 우선 몇 달 동안 전혀 썩거나 사라지지 않는 물건들이 너무 많다는 것을 깨달을 수 있었다. 게다가 그러한 부산물들은 모두 공연 작업의 제작 과정에서 생산된 것들이다. 이 프로젝트 역시 일부 마찬가지지만, 기후위기를 다루는 수많은 예술작품들이 환경에 반하는, 썩지 않는 인공물을 제작하고 있음은 피할 수 없는 아이러니다. 또한 나아가 자잘한 쓰레기 조각들로 기록되거나 궁극적으로 남겨진 공연 예술 작품의 일부들은 지나치게 빠르고 많은 수로 제작되는 현재의 공연 제작 시스템에 대한 반어법으로 다가왔다.

[균넥(균사체+네트워크)] 팀은 〈균발견_극장균〉을 공연했다. 앞서 '리서치 씨어터'란 개념을 빌려와 설명한 것처럼, 이들의 공연은 일련의 활동의 결과물이 아니라 활동 중의 일부로서 공연미학과의 접목을 시도하는 것으로 봐야 할 것이다. 나머지 팀들도 마찬가지이다. 〈균발견_극장균〉은 관객참여형으로 이뤄졌으며, 안내포자들이 대여섯 명으로 이뤄진 관객무리를 데리고 극장을 이동하며 벌어지는 퍼포먼스다.

〈균발견_극장균〉은 균의 서사를 만들어 가는 퍼포먼스다. … 다섯 개의 조는 서로 엇갈려 극장의 실링, 분장실, 무대, 객석 등을 이동하게 된다.

공연에서 도구는 꽤 중요하며, 몰입감을 키우는 요소다. 특히 확대경은 몇 백 배 확대된 실제세계를 눈으로 확인하게 해주며, 눈에 보이지 않은 채 존재하는 세계를 직관적으로 전달한다. 물론 확대경으로 균이 바로 드러나는 것은 아니다. 하지만 균이 만들어 질 듯 한 벽에 붙은 먼지더미, 머리카락 뭉치, 갈라진 틈 사이사이가 어떻게 생겼는지 시야에 드러나며, 마치 새로운 세상이 등장하듯 흥분마저 불러일으킨다. 기이한 형태의 선과 점, 경계사이의 퍼지며 쌓인 색의 띠. … 균은 공기 중 날아다니며 가볍게 이동한다. 공연은 마치 물거품이 터지는 듯한 소리로 채워진 '균의 노래'를 자주 들려줬는데, 그 장면에서 안내포자 다섯 명이 모여 작은 춤을 추기도 한다. 극장의 회전무대를 사용해 돌아가는 무대 위에 관객들이 앉았고, 주변이 흔들리는 몸을 느끼며 물거품 터지는 소리가 최면을 걸 듯 반복된다. 〈균발견_극장균〉은 초반의 과학적 기계의 세계에서 신비와 종교의 세계로 뒤바뀐다. 이것은 창작팀이 말하듯 제의의 형식을 의도하기 때문일 수도 있다. 공연이 마지막 장소로 삼은 분장실은 사면의 벽에 가득 하얀 종이로 부적처럼 꾸며져 무당집을 연상케 한다. 여기에서 관객들은 옹기종기 붙어 앉은 채 사이좋게 극장균을 배양해 만든 르뱅을 맛보게 된다. 마침내 나와 한 몸이 된 극장균이 시큼하게 혀를 지나 목으로 넘어간다.[19]

글쓴이가 작성한 비평문을 통해 이 팀의 공연은 균에 대한 탐구를 공연의 형식적 요소에 대한 실험과 주제에 대한 탐구로 확장해가고 있음을 알 수 있다. 관객참여형으로 진행된 공연은 관객에게 감각적으로 미생물의 세계를 인지하도록 만들고 있으며, 균을 감각하는 행위가 관객참여형, 즉 관객의 능동성을 강조하는 형태로 이뤄졌다는 점 또한 중요하다. 미생물의 세상을 적극적으로 반응하며 느낄 때, 인간이 미생물 세상 속에 들어 있는 존재

---

19 엄현희, 「극장이 말하는 새로운 삶과 희망을 위한 지도, 포스트휴먼─〈가보지 못한 극장〉을 보고」, 아르코·대학로예술극장 블로그 기후 프로젝트, https://blog.naver.com/arko_theater.

임을 즉 세상의 저편 혹은 뒤집힌 곳으로 이동하는 것을 경험할 수 있다. 공연은 특히 주술적인 분위기 및 오컬트와 신비함을 강조하며, 특별한 경험을 유도한다. 미생물과의 만남이 과학실이 아니라 무대이기 때문에 가능한 상상일 것이다.

4. 텃밭 가꾸기와 공연 만들기의 교차와 접합 : [극장앞텃밭]

[극장앞텃밭]은 강윤민지, 권근영, 민재원, 백종관, 전윤환, 조냇물로 구성됐으며, 대부분 극단 앤드씨어터의 단원들이다. 따라서 일련의 활동들이 보다 조직적으로 이뤄지기도 했다. 이들은 대표이자 연출가인 전윤환의 공유 텃밭을 강화도에서 가꿔왔고, '기후 프로젝트'는 강화도 텃밭과 예술극장 앞 텃밭을 연결하는 의미를 가진다. [극장앞텃밭] 팀은 실제로 아르코예술극장 앞에 밭을 만들어 토종씨앗을 심고 여러 가지 작물을 재배했으며, 1년 농사 후에 씨앗을 보관하고 다시 2년째에도 밭을 일궜다. 텃밭은 1년째보다 2년째 규모가 커졌으며, 단원들은 시민 농부를 모집해 시민들과 함께 6개월간 작물을 길러 수확까지 이르렀다. 텃밭을 가꾸는 것 외에 팀은 인도에서 공동체를 이루며 농사를 짓는 팀과 네트워킹을 하고, 토종씨앗 박물관 등을 탐방하며, 2년 기간 동안 공연 〈극장 앞 텃밭, 텃밭 뒤 극장〉을 올렸다. [극장앞텃밭] 팀뿐 아니라 다른 팀 [균넥(균사체+네트워크)]과 [박쥐구실]은 함께 연합 공연 〈해피퓨너럴〉을 공연하기도 했다.

연출가 전윤환은 밭에서 농작물을 키우는 행위를 연극 만드는 일과 동일시하며 농사가 주는 창의적이며 예술적인 영감에 대해 말했다.[20] 많은 사람

---

20 전윤환 인터뷰, 2024. 5. 7.

들이 오가며, 이들의 노동과 헌신으로 작물이 자란다는 것이 공연 제작 과정과 비슷하다는 의미일 것이다. 실제로 시민 농부들은 약 40여 명이 모집되었는데, 이들은 6개월의 기간 동안 꾸준히 밭을 돌봤으며 수확의 마지막까지 대부분 함께 했다. 사람들은 일기를 쓰며, 과정을 기록해 서로의 경험을 공유하기도 했다. 텃밭 가꾸기를 매개로 모인 사람들이 갖는 소속감과 공감의 경험은 아마도 극장의, 혹은 극장에서의 공연예술 감상 경험과 유사할 것이다. 이전부터 전윤환은 공연예술만이 가질 수 있는 특별한 경험에 대해 공동체가 만들어지는 것에 주목한다 말했다.

나아가 극장 앞의 텃밭과 텃밭을 통해 만들어지는 경험은 최근의 공연예술 제작 시스템에 대한 작은 저항의 메시지를 갖는다. [균넥(균사체+네트워크)]이 공연예술 작품들이 유행 속에서 쓰레기와 부산물을 남길 뿐, 무수히 사라져 버리는 최근의 경향에 대해 버섯을 키우며 발언하고 있다면, [극장 앞텃밭]은 긴 시간 동안 많은 이들의 협동과 긴밀한 관계 속에서 키워지고 자라나는 작물을 통해 짧은 시간에 효율성을 목표로 마치 '상품'처럼 만들어지는 최근의 공연예술 제작 경향을 비판한다. '기후 프로젝트'라는 주제와도 맞물리겠지만, 예술가들은 긴 호흡을 갖고 긴 여정의 중간 거점으로서 작품 만들기를 지향하는 듯하다. 예술가들의 이러한 욕망은 유행과 새로운 이슈 및 트랜드, 유입되는 수많은 정보를 중심으로 흘러가는 최근의 변화와 긴장 관계를 만들 수밖에 없어 보인다.

또한 텃밭을 가꾸는 행위는 도시에 사는 사람들에게 쉽게 생태와의 연결을 경험할 수 있는 기회이다. 흙을 손으로 만지고 다리로 밟아가며, 또 긴 시간 동안 물을 주고 작물을 지켜보는 것은 생태와의 연결을 통해 관계적 자아를 새롭게 정의할 수 있다. 작물은 개인의 보살핌과 노동으로 자라난다. 책임감과 적극적 태도를 회복할 수 있으며, 기후위기의 시대 속 존재로서 갖는 삶의 태도 등을 점검할 수 있다. 물론 현재 도시에서도 구역에 따라 텃밭을 임대하며 가꾸는 것을 정책적으로 지원하고 있다. 하지만 극장에서 텃밭 가꾸기를 모집해 운영하는 것은 이들과 다른 경험이며, [극장앞텃밭] 팀은 유기농 비료를 사용하고 흙의 비율을 조정하는 등 수확물을 최대한 경작하기 위한 작물 농사가 아닌, 다른 지향점을 가진 농사라는 것을 보여주기도 한다.

[극장앞텃밭]은 일련의 활동 외 공연으로, 〈극장 앞 텃밭, 텃밭 뒤 극장〉을 올렸다. 〈극장 앞 텃밭, 텃밭 뒤 극장〉은 2년에 걸쳐 공연됐고, 극장 밖 야외에서 출발해 극장 안의 구석구석과 무대로 이동한다. 야외를 보여주는 것은 관객들에게 텃밭을 시각적으로 보여주기 위해서다. 퍼포머는 없으며, 이어폰에서 들려오는 목소리와 녹음된 목소리를 들으며 관객이 공연에 참여하게 된다. 역시 관객참여형으로 만들어졌다.

> 〈극장 앞 텃밭, 텃밭 뒤 극장〉에서 시간은 씨앗을 심고 밭을 가꾸는 행위로 드러난다. 공연은 이들의 텃밭가꾸기를 영상으로 편집해 관객들 손에 들려 준 핸드폰 화면에 보여준다. 실제의 텃밭을 눈으로 보는 가운데 이들이 자라기까지의 흙을 깔고 씨앗을 심을 때서부터가 드러날 때, 관객들은 많은 사람들의 노력과 의지 그리고 그것을 담고 있는 시간의 존재를 느끼게 된다. … 또 다른 시간은 창작팀의 자전적 고백인 코로나 팬데믹 시기에서부터 흐르는 시간이다. 이것은 내적 시간이기도 하다. 팬데믹 기간에 극장이 닫히며, 불현 듯 연출가는 언제인가 종말이 다가올지도 모를 미래를 생각하게 되었다. 점점 사용되지 않게 되는 노오란 빛의 할로겐 조명처럼 말이다. 사라지는 것, 소멸되어 가는 것, 한쪽 방향으로 흐르는 시간에 대해 퍼포먼스는 말한다. 반전은 사라짐의 방향으로 흐르는 시간이 창작팀이 말하는, 우주를 발견하게 해준다는 것이다. 관객들은 할로겐 조명의 빛을 지나 무대 안의 캠핑 의자에 누워 위쪽을 바라보게 된다. 조명

이 설치되는 봉 위에 반짝거리는 불빛들, 별들이 촘촘하게 박혀 있다. 별이 빛나는 하늘, 우주를 닮은 극장 천장에서 시간은 공간이 되며, 무한한 우주처럼 시간 역시 확장된다. 이 장면에서 별들이 시야에 아련하게 상이 맺히는 것은 작은 불빛 아래에 연기를 동시에 사용하고 있기 때문이다. 세심하고 꼼꼼한 기술적 처리가 아니라면, 날 것의 노란 알갱이처럼 빛이 생경하게 다가왔을 것이다.[21]

비평문에서 알 수 있듯이 〈극장 앞 텃밭, 텃밭 뒤 극장〉의 형식과 주제는 단체가 전작에서부터 보여줬던 것과 '기후 프로젝트'에서의 경험 및 고민이 적절히 뒤섞여 있다. 퍼포머가 없이 목소리만으로 안내되는 장소들은 꽤 자극적이며 감각적이다. 적절하게 조절되고 제한된 감각이 오히려 집중력과 몰입력을 키우며, 퍼포먼스가 던지는 작은 단서들을 하나씩 따라가도록 만든다. 극에서 제시하는 것과 관객이 채워야 하는 것들의 균형이 눈에 띄며, 따라서 관객참여형 퍼포먼스가 가질 수 있는 특성들을 최대한 활용하고 있다. 정서적이며 서정적인 감수성이 공연에 짙게 드러나 있다. 그것은 생태와의 연결이 끊어지게 된, 인간이 갖는 고립감과 죽음에의 공포와 연결되며, 기후위기에 대한 위기감을 북돋는다.

5. 서로의 소리를 맞춰가며 함께하기를 찾아가다 : [박쥐구실]

---

[21] 엄현희, 「극장이 말하는 새로운 삶과 희망을 위한 지도, 포스트휴먼―〈가보지 못한 극장〉을 보고」, 아르코·내학로예술극장 블로그 기후 프로젝트, https://blog.naver.com/arko_theater.

　[박쥐구실]은 김시락, 백소정, 손서정, 신재욱, 이성직으로 꾸려졌다. 이 팀은 실제로 없는 박쥐를 중심으로 활동을 이어왔다. 그래서 박쥐 동물 전문가에게 자문을 받아 아르코예술극장의 옥상 위 벽에 실제의 박쥐집 30여 채를 설치했다. 박쥐는 실제로 도시의 어두운 곳에서 종종 발견된다고 하는데, 전문가에 의하면 극장에 설치된 박쥐집에 진짜 박쥐가 날아올 기간은 5년 정도 걸릴 수 있다 한다. 박쥐집 또한 목재를 재료로 제작되었고, 박쥐의 발톱 등을 고려해 튼튼하고 최대한 박쥐의 편의에 맞춰 제작됐다. [박쥐구실]은 박쥐는 없지만, 박쥐집 밑의 실내 공간에서 동물권이나 기후위기에 관한 시와 소설 등을 낭독하는 모임을 열거나, 박쥐가 초음파를 보내 소리를 받아 주변을 의식하는 방식(반향정위)을 연상시키는, '박쥐합창단'을 조직해 많은 사람들이 극장 앞에서 노래를 불렀다. 또 관객과 행위자가 구분되지 않으며 같은 존재인 퍼포먼스를 벌이기도 했다. [박쥐구실]은 일련의 활동들 외 〈배트 스테이지 투어〉와 〈집박쥐집〉을 공연했다.

　[박쥐구실]의 활동들은 실천적이며 실제적인 특성을 보여준다. 박쥐집을 설치한 아이디어는 한편으로 엉뚱해 보이면서도, 박쥐(동물)와의 상호공존을 모색하는 직접적인 행동이었다. 또한 현실적으로 박쥐는 차별과 혐오의 동물로, 박쥐에 대한 관심과 있는 그대로 박쥐를 바라보려는 시도조차 잘 기울이지 못하는 동물이다. 그런데 [박쥐구실]의 일련의 활동들은 박쥐에 대한 새로운 관심을 기울이게 한다. 첫해의 박쥐에 대한 탐구가 박쥐를 제대로 알기 위한 사실적 정보들의 모음과 이를 기반으로 한 활동이라면, 두 번째 해의 활동들은 박쥐를 매개로 모인 사람들 사이에 발생하는 것들과 더불어, 박쥐를 더없이 사랑스러운 동물로 기대하게 되며 기다리는 마음이 자라난다.

　박쥐합창단은 약 60여 명이 함께 했다. 시간을 내 노래를 함께 연습하고,

박쥐합창단은 극장 앞과 극장 로비에서 합창의 시간을 가졌다. 이성직 연출가는 '기후위기에 대해 막연하고 추상적이며 거대하게 생각하던 것이 합창을 위해 모인 사람들이 직접 노래를 부를 때 연대의 힘으로써 눈앞에 실제로 나타난 것 같았다'고 말한다.[22] 합창에 참여한 이들은 주로 배우와 스태프 등 연극하는 동료들로, 기후위기라는 주제가 주변에 좀 더 확장될 수 있는 계기가 됐다. 또한 합창단은 어린이를 비롯해 다양한 구성을 보여줬으며, 이들이 소리를 모아 한 목소리로 맞춰 노래를 부르는 것은 힘과 역동성을 느낄 수 있었다. 기후위기와 관련되거나 동물에 대한 소설을 함께 읽는 낭독회 또한 시민들을 대상으로 열렸는데, [박쥐구실]은 사람들이 구절구절을 나눠서 읽어가는 과정으로 운영하며 서로를 인식하고 함께 하는 시간으로 운영했다. 다만 박쥐집 밑에서 이뤄진 낭독회가 좀 더 다른 무대미술적 요소들이나 콘셉트가 더해졌다면, 낭독회 역시 또 다른 의미를 가질 수 있을 듯했다.

[박쥐구실]이 공연한 〈집박쥐집〉은 관객참여형으로 이뤄져 마치 박쥐가 숨어 있을 듯 한 극장의 후미진 곳을 찾아다니며 이동한다. 오케스트라 피트의 무대 바닥에서부터 극장 위 옥상까지 수직적으로 공간을 활용하고 있는 점도 특징이다. 어둠 속에서 사는 박쥐를 닮은 공연은 최대한 빛을 절제한 채, 소리를 활용한다.

〈집박쥐집〉의 연출은 꽤 세심하다. 무대 위의 관객들이 스스로를 변신하는 배우라 여기는 것은 객석에 앉은 배우역할의 퍼포머가 바라보기 때문이다. 관객석에 앉은 퍼포머는 이중의 의미를 동시에 전달한다. 자신이 평소에 연극을 즐겨보는 관객이라 고백하는데, 동시에 그의 인터뷰 목소

---

22 이성직 인터뷰, 2024. 4. 24.

리가 무대 위 관객들에게 전달되며 이 퍼포먼스의 주체임이 드러난다. 시각과 청각이 지켜보는 이이자 행하는 이라는 각자 다른 정보를 전달하는 가운데, 무대 위에서 사람들은 다소 얼떨떨해하며 목소리가 지시하는 대로 바닥에 눕거나 박쥐가 된 것처럼 바닥 자국을 읽어 본다. … 싱어송 라이터로 구성된 퍼포머들이 구음으로 박자와 리듬을 만들며 공간을 채우는데, 이들의 등장하는 방식도 흥미롭다. 관객들을 무대 뒤로 안내해 뒷막에서 모니터 화면을 통해 그들을 바라보며 존재를 처음 인지하도록 만든다. 객석에 앉은 배우와 모니터 너머로 존재하며 소리를 최대한 전달하는 퍼포머들은 등장하는 방식만으로 관객에게 뒤이은 장면과 앞으로의 의미 수용에 대한 단서가 되기도 한다. 관객에게 슬그머니 다가서는 방식이 인상적이다. 소리를 만드는 싱어송 라이터들은 소리를 통해 관객을 인도하며, 마지막 장소 옥상에 설치된 박쥐집으로 안내한다. 퍼포먼스의 전체를은 마치 박쥐를 둘러싼 밖에서부터 서서히 그 안의 실체를 향해 다가가도록 인도되는 동선이며, 분위기와 에너지를 최대한 상기시킨 채 실제로 설치한 박쥐집을 마주하게 한다.[23]

글쓴이가 작성한 비평문에서 짐작할 수 있듯이 [박쥐구실]의 〈집박쥐집〉은 제목처럼 약간 기괴하며, 모호한 상태를 유지하며 기묘한 감각을 보여주는 퍼포먼스이다. 공연은 시작할 때 극장 뒤 반입구에서 노래를 부르는 퍼포머로 시작되는데, 문지방에 선 채 노래하는 퍼포머는 들어올 것인지 나갈 것인지 짐작할 수 없다. 노래 역시 시작과 끝이 비슷하며 영원히 이어질 것 같다. 이 팀의 활동이 실제적이며 실천적인 색채를 띠면서도 박쥐에 대한 탐구와 공연미학이 만났을 때, 이러한 톤과 분위기로 나타난다는 점이 독특

<hr>

23 엄현희, 「극장이 말하는 새로운 삶과 희망을 위한 지도, 포스트휴먼―〈가보지 못한 극장〉을 보고」, 아르코·대학로예술극장 블로그 기후 프로젝트, https://blog.naver.com/arko_theater.

하며 신선하다.

6. 포스트 아포칼립스의 상상과 이어지는 질문, 그리고 공연미학

[균넥(균사체+네트워크)], [극장앞텃밭], [박쥐구실] 세 팀은 2년째 공연을 올리며, 연합 공연으로 〈해피퓨너럴〉을 제작했다. 작가(허선혜)가 개입해 세 팀의 퍼포먼스를 연결했는데, 〈해피퓨너럴〉은 최후로 남겨진 인간의 죽음을 다룬 '포스트 아포칼립스'(멸망 이후의 세상에 대한 상상)를 소재로 한다. 기후위기의 끝은 인간 종의 사라짐인 것일까. 현재의 기후위기는 인간의 산업문명이 이룩한 결과이기 때문에, 결말 역시 모든 인간의 멸종으로 끝나는 것일까.

팬데믹과 기후위기에 따른 재난, 주로 자연적 재난과 사회적 재난이 서로 얽혀드는 현재는 개인의 삶의 태도 및 국가적 관계, 정치와 전쟁, 경제 체제 등 사회 전체적인 부분에서의 전환과 변화의 시기임이 분명해 보인다. 아마 기후위기 문제는 본질적으로 깊이 파고들면 들수록 사회 전반의 다른 여러 요소들과 연관돼 있을 것이다. 이것은 단순하게 해결될 수 있는 문제가 아니며, 따라서 지속적으로 고민해야 할 과제일 것이다. 아르코·대학로예술극장의 '기후 프로젝트'는 이를 위해, 그 전의 희미한 흔적들을 쫓으며 첫발을 내딛었다.

'기후 프로젝트'는 여러 면에서 급진적이고 혁명적인 취지를 지향하며, 목적을 충실히 구현하기 위한 방향으로 운영되었다. 기후위기 문제가 사회 곳곳의 전반적인 것들과 연결돼 있듯이, 기후위기를 주제로 한 프로젝트는 공연미학의 문제, 현대 자본주의 사회 공연예술 작품 제작의 상업적 시스템, 결과와 성과 중심의 경쟁적 분위기를 저어하며, 예술가들이 문제시 한 현재의 현상들에 대해 극복하고 해법을 찾고자 노력하였다.

그런 점에서 분명히 이 프로젝트는 평론가로서 이들의 공연미학에 대해 한 마디로 정의하기 어려운 지점이 존재한다. 미학보다 내부에서의 변화나 의식의 재고란 정치적 메시지를 우선하는, 주제 중심의 프로젝트에서 예술가들의 실험적 언어 시도들은 어떻게 말해질 수 있을지 여전히 의문이다. 다만 이들의 공연이 비록 회차가 적게 이뤄지며 소규모 관객들이 만날 수 있었지만, 관객참여형으로서 분명한 연출적 콘셉트와 콘셉트를 전달하기 위한 신선한 공연 언어 및 노련하고 안정적인 기술들이 뒷받침됐다는 것을 말하고 싶다. 즉 이들의 공연은 치열한 고민 뒤에 한 수를 던지는 행위들로, 열기와 흥분에 앞서 에너지를 분출하는 것과는 오히려 거리가 있었다. 종이 박스를 찢어 만든, 시위대의 구호들은 냉정하며 차갑기도 하다. 기후위기는 그렇게 접근해야 하는 것인지도 모르겠다.

참고문헌

김준하,『기후변화』 광주과학기술원, 2017.
브라이도티, 로지,『포스트휴먼』 아카넷, 2015.
──────────,『포스트휴먼 페미니즘』 아카넷, 2024.
새뮤얼 보울스 · 허버트 긴티스,『협력하는 종』, 한국경제신문사, 2016.
신상규 외,『포스트휴먼이 몰려온다』, 아카넷, 2020.
심귀연,『이 책은 신유물론이다』, 날, 2024.
엄현희,「극장이 말하는 새로운 삶과 희망을 위한 지도, 포스트휴먼 ― 〈가보지 못한
    극장〉을 보고」, 아르코 · 대학로예술극장 블로그 기후 프로젝트, https://blog.
    naver.com/arko_theater.
유발 하라리 · 제레드 다이아몬드 외,『초예측』, 웅진지식하우스, 2019.
이승엽,『극장과 공연예술』, 역사넷, 2001.
──,『극장에 대하여』, 마인드빌딩, 2020.
조주영 · 최성희,「'리서치' 로서의 생태연극 : Carla and Lewis의 에코드라마터지」, 이
    화여자대학교, 2020.

윤혜진 연출가 인터뷰.
이성직 연출가 인터뷰.
전윤환 연출기 인터뷰.

이미원

한국연극의 정체성과 그 미래

한국연극의 정체성과 그 미래[1]

1. 서론

연극의 역사를 뒤돌아보건대, 항시 "전통을 수립했고 계승시켰"으며, "전통은 언제나 새 연극을 위한 자료가 되고 방법이 되고 정신이 되었다" 하겠다.[2] 그러나 외세에 의해 강요된 근대를 맞았던 한국연극은 전통을 계승하거나 이어받지 못했다. 그러하기에 한국연극에서 '전통'은 강박관념처럼 따라다니는 화두로, 한국연극 정체성 문제의 핵심에 위치했다. 여태까지의 정체성 논쟁은 외세에 의한 강요된 근대와 탈식민주의 이후 민족 자주 사고가 맞부딪히면서 생긴 현상으로, 소위 단절된 전통을 어떻게 이어갈 것인가 하는 문제였다.

전통 복원은 60년대 말부터 시작된 한국의 정체성 찾기와 맞물리면서, 70년대 이후 계속 연극계의 관심이요 숙제였다. 그러나 또 다른 문제가 있는

---

1 이 글은『한국예술연구』46호(2024.12)에 게재된 원고를 수정 및 보완하여 재수록한 것이다.

2 서연호,『한국연극전사』, 연극과인간, 2006, 27쪽.

데, 한국연극의 정체성은 과거 '전통'에서만 찾는가 하는 질문이다. 근대 이후 거의 1세기 넘게 공연되었던 우리의 근대극은 우리의 정체성과 무관한 것인가?

본고는 한국연극의 정체성을 숙고하고 새롭게 정의해보고자 한다. 포스트모던 사회로의 진입 이후, 근대의 연극은 그 중심의 해체를 거듭해서 새로운 시대의 연극으로 변화하고 있다. 철옹성 같았던 근대극의 와해는 세계적으로도 새로운 정체성으로 가고 있으며, 이는 우리 한국연극에도 나타나고 있다고 판단된다. 이 와중에서 한국연극의 정체성은 과연 전통과 근대와의 단절을 극복해나갈 수 있을까 하는 문제를 집중적으로 살펴보겠다.

이 정체성의 문제는 단순히 2015년 이후의 연극만으로는 다룰 수 없는 문제이며, 사실 미투운동 이후 잠시 전통의 현재화 실험이 거의 중단되었던 것도 사실이다. 따라서 정체성의 가변 가능성을 이론적으로 살피고, 한국연극의 전체적인 담론 흐름을 따라가며 그 정체성을 찾고자 한다. 전통과 근대 정체성의 이원론은 같은 한국의 연극사이니만큼 언젠가 통합되리라는 믿음으로 그 합일점을 찾고자 하였다. 이러한 시도는 결국 미래 연극을 가름하는 척도일 것이다.

2. 정체성이란 무엇인가 : 그 해석의 가변성

정체성이란 무엇인가? 사전적 의미의 정체성이란 "변하지 아니하는 존재의 본질을 깨닫는 성질. 또는 그 성질을 가진 독립적 존재"[3] 혹은 "정체라는 개념은 주체라는 개념으로 환원(還元)되기도 하는데 그것은 정태적(情態的)이

---

3 표준국어대사전.

라기보다 동태적(動態的)인 개념이다."[4] 이렇듯이 정체성에 대한 사전적 의미마저 대립적이나, 오늘날에 올수록 정체성을 점점 더 가변적인 것으로 파악하고 있다. 그렇다면 연극의 정체성이란 무엇인가? 연극의 정체성을 정의하기 위해서는 우선 전통의 개념과 그 변화를 추적할 필요가 있으니, 전통 안에서 문화의 정체성이 변화하기 때문이다. 전통에서 강조되는 것은 구술성과 전달성이다. 우리 전통 역시 크게 구술에 의존하고 있다는 데는 이견이 없으나, 그 전달이 서구식 근대에 의해 단절되었다고 보기에 현대사회는 전통에 더욱 집착하는 것이 아닌가 싶다.

쉴즈(Edward Shils)에 의하면 전통은 "과거로부터 현재까지 전해 오는 어떤 것"이며, 그것은 "인간의 행동이나 사고 혹은 상상력에 의해 창조되어 한 세대로부터 다음 세대로 전달된 것이다."[5] 그리고 3세대 정도의 짧은 계승에도, 전통은 무엇인가 변하기 쉽다고 한다.[6] 이러한 쉴즈의 관찰은 우리에게 시사하는 바가 크니, 실로 엄밀한 의미의 정통적인 복원의 전통이란 있을 수 없다는 것을 말해준다. 시간이 흐름에 따라 항시 변화된 요소는 끼어들어, 결국 아무리 전통의 복원을 시도해도 그것은 지난날의 전통과는 다른, 그러나 그 본질적 요소들은 지닌 전통으로 복원된다는 것이다. 뿐만 아니라 "전통이 존재하지 않게 되었을 때는 그 기록들이 전통이 된다"는 관찰 역시 우리 전통연희를 생각할 때 매우 유효하다.[7] 실로 판소리의 경우 신재효가 6마당으로 정리한 판소리 중 5마당만이 실제로 오늘날 고전으로 실연되고 있으며, 신재효 이전의 기록되지 못했던 판소리는 결국 전통으로 이어

---

4 한국문학평론가협회 편, 『문학비평용어사전』, 국학자료원, 2006.

5 Edward Shils, *Tradition*, Chicago: University of Chicago Press, 1981, p.12.

6 Ibid, p.15.

7 Ibid. p.25.

지지 못했다.

서구 제국주의가 어떻게 19세기 이후 원주민의 문화를 바꾸었는가를 생각하면, 전통은 자칫 변형되고 발명된다고 보는 견해까지 있을 수 있다. 빠른 사회 변화가 오랜 전통이 근거한 사회적 패턴을 약화시키거나 무너뜨리거나 더 이상 적용하기 힘들 때, 혹은 오래된 전통과 그 사회의 지지자들이 충분히 적응하거나 융통성이 없을 때, 전통은 종종 발명되기까지 한다. 그런데 이런 경향은 급속히 세계화가 진행되었던 지난 200년간 특히 일어나기 쉬웠다고 본다.[8] 이렇듯이 정체성이 변화되고 새롭게 창조된다는 해석은 유연한 전통을 말하며, 카(E.H. Carr)의 '역사란 해석이다'라는 결론을 상기시키기도 한다.[9]

이러한 전통의 가변성을 인정한다면, 문화 정체성 역시 변화하는 "세상에서 개인이나 집단이 무엇을 원하고 어떤 가치를 택하느냐 하는 선택과 의지에 따라 만들어지고 재구성된다."[10] 더구나 그 정체성은 "통합된 하나의 형태로 고착된 것이 아니라 여러 개로 혼합된 일시적인 것"으로 "항상 진행 중인 과정이다."[11] 포스트모던 시대의 우리 전통연희도 이러한 길로 나아가고 있는 것은 결코 우연이 아닐 것이다. 무형문화재라는 기념비적 존재에서 스스로를 변형시켜 새로운 돌파구를 찾고 있다.

---

8   Eric Hobsbawm and Terence Ranger(Ed.), *The Invention of Tradition*, Cambridge : Cambridge University Press, 1983, pp.4-5.

9   E.H. Carr, "What is History?", G. Clark(Ed.), *The New Cambridge Modern History*, vol.1, Cambridge University Press, 1957, p.18.

10   이윤희, 「문화 정체성 확립을 위한 연구」, 『한국 사상과 문화』 제51집, 2010, 313쪽.

11   현택수, 「세계화 시대의 문화 정체성」, 『2007 아시아 문화정책 심포지움』, 문화관광부 · 문화관광연구원, 20쪽.

이렇듯이 전통과 문화 정체성의 가변성을 인정한다면, 한국연극의 정체성을 새롭게 정의하기도 가능할 뿐만 아니라, 오히려 정의해야 하는 시점에 있다고 하겠다. 소위 전통연희와 근대 이후의 연극이 공존하고 있는 오늘날, 이제 이들을 통합하는 새로운 정체성의 탐구는 시도되어야 마땅하다. 이는 미래로 나가는 한국연극의 이정표가 될 것이다. 따라서 본고는 한국연극의 정체성 탐구를 새로운 틀로 시작하고자 한다. 소위 전통과 근대와 그 이후의 전통을 모두 살펴보고, 적어도 그 다양성을 모두 포함하여 우리 연극의 새로운 정체성으로 인지하고, 미래 연극의 방향성을 찾고자 한다.

3. 한국연극 정체성 담론의 흐름

실로 장구한 한국 연극사를 생각할 때, 한 시대를 근거로 정체성을 논의하기는 힘드니 시대에 따라 그 정체성도 변했다. 다양한 전통연극은 그 갈래로 나누어 정체성을 살펴보는 것이 그나마 가능할 것이다. 그 세 갈래는 산악백희의 전통, 골계희의 전통인 조희와 소학지희, 그리고 음악부에 속하는 정재 등이다. 이러한 세 갈래는 고대부터의 연희를 통해서 중세에야 완결되었다. 물론 그 이전에 제의와 극의 경계가 모호하다고 할 무속적 가무와 놀이도 있다. 한국 고대 가악무는 당시 동아시아에 다시 널리 퍼져 있던 무속과 연관된 신앙에서 시작되었으며, 그 정확한 내용은 알 수 없으나 풍농과 액을 퇴치하고자 하는 무당의 신내림으로 이어졌다. 이러한 고대 가악무의 원형은 오늘날까지 간간이 이어지는 부락제에서 그 흔적을 찾을 수 있다.

이러한 민속적인 원형은 고대 국가의 발달로 통일신라 시대에 이르러서는 서역과 당의 산악백희를 받아들이면서, 가무백희로 발전된다. 중세에 이르러 가무백희의 전통은 한층 세련되고 숙달되었다. 고려부터 조선 17세기 경까지 산붕, 채붕, 혹은 산대라고 불리는 무대를 세우고, 온갖 가무백희와 인형극 등이 행해졌다. 이는 고대 가무희의 집대성이요 중세문화의 꽃이었다 하겠다. 백희의 전통은 한·중·일 중세 연희에서도 주축을 이루었기에 오늘날에도 극동아시아 전통의 공통분모로 손꼽히고 있다. 이런 와중에 골계희도 더욱 발전했다. 촌극(skit)을 넘어서, 풍자와 반전을 앞세운 소극(笑劇)인 조희와 소학지희는 몇몇 사례에서는 서사적인 발전까지를 보여준다.[12]

문묘제례악이 중심이었던 정재는 음악이 위주였지만 당악(교방악), 향악, 아악 등을 포함하며, 아정(雅正)하거나 정대(正大)한 노래로 느림과 절제의 아름다움을 가졌다. 근세에 이르러서는 서서히 궁중이 주도했던 연희들이 조선의 쇠락과 함께 퇴행했으며, 연희의 후원자가 상인이나 민중으로 바뀌면서 민중의식이 반영되기 시작했다. 민속극이 부상하며 언어를 많이 활용하고 서민의식을 반영했던 탈놀이와 판소리가 시작됐다. 언어가 중요한 관중과의 소통 수단으로 떠올랐고, 고전문학의 풍자와 해학이 완성되었다.

이상 고전의 정체성과 완전히 다른 새로운 근대극의 정체성은 19세기 후반 강화도 조약과 개항 이후이니, 조선은 어쩔 수 없이 서구식 근대로 향했다. 이렇듯이 한국의 근대는 외세에 의한 강압적인 개방이요 개혁이었기에, 그 과정에서 서구는 필요 이상 미화되는 한편 우리 전통과의 괴리는 항시 존재했었다. 소위 '개화지상주의자'들은 전통을 미개한 원시 문화로 간주하며, 청산해야 할 대상으로까지 바라보았다. 그리하여 전통의 개념은 거의 모든 근대의 개념과 표리관계를 이루는 것같이 해석되었다.[13]

---

12 가령 하공진놀이의 경우 충신의 일생을 보여준다는 점에서, 서사적이다.
13 보다 상세한 근대의 전통에 관한 진술은 졸저 『포스트모던 시대의 한국전통과 퍼포

이는 식민치하의 연극에서도 예외는 아니었으니, 거의 모든 연희는 사라지고 서구식 연극으로 정진했던 시기이다. '놀이성'을 강조했던 우리 연희보다는, '근대의식'과 '사회적 개혁' 등 시대적 소명을 강조할 수 있는 서구식 연극에 지식인들은 매료되었다. 서구의 영향으로 새로운 근대극은 서구 사실주의극의 정립에 정진하였다. 신파극은 언어 연극을 일반화시켰으며, 인과율을 중시하며(과학적 사고의 일환이라고 할 수 있다), 사회 병폐를 지적하고 반영하는 사실주의극은 근대사회 정립에 기여했다. 당시 연극 엘리트들은 민중을 교화하는 계몽주의적 연극관으로 일관했었다. 이는 식민지 치하라는 특수 상황이기에 더욱 그러하였을 것이다. 이는 새로운 연극을 놀랍도록 빨리 정착시켰고, 전통과의 단절로 이어졌다. 이러한 근대극은 해방과 전란의 혼돈 시기에도 별 반성 없이 이어졌다.

한국연극이 1970년대 전통에 눈 돌린 것은 1960년대 후반 국사학계에서 일기 시작한 '자생적 근대'의 주장과도 관련이 깊다. 이러한 역사의 해석은 세계적으로 탈식민주의 사고와 이어진다고 하겠다. 이 시기는 우연인지는 모르겠으나 레만이 말했던 서구의 포스트모던 연극의 시작 시기와도 겹친다.[14] 즉 1970년 이후의 연구는 전통과의 단절을 의식하고, 이를 연결하려는 시도가 일어난 시기이며 포스트모던한 복수성에 주목했던 시기의 시작이다. 1970년대 문학에서는 민족문학 논의가 잇따랐으며, 국민문학, 민족주

먼스』 1장 2절 「한국연극의 전통 담론」 참조.

14 레만은 1970년대부터 1990년대에 이르기까지를 포스트모던 연극의 정착기로 보았다. 포스트모던 연극은 해체주의 연극, 멀티미디어 연극, 전통연극의 부흥 연극, 혹은 제스처와 행위의 연극 등으로 분류될 수도 있다. Lehmann, Hans-Thies, *Postdramatic Theatre*, Karen Jurs-Munby trans., Routledge: London & New York, 2006, p.25.

의 문학, 한국문학, 민족문학 등 여러 용어가 등장했으며, 김동리, 조연현, 김현, 염무웅, 백낙청 등 각기 다른 민족문학의 지평을 제시하며 논쟁했다.

연극계에서는 현대극에 전통연희를 접목하려는 시도가 유행처럼 번졌다. 따라서 이론적 전통 담론이 실제 공연 성과와 연계되었던 첫 시기이기도 하다. 당시 개관했던 소극장들도 전통연희 공연을 기획했을 뿐만 아니라,[15] 잇따른 현대극에의 접목이 시도되었다. 1970년 실험극장의 〈허생전〉(오영진 작, 허규 연출)을 시작으로, 극단 가교, 민예, 창고극장, 드라마센타, 자유 등이 전통연희를 활용하여 공연하였다. 〈탈의 소리〉〈너도 먹고 물러나라〉〈노비문서〉〈초분〉〈하멸태자〉〈태〉〈쇠뚝이 놀이〉〈물도리동〉〈어디서 무엇이 되어 만나랴〉〈다시라기〉〈유랑극단〉 등은 지금도 회자하는 공연들이다. 한편 70년대에는 전통연희 현대화 작업의 일환으로 무대화 사업에도 관심이 높았다. 전통연희, 특히 탈놀이를 현대에 받아들이기 위해서는 무대 조건, 연출 수법, 연기 시스템 등의 확고한 양식화가 필요하다고 보았으며, 극장과 무대의 정립도 요구되었다.[16]

기성 연극계와는 별도로 70년대의 또 다른 주요한 움직임은 마당극의 출

---

15 1969년 개관한 '까페 떼아뜨르' 는 금요민속극장을 마련하여 판소리나 꼭두각시놀음을 공연했고, 1976년에 개관한 '삼일로 창고극장' 은 김소희, 조상현 등 판소리의 대가들을 모시고 월례 정기 판소리 감상회를 열었으며, 1977년 개관한 '극장 공간사랑' 역시 월말 정기 프로그램에 전통예술 분야가 들어 있어 사물놀이와 공옥진의 창무극이 시작되는 원동력이 되었다.

16 이두현 등의 토의 「전통연극 정립의 문제와 현대적 수용」, 『연극평론』 3(1970, 겨울)을 위시하여, 이두현(「전통연극의 계승」, 『연극평론』 3), 이상일(「야외 민속극의 극장 도입」, 『드라마』 3, 1972.1), 허규(「한국적 극장예술의 정립 가능성」, 『한국연극』 1978.5), 유민영(「가면극의 계승에 대하여」, 『한국연극과 젊은의식』 민음사, 1979) 등의 논의들이 있다.

현이다. 당시 학계나 재야는 탈놀이나 판소리의 연구도 채록의 범주를 넘어서 미학적 정립을 시도하며 민중의 위상을 높였다. 특히 대학 사회는 탈놀이의 민중의식 계승에 깊은 관심을 보이면서, 당시 정치적 상황을 비판하며 마당극이 출현했다. 마당극은 우리 전통 탈놀이나 굿의 과장이나 거리와 같이 에피소드식 형식을 따오면서, 그들의 비판 정신이나 화해의 장을 빌려서 당시 사회를 신랄하게 풍자하였다. 이렇듯이 마당극은 우리의 전통담론과 현대극을 최초로 연결하려 시도했던 장르이며, 전통을 받아들여 오늘의 장르로 명명된 유일한 장르이기도 하다.

근대극에 전통을 접목시키려는 노력은 1970년대 이후 1980년대에도 허규, 유덕형, 안민수, 김정옥 등에 의해 꾸준하게 실험되었으며, 창극의 육성도 본격화되었다. 이어서, 오태석, 손진책, 이윤택 등이 근대극에 보다 다양한 전통을 접목시키며, 전통 계승에 박차를 가했다. 아울러 학계에서도 탈놀이와 굿에 대한 발굴이나 민속학적인 연구에서 나아가서 그 자체의 미학 등의 다양한 연구가 계속되었을 뿐만 아니라, 골계희나 정재 등등 연구의 범위와 종류가 다양해졌다. 이들은 전통과 근대의 단절을 극복하려는 노력이었다.

1990년대는 우리 사회가 포스트모던 사회에 진입했던 시기인 만큼, 전통담론은 하나의 주장이나 행위로 드러나기보다는 사회 전반의 세계화의 물결과 연관되어 다각적으로 진행되었다. 포스트모더니즘과 문화상호주의를 반영하는 다양한 해외 진출 공연의 대부분은 한국 전통 담론을 현대극에 적용한 공연으로, 이제 리얼리즘의 신봉자라 할지라도, 더 이상 '제4의 벽'을 믿지 않게 되었다. 실로 전통의 재창조야말로 탈중심화, 탈서구화된 세계에서 우리 자신 정체성의 근원이자 세계화의 발판일 수 있다는 믿음이 생겼다. 새 밀레니엄에 들어서 전통의 본격적인 해체화와 대중화는 더욱 가속화되었다. 한마디로 오늘의 감각을 갖춘 '살아 있는 전통'을 강조한다. 포스트모던 시대의 '전통'은 더 이상 전통 속에만 있을 수 없으며, 현재화로 바로 우리의 현대극이 되어야 한다. 그리하여 한국연극의 새로운 정체성을 세울 것인가는 우리의 피할 수 없는 숙제인 것이며, 미래 연극의 방향성이다.

4. 전통의 현재화와 새로운 정체성 : 단절 극복을 향하여

한국연극의 정체성은 과연 전통과 근대와의 단절을 극복해 나갈 수 있을까 하는 문제를 집중적으로 살피기 위해, 21세기 전후의 가장 대표적인 전통 수용 공연을 살펴보겠다. 임의성이 있겠지만, 근대극성(近代劇性)의 파괴와 포스트모던 연극의 각각의 다양성을 보여주는 공연으로 선정하였다. 각 특징으로 나누어 살폈지만 물론 이들은 상호 교차된다. 가령 대중성으로 성공했지만, 물론 세계성이나 이종혼성이나 복합장르의 성격도 띨 수 있다.

한국 사회에서도 포스트모던 논의가 일기나기 시작했던 1990년대에 들면서·희화화나 애매성 등을 응용한 공연에서 부쩍 늘어났는데, 무엇보다도 전통의 변화가 눈에 뜨인다. 전통은 새로운 화두를 제시하는데, 이는 전통의 '현재화'가 아닌가 싶다.[17] 이러한 변화는 중요한데, 단절된 듯한 중세연극과 근대연극의 새로운 고리를 만들 수도 있기 때문이다. 다음은 동시대 포스트모던 연극의 각 특징과 그 대표 작품을 예로 들면서, 전통의 현재화를 논하겠다.

---

17 이윤택, 「굿과 연극에 대한 인식의 전환을 위하여」, 『한국연극』, 1990.8.

1) 해체된 중심의 다원성과 전통의 다원적 코드 찾기

새 밀레니엄에 들어오면서 다원적 전통을 찾는 경향이 뚜렷해진다. 이전 전통의 수용이라면 대체로 18세기 이후 탈놀이와 판소리가 주축을 이루고 여기에 무당굿의 응용이 주류를 이루었으나, 전통에 대한 지속적인 연구와 연마가 계속되면서 특히 새천년 이후 새로운 다양한 전통으로 눈 돌리게 되었다. 즉 한국적 전통의 다원적 코드 찾기에 나섰다고 하겠으니, 이 모두가 한국 연극의 전통이요 오늘의 새로운 한국적 자산으로 인식했다. 어찌 보면 이는 시대적 포스트모니즘의 다원성과도 연결이 깊으니, 소외된 것 혹은 마이너리티에 대한 관심이 전통에도 적용되었다고 보겠다.

그 다양성을 살펴보면, 조선 중기까지의 소학지희(笑謔之戱)와 규식지희(規式之戱)를 수용했던 〈이〉(2000), 서민문화에 치중했던 전통 찾기를 양반 문화에서도 찾으려는 〈시골선비 조남명〉(2001), 고려시대 연희를 소급하여 세 젊은 학승들의 지식인 책무를 묻는 〈아름다운 .남자〉(2005), 총체적 전통예술의 웅대한 복원을 꿈꾸는 '전통연희극'이나 '가무악극'으로는 〈心心 Free〉(2001), 〈연오랑과 세오녀〉(2004) 등과 서울예술단이 시도했던 〈고려의 아침〉(2002) 〈청산별곡〉(2003) 등이다. 국악계에서도 실상 1990년대부터 〈이생규장전〉(1993)이나 〈백범 김구〉(1998)를 비롯해서 2001년 〈논개〉를 필두로 낳은 장작 창극의 현대회기 본격화된다. 갈은 판수리 계열에서도 정통 판소리계를 벗어나는 판소리가 등장한다. 우선 또랑광대를 꼽겠으며[18] 판소리

---

18 '또랑광대'는 새로운 대안으로 판소리의 판놀음 성격을 회복하고, 대중과의 소통을 통해 현재성을 모색하려는 젊은 소리꾼들의 문화운동이자 느슨한 모임체였다. 이들은 파격적이고도 시사성 있는 일상적인 소재를 사용하거나 기존 작품을 심하게 비틀어서 새로 싸는 창작곡을 발표히였다. 또한 극장이 아닌 마당을 무대로 삼았으며, 상황에 맞는 다양한 옷을 입는 등 기존의 판소리 공연과는 차별성을 꾀하였다. [네이버

제자들이 현대화에 관심을 가지면서 소위 '젊은 국악연대' 같은 모임도 생겨났다. 이들 중 이자람이나 타루 그룹 등은 판소리와 창극의 변화를 주도했다.

한편 연극의 범주를 확대하여 의례를 재현하는 공연도 있었으니, 국립국악원이 정조대왕 행차를 재현한 〈왕조의 꿈, 태평서곡〉(2001)[19]을 시발로 전통의 가(歌)·악(樂)·무(舞)를 행하였던 의례(儀禮)마저를 하나의 공연으로 받아들인 것이다. 이후 숙종 기로연이었던 〈여민동락 : 공경과 나눔〉(2003), 궁중 연례악이었던 〈세종, 하늘의 소리를 듣다〉(2008) 등에 이르기까지 궁중 연례악 시리즈를 선보임으로서 정재를 복원·재현하는 것을 넘어, "하나의 궁중예술의 집합체인 종합예술적 형태"를 제시해 보이고 있다.[20] 이러한 의례까지를 연희적 전통으로 보려는 것은 아마도 오늘날 널리 퍼진 퍼포먼스의 개념 때문일 것이다. 뿐만 아니라 거의 사라져간 불가에서 유래했다는 만석중놀이 같은 그림자극을 활용한 〈자장가〉(2011)나, 전통 인형극을 계승하고 발전시키려는 〈돌아온 박첨지〉(2013)는 물론, 시기적으로 멀지는 않더라도 〈곡예사의 첫사랑〉(2004) 같은 서커스 악극을 연극과 접목시키려는 현대화 시도도 있다. 즉 서구에 의한 근대극 이후의 장르까지를 우리의 전통에 넣으려는 시도였다. 이렇듯이 전통 수용은 새로운 다원적 코드를 부각시켰다. 이들은 모두 동시대극에 전통을 접목시키려는 시도였다.

지식백과] 또랑광대콘테스트, 『한국민족문화대백과』, 한국학중앙연구원)

19 연도는 초연을 의미하며, 이후 오늘에 이르기까지 여러 번 공연되었다.

20 이한솔, 「국립국악원의 궁중정재 전승에 관한 연구」, 이화여자대학교 석사학위 논문, 2010, 76쪽.

2) 미학적 대중주의

사실 연극이 대중화를 이루었는가는 지금도 의문이 많다. 하물며 전통을 이은 공연은 더욱 어렵다. 아마도 연극 대중화가 본격적으로 드러나기 시작했던 시기는 1990년대가 아닌가 싶다. 한국에도 포스트모던 사회가 시작되면서, 대중이 부각하며 그 파워가 인식되기 시작한 것도 이때다. 서서히 뮤지컬이 인기를 끌기 시작했으며, 대중적 상업연극이 고개를 들기 시작했다. 전통과 관련해서 1990년대는 여성국극이나 악극이 다시 일어나고 창작 창극이 본격화되기 시작한 시기이기도 하며, 전통의 현재화 논의로 대중의 관심을 끌기 시작했다. 연극이 본격적인 양적인 팽창을 시작했던 것도 1990년대이다. 우선 페미니즘 부상과 함께 일어났던 여성연극의 열풍은 주부 관객까지 동원하며 90년대 전반 대중화를 선도하였다. 이러한 양적 팽창의 배경에는 90년대 소극장 공간의 질적인 향상도 기여했으니, 다양한 수준급 소극장의 활성화는 많은 공연을 가능하게 했다. 또한 김의경은 "90년대 연극 기업 가능한가"라는 주제로 극단 운영 체제의 문제나 상업극의 올바른 개념 등에 대해 잇따라 강연하기도 했다.[21] 또 다른 대중화의 단초는 '연극원'을 위시하여 연이은 대학의 연극학과 설립이다. 아직 본격적인 영향을 보지는 못했으나 많은 대학 연극학과의 설립은 다가올 연극계의 팽창을 예고하고 있나. 새천년에 들어오면서 대중화는 확대되었다. 이제 뮤지컬은 라이선스 공연을 경쟁적으로 유치하며 신대중성을 쫓아 한 시장을 이루었으니, 이러한 뮤지컬의 상업적 성공은 21세기 초반에야 겨우 얻어낸 성과이기도 하다. 세기말 유행했던 희화화나 파편화도 주춤하며, 전 공연계가 상업성에 매달리는 현상이 두드러졌다.

---

21 『한겨레신문』 1989.5.21.

전통의 현대화 작업으로 대중화의 성과를 거둔 공연은, 넌버벌 퍼포먼스라는 공통점을 가진 〈난타〉(1997년 초연, 송승환 연출, PMC 프러덕션 제작)와 〈점프〉(2003년 초연, ㈜예감)이다. 〈난타〉의 경우를 살펴보면, 〈점프〉와 같이 새로운 혼합 장르를 선보인 공연으로 넌버벌 공연이기에 대중화가 곧 세계화와도 연결되기 쉽다. 공연은 일체의 대사가 없으나, 줄거리 의미망 자체을 전달한다는 점에서 연극적이다. 공연을 주도했던 것은 타악기식의 사물놀이 리듬이었으니 분명 음악회일 수도 있다. 그러나 이 연주가 기성 악기가 아닌 부엌 주방가구를 활용하였기에 기성 음악은 아니다. 또한 그 리듬에 맞추어 배우들의 몸놀림이 항시 수반되었으니, 미약하지만 일종의 현대무용일 수도 있다. 이렇듯이 〈난타〉는 공연예술의 장르 파괴가 분명하며, 바야흐로 융합을 선언하는 본격적인 포스트모던 공연의 등장이라 하겠다. 여태까지의 서구 정전을 한국적 전통으로 재해석한 공연들이 명성을 얻었다 하더라도 이는 대체로 고급연극 관객에 국한되었던 반면, 〈난타〉는 실로 전통으로 글로벌 대중화에 성공한 공연으로 상업적 대중성을 갖춘 대표작으로 기록될 수 있을 것이다. 전통은 참으로 희한하게도 오늘의 이야기 방식과 만나면서, 세계적 대중성을 획득하였다.

3) 포스트모더니즘의 변형 및 이종혼성과 전통

포스트모더니즘의 주요 기법으로 원형의 변형과 이종혼성을 통하여 새로운 창조를 구가한다. 그러하기에 전통은 과거의 유산이라기보다 이제 오늘의 미학의 일부로 편입되어 자유롭게 오늘의 문화로 거듭난다. 이를 위해 포스트모더니즘에서 흔히 쓰이는 방법으로 고전의 재문맥화(re-contextualization)를 통한 탈정전화(de-canonization)를 꼽겠는데, 이는 새로운 오늘의 이야기를 만드는 데 주효하다. 재문맥화 과정에서 당연히 현대적 시각이 들어가고, 전통의 변형과 이종혼성이 더해지며 자연스레 오늘의 새로운 형태로 태어난다.

이러한 조짐은 새천년과 함께 본격화되어서, 서서히 공연들로 나타났다. 〈춘향전〉만을 예로 들어도 이를 재해석하고 탈정전화한 최근 작품들은 고전의 사랑을 주제로 했으면서도, 〈기생비생춘향전〉(오태석 작, 연출, 2002)과 같이 이몽룡과 춘향의 사랑이 아니라 사랑의 고통을 통해서 깨달아가는 춘향의 페미니스트적 자의식에 초점을 맞추거나, 〈인당수 사랑가〉(박새봄 작, 최성신 연출, 2002)같이 〈심청가〉의 효심과 〈춘향가〉의 사랑을 합쳐서 하나의 이야기로 엮기도 했으며, 〈열녀춘향〉(김현탁 작·연출, 2013)처럼 "열(烈)이라는 말을 열십(十)자로 바꾸어 본다"는 발상에서 시작하여 여성이 가질 수 있는 열 가지 판타지를 전부 내포하여 충족시킬 수 있는 단 한 명의 여자인 춘향으로도 해석되었다. 이들은 우리 고전을 오늘의 이야기로 탈바꿈시켰다.

한편 전통의 정형화 작업을 구축하여, 노(能)나 경극 같은 정형화된 한국 연극 양식을 시도하려는 야심찬 작업도 나왔다. 〈우리나라 우투리〉(김광림 작, 연출, 2002)는 아기장수 설화를 현대화한 작업으로, 전통적 설화를 재해석하고 양주별산대놀이와 택견 등 전통 몸짓을 더하며, 장단 대사라는 새로운 리듬 대사를 도입하여, 전통을 기반으로 한 오늘의 양식화된 연극을 창출하려 했다.

국악계에서도 새로운 시도들이 나타난다. 2001년 국립극장 특별기획 공연으로 계획된 〈우루왕〉은 우리 설화 '바리데기 공주'와 셰익스피어의 〈리어왕〉을 합쳐 만든 공연이다. 〈청〉(2006)은 이러한 이종혼성 실험을 강화하고 청(key)과 모든 악보를 문서화할 정도로 더욱 현대화, 서구화되었으며, 〈수궁가〉(2011)에서는 독일 오페라의 거장 아힘 프라이어(Achim Freyer)를 연출가로 불렀다. 이 모두는 창극의 현대화를 위한 시도들로 창극의 변형과 이종혼성을 가속화시킬 수밖에 없었다.

새로운 단체들의 활동은 더욱 활발했으니, 이들은 전통을 기반으로 오늘의 복합 양식을 추구하였다. '타루'나 'The 광대' 등 대표적인 극단이니, 국악이나 탈놀이에 기반을 두었던 인재들이 모여서 새로운 실험을 보여주었다. '타루' 출신인 이자람의 경우 독자적인 '판소리 만들기-자'를 만들고, 브레히트의 〈사천의 착한 여자〉를 판소리로 작창하여 〈사천가〉(2007)로 판소리화하여 성공하였다. 오늘의 판소리를 세우기 위해 '판소리 만들기-자'는 무엇보다도 '동시대성'을 앞세운다. 동시대적 음악적 감성, 동시대적 사회의 고민과 아픔, 동시대적 연기를 더하여, "동시대를 살아가는 사람들의 이야기를 담아내고 함께 호흡하고, 살아 움직이며 끊임없이 진화하는 이 시대의 판소리가 되기를 희망"했기에 살아 있는 판소리의 감동을 주었다. 뿐만 아니라 그들이 추구하는 '동시대성'이란 "역사와 인종을 뛰어넘어 언제, 어디에서나 보편적인 가치를 지니는 것"이다.[22] 그러하기에 〈사천가〉는 해외 공연에서도 성공적이어서, 이자람은 언어의 장벽을 뚫고 2010년 폴란드 콘탁 국제연극제에서 최고 여배우상을 수상했다. 'The 광대'는 탈춤 전공자들이 모여서, 전통연희의 원형을 현대화하고 대중화하려는 극단이다. 〈홀림낚시〉나 〈아비찾아 뱅뱅돌아〉 등의 작품을 내놓아 주목받기 시작했다.

이러한 공연들이 말하듯이 포스트모던의 자유로움은 다양한 전통의 보고(寶庫) 찾기에서 나아가서, 다양한 변형과 이종의 혼성을 통하여 오늘의 새로운 양식을 찾기에까지 이르렀다. 고전의 재구요 짜깁기라는 점에서 패스티쉬요, 현대적 사고와의 혼합이요 다양한 전통 장르의 병치이기에 이종혼

---

22 남인우, 「판소리만들기 자 〈사천가〉 : 연출가 남인우의 〈사천가〉 제작노트」, 『미르』 2012.6, 17쪽.

성이며 다발성이다. 전체 공연에서 아직 이러한 실험이 차지하는 비중은 적고 또 초보적인 단계라고도 하겠으나, 이러한 새로운 전통 수용방식을 살펴보는 것은 연극의 새로운 미래를 위해 매우 중요할 것이다. 이들은 미래의 새로운 형식과 미학을 만들어내고 있기 때문이다.

4) 전통의 현재화와 테크놀로지

테크놀로지의 발달은 공연 환경을 신세계로 만들었다. 디지털 테크놀로지의 동시다발적이고 상하구조이기보다는 수평적 구조의 작동 방식, 경계의 불분명성 등등은 포스트모더니즘의 사고와 이어지며, 분명 오늘 사회의 권력구조나 인문 철학적 지적 활동에 변화를 가져왔다. 이들은 강조점에 따라서 멀티미디어 아트(Multimedia Art), 컴퓨터 아트(Computer Art), 웹아트(Web Art), 사이버 아트(Cyber Art), 인터랙티브 아트(Interactive Art) 등 다양하게 불리는데, 이들을 통칭하여 뉴미디어 아트라는 이름도 등장하였다. 이들은 예술의 표현 방식과 언어를 확장시켰을 뿐만 아니라, 나아가서 새로운 사고방식과 새로운 예술 자체를 잉태했다. 매클루언은 "미디어가 곧 메시지다"라는 주장을 통해, 사람이나 사회에 영향을 미치는 것은 미디어가 담고 있는 내용이 아니라 미디어 그 자체임을 역설했다."[23]

이러한 최신 테크놀로지를 응용한 연구는 한국에도 각광을 받으며 새 밀레니엄과 함께 상당수가 소개되었다. 초기 작품으로 2000년 엘지아트센터가 초청했던 〈오르페오〉와 2002년 서울연극제에 초청되었던 〈라이트모티브(Leitmotiv)〉, 2002년 8월에 공연되었던 〈투 인 원(Two in One) : 로미오와 줄

---

23 마샬 맥루한, 『미디어의 이해 : 인간의 확장』, 빅정규 역, 커뮤니케이션북스, 2001, 7쪽.(Marshall Macluhan, *Understanding of Media: The Extension of Man*, 1964)

리엣〉 등을 꼽겠다. 이어서 2009년 4D 아트의 〈노먼〉이나 2010년 콘텍의 〈죽은 고양이의 반등〉 및 2013년 4D 아트의 〈미녀와 야수〉 등 해외의 공연은 꾸준히 산발적으로 소개되었다. 정작 한국 창작극에서의 테크놀로지의 활용은 아직 미미하다. 그러나 장르와 테크놀로지를 아우르는 복합 장르를 표방하는 공연도 심심치 않게 있고, 지원에서도 이미 한 분야로 자리 잡았다. 홍성민이나 정금형 등이 이 분야 대표 주자로 자리를 잡았고, '페스티발 봄'도 복합장르 확산에 한몫을 했었다.

한국에서 테크놀로지를 공연에 접목한 역사는 길지 않다. 전통 장르에서는 일찍이 슈퍼장구나 전자가야금같이 국악기를 전자악기로 개량하는 사례가 있어왔다. 이제 제법 대학가를 중심으로 자리 잡기 시작했으니, 연세대학교 영상대학원의 미디어 퍼포먼스 랩인 YMAP이나, 한국예술종합학교의 U-AT 통섭교육 사업이나 음악원의 태싯 그룹, 디스트릭트, KAIST 문화기술대학원 디지털퍼포먼스 센터 등등을 꼽을 수 있다. 특히 디스트릭트 (D'strict)는 하이퍼 스테이지(Hyper Stage) 기술과 하이퍼 파사드(Hyper Facade) 기술로 유명했다.[24] 이 그룹은 아날로그적 실재인 김덕수 등 한국 전통문화계의 거장들과 홀로그램을 합하여 공연한 4D 〈디지로그 사물놀이 ― 죽은 나무 꽃피우기〉(2009, 2010)로 일약 유명해졌다. 본 공연은 전통 사물놀이와는 완전히 새로운 개념의 예술이요, 우리의 감각 비율의 변화에 따른 새로운 매체 언어를 경험하게 한 공연으로 포스트모던한 공연에 하나의 이정

---

24 이동연, 「전통예술 공연양식에서 테크놀로지의 수용양상」, 『전통 예술의 미래』, 채륜, 2010, 31쪽. "하이퍼 파사드는 건축물이나 조형물의 표면을 3D 스캐닝하여 입체 영상을 구현하는 기술로 초대형 특수 빔을 이용하여 건축물 내외벽은 물론 구조물 전면에 대형 영상을 구현하거나 홀로그래픽 영상으로 시공간을 초월한 실재와 가상 영상이 공존하는 무대를 구현해 낸 기술이다."

표를 만들었다. 한편 국립극장도 테크놀로지를 활용하기 시작했는데, 〈화선 김홍도〉(2011)가 그 좋은 예이다. 김홍도의 풍속화첩 그림 속 풍경을 너비 24미터에 이르는 대형 영상 화면으로 재현하고, 그 속에서 배우들이 이 그림 속 장면을 실연하여 이 그림들을 살아 움직이게 만들었다. 실로 현실과 가상의 세계를 오가며 전통의 미와 깊이를 보여주었던 공연이었다. 이러한 테크놀로지는 일반 극단으로까지 확대되었으니, 극단 '초인'의 〈스프레이〉(2016)가 좋은 예이다. 특별히 전통적 이미지는 없었으나, 극단은 전통 연희와 같이 배우들의 움직임에 중점을 두고, 여기에 3D 프로젝션 맵핑 영상으로 끊임없는 변화하는 무대를 선보였다. 더구나 코로나로 인해 팬데믹 시대를 맞으면서, 테크놀로지의 중요성은 더욱 부각되었다. 2020년부터 공연 연기와 취소 및 휴관은 다반사가 되었으며, 이는 연극인들에게는 생존의 문제였다. 이에 한국문화예술원회는 온라인 미디어 예술활동 지원사업을 벌이고, 국립극장은 '온라인 연극' 극장을 열게 된다. 여기에 최근 〈비비런 (*BBRUN*)〉(2021)같이 메타 VR 연극까지 생겼다. 기존의 언어가 기술의 언어로 대치되는 상황이었다.

연극의 범주도 결국은 테크놀로지의 도움을 받아서 확대될 것이다. 그러니까 어찌 보면 과학이 예술이 된다고 하겠다. 즉 과학과 예술은 만나고, 가상(Virtual) Vs 실재(Reality)라는 이분법은 더 이상 유효하지 않다. 시간도 더 이상 과거, 현재, 미래로 확정되지 않으며, 공연 공간 역시 더 이상 무대로 국한되지 않을 것이다. 허구의 정교한 재현보다는, 장르의 복합은 가중될 것이며 가상이든 실재든 감성과 경험이 중요하며, 일상과 공연은 뒤섞인다. 물질성 자체를 예술로 인정하는 포스트모던 드라마는 테크놀로지라는 기술을 응용하여 진통적 요소를 하나의 물질로 활용하면서, 현재화하고 있다.

5) 전통의 세계화

한국연극이 국제적 주목을 받은 것은 아마도 1970년대 유덕형의 〈초분〉
이나 안민수의 〈하멸태자〉 등이 최초이지 않았나 싶다. 1977년에는 봉산탈
춤도 미국의 아시아협회(Asian Society)의 후원을 받아서 최초로 미국 전역을
누볐다. 1978년에는 김덕수의 '사물놀이'팀이 창단되어서, 고유명사인 사물
놀이가 보통명사화할 정도로 세계를 누비며 갈채를 받았다. 이를 이어받은
1980년대 김정옥의 연출 작품은 세계적인 호평을 얻었으니, 특히 그의 〈피
의 결혼〉은 대단한 주목을 받았다. 김정옥을 필두로 오태석, 이윤택, 손진
책 등이 1980, 1990년대 꾸준히 해외공연에서 좋은 평가를 받았다.

새 밀레니엄에 들어오면서, 이러한 한국연극의 세계화는 가속화된다. 이
제 이국적 호기심을 넘어서 그 미학도 확연하게 인정받기 시작했다. 선배들
에 이어 새로운 주자들은 이병훈, 윤영선, 양정웅, 남긍호 등으로 해외공연
에 앞장섰다. 특히 양정웅은 카이로 국제연극제와 폴란드 셰익스피어 연극
제에서 〈카르마〉와 〈한여름 밤의 꿈〉으로 입상하는 성과까지를 거두었다.
〈한여름 밤의 꿈〉은 2012년 런던 올림픽을 계기로 각국의 대표 셰익스피어
공연들과 함께 영국 글로브극장 무대에 섰다. 더구나 2011년에는 오태석의
〈템페스트〉가 유럽 연극제의 핵심이라고 할 에든버러 연극제에 공식 참가
작으로 참가하여 널리 호평을 받았다. 뿐만 아니라 〈난타〉에 이어 〈점프〉가
해외 상업극계에 출사표를 던지기도 하였다. 한편 판소리 같은 전통을 서구
고전으로 올리기도 했다. 이자람이 부른 브레히트의 〈사천가〉나 〈억척가〉
가 좋은 예이다. 판소리처럼 일인극만은 아니고 코러스가 협연하니, 판소리
는 판소리이되 현대화한 판소리라고 보아야겠다. 이제 아비뇽 연극제에도
우리 연극들이 자유 참가작으로 참여하고 있는 것을 보게 되는 것은 낯선
일이 더 이상 아니다.

　21세기 세계화의 한 대표 작품은 〈한여름 밤의 꿈〉이다. 이 작품은 원작의 요정을 도깨비로 바꾸고, 장구와 북 등 전통악기로 바탕 음악을 까는 한편, 한국적 풍속과 습관을 비롯하여, 무속과 음악, 분장과 의상, 동작과 정서, 이러한 모든 부문을 한국적 고유의 특성이 돋보이도록 재창작해냈다. 전통연희의 공간이나 동작을 차용했으며, 전통 민속극과 같이 관객과의 호흡이 뛰어나다. 이 공연 속의 전통은 어디까지나 현대의 감각이 가미된 전통이니, 동서양을 넘나드는 다양한 시도로 주목된다. 신체적 움직임은 즉흥성이 가미된 듯 관객과의 소통 속에서 신체의 수행성이 강조된다. 그리고 이 수행성은 뒤죽박죽인 것 같은 원작의 분위기와 어우러져 더욱 희극성이 돋보이는 것이다. 그의 의도에 맞게 놀고 가는 연극, 움직임으로 가득 찬 볼거리 있는 연극으로, 포스트모던 시대의 수행적 연극과도 맥을 같이하는 것이다. 세계적인 걸작에 한국적인 전통을 자연스럽게 녹여낸 것이 세계로부터 인정받은 성공 비결일 것이다. 한마디로 양정웅의 〈한여름 밤의 꿈〉은 한국 전통이 셰익스피어와 만나면서 현대화, 세계화한 것이라 하겠다.

　전통의 세계화로 빼놓을 수 없는 또 하나의 공연이 오태석의 〈템페스트〉이다. 2011년 에든버러 국제공연제(Edinburgh International Festival)에 공식 초청되고, 헤럴드 엔젤스(Herald Angels)상을 수상해 세계적인 주목을 받기도 했다. 오태석은 〈템페스트〉 원작을 『삼국유사』의 「가락국기」로 해석하여 서양적 마법을 고대 신라의 도술로 바꾸고, 지역 역시 이탈리아의 도시국가에서 고대 가락국과 신라로 바꾼다. 씻김굿, 탈춤, 사자놀이 등의 전통을 적절하게 공연에 녹여내면서, 동양적인 도덕심과 신라의 세속오계까지가 공연에 자연스럽게 드러난다. 작품은 원작에서 유폐된 자의 복수심과 용서를 한국의 무속과 동양적인 상생의 원리로 풀어낸다. 그러나 어느 전통도 그대로 삽입되지 않으니, 연출의 상상력을 통해 재구성된 오태석만의 전통이다. 한국인들에게는 미학적으로 정제된 알아볼 수 있는 변형된 전통이며, 세계인들에게는 바로 그 이국적 미학이 통한다. 모든 전통은 오태석의 상상력과 의외성을 통과하여 나타남으로써 미학적으로 걸러져 미장센을 이룬다. 즉 전통의 거침없는 흐름으로 한국의 미가 세계성을 얻게 되는 순간이다.

이들 공연은 포스트모더니즘의 다양성으로 인하여 분명 서구인의 이해가 쉬웠을 것이다. 이들의 해석은 다의성의 하나로 간주되었을뿐더러, 원작이 갖고 있는 애매성 내지 모호성으로 해석되어 원작의 깊이를 넓히고 있다. 이렇듯이 포스트모더니즘의 수용 이후의 연극은 전통연희를 하나의 새로운 자원으로 활용하여, 세계로 진출하는 교두보를 마련하였다. 사실 이종 혼성이나 재문맥화를 하려면 현대극은 자연스럽게 고전이나 전통으로 눈돌리게 된다. 따라서 근대극에서 극명하게 대조되었던 전통연희와 근대극은 점차 단절을 극복하고 합일점을 향해 진행된다고 보겠다.

5. '세월호 사건' 이후의 모색과 신세대의 부상

포스트모더니즘이 휴머니즘 이후를 고민할 무렵, 한국 사회에는 전기를 만드는 '세월호 사건'이 2014년 터진다. 이 세월호 침몰 사고는 2014년 4월 16일 인천에서 제주로 오가는 청해진해운 소속 여객선 세월호가 전라남도 진도군 부근 해상에서 확증이 불가능한 원인으로 침몰하면서 승객 중 299명이 사망하고 5명이 영구 실종된 대한민국의 해상사고다. 특히 세월호에는 제주도로 수학여행을 가던 안산 단원고 학생들과 교사들이 탑승하였는데, 학생 중 250명과 교사 11명이 사망하였다. 이 사건은 안전불감증에 빠져 있던 한국의 안전 관리 실태와 혼란스러운 사회의 극치를 보여준 비극적인 사건으로 평가된다. 이 참사로 인해 당시 출범 2년차였던 박근혜 정부는 물론 대한민국 사회계, 정치계는 모두 엄청난 후폭풍과 침체 그리고 공황에 시달렸다. 이 사건은 연극계에도 충격으로 다가왔고 이 상황과 유족의 경험을 공유하는 다큐멘터리 공연이 나오게 된다. 이를 계기로 다큐멘터리 형식은 한 장르로 확고히 자리잡게 된다.

두 번째는 소위 '블랙리스트' 사건이다. 이명박과 박근혜 대통령 당시 일부 예술인들이 정부 지원금 배정에서 제외되었다는 사건이다. 소위 '블랙리스트'로 분류되는 예술가들이 2016년 광화문 광장에서 시위하며, 정부의 예술과 문화에 대한 검열에 항의했다. 특히 정부에서 지원을 받는 국립극단의 경우, 박근형의 〈개구리〉 문제로 가시적 발단이 되고, 이후 일련의 작품들이 문제가 되었다.

세 번째는 '미투운동(Me Too Movement)'이다. 2016년 문학계에서 일어나기 시작했던 미투는 2018년 연극계로까지 번진다. 여배우들의 미투가 이어지고 관객들은 '함께 운동(With You Movement)'으로 호응한다. 이 운동을 계기로 연극 예술인 간의 평등한 관계가 회복되기 시작했으며, 성적 소수자 연극에 대한 배려도 생겨났다.

이 세 가지 사건은 연극계에 스스로 돌아보고 자정하는 계기가 되었다. '무엇(What)'보다 '어떻게(How)'에 경도되었던 포스트모더니즘의 현란한 다발성에서, 다시 연극의 사회성을 돌아보게 되었다. 뿐만 아니라 아직도 가부장적인 관습으로 연극계에 남아 있던 수직적 문화를 수평적으로 바꾸게 되었으며 소수자에 대한 배려도 깊어졌다. 그렇다고 기왕의 포스트모던한 기법들이 활용되지 않은 것은 아니나, 다큐멘터리 연극, 페미니즘 연극, 소수 젠더 연극들이 다양한 기법보다 경험과 당위성을 주장하며 연극계를 휩쓸었다. 사실 이러한 형식 자체는 포스트모더니즘에 속하겠으나, 그 공통된 사회적 당위성의 주장이 포스트모더니즘과는 거리가 있다. 당시 이러한 연극계의 현상에 대해 서서히 소위 소수자, 젠더와 장애를 이야기하지 않고 무엇을 말할 수 있는가 하는 반문들도 떠오르고 있다. 즉 점차 연극의 스펙트럼이 너무 좁아졌다는 우려의 반증이기도 하다.

따라서 전통의 현재화도 주춤하며, 2010년대 중반 이후 더 이상 별로 진행되지 못하고 있다고 하겠다. 본고의 논의가 이즈음 특히 코로나 팬데믹 이전에 한정되는 것도 이러한 연유에서 비롯되었다. 어쨌건 연극계는 몰아치며 젊은 세대로 교체되고 있다. 한편 최근 코로나 시대에 공연의 불가함으로 인새, 테크놀로지를 활용한 연극 스트림 등 다양한 방법도 시도되고 있다. 과연 연극이 현장 소통성이 없이도 가능한가 하는 질문은 제외하고라도, 테크놀로지의 성공적인 공연을 위해서는 엄청난 재정이 필요하기에, 아직 몇몇 공연에 그치고 있다. 실로 신세대로 교체되는 연극계는 새로운 정체성을 만들겠지만, 아직 가시적이지 않다.

이러한 포스트모던 시대의 연극은 아직까지 다원적 코드나 이종혼성 및 물질성에서 그 방법론을 찾을 수 있다. 결국 중심이나 이분법의 해체와 미학적 대중주의는 그 정체성의 중심에 서 있다. 이러한 포스트모던 연극에서 주목되는 것은 근대극의 해체로 인하여, 새로운 가능성을 열어놓았다는 것이다. 그리고 그 가능성에는 중세 연극으로 대표되는 우리 전통연희가 끼어들 틈이 있다는 것이다. 즉 그 가능성을 추적하다 보면, 전통극과 근대극의 이분법적 사고가 해체되고 그 합일점을 향해 갈 수 있는 미래의 연극을 기대할 수 있을 것이다.

6. 결론: 전통연희와 근대극의 단절 극복 가능성과 한국연극의 미래

여태까지의 한국연극의 정체성은 결국 중세 연극으로 대표되는 정체성과 근대연극으로 대표되는 정체성의 연계가 어렵다는 것이 가장 큰 문제이다. 하나는 동북아시아에 널리 퍼져 있는 샤머니즘과 실크로드로부터의 다양한 백희의 전통에 뿌리내리고 있고, 다른 하나는 아리스토텔레스로 거슬러 올라가는 서구연극의 전통에 근거하고 있다. 이 이질적인 두 개의 정체성을 어떻게 조화할 것인가에 한국연극 정체성이 달려 있다. 정체성 정의에 관해서 다음과 같이 몇 가지로 생각해볼 수 있겠다.

우선 두 개의 정체성을 각각 인정하고 각각 행하는 것이다. 이때는 우선 후기산업사회에 접어든 오늘날 중세 연극은 별 설득력이 없다는 것이 문제이다. 일본에 남아 있는 노(能)나 가부키처럼 배우들이 일생 동안 하나의 전통연희만을 전수하고 공연하기에는, 한국 전통연희의 명맥이 너무 약하다. 18세기 이후 사회 변혁과 19세기 이후 외세 침략의 와중에서 그 명맥이 대부분 그쳤으니, 오늘에 살아 있는 특수한 연극 형태로 유지하기도 힘들다.

한편 근대극을 정체성으로 주장하기에는 그 이전의 역사가 너무 긴 한편, 우리 사회가 후기산업사회인 포스트모더니즘 시대로 넘어온 이래 과연 정확한 인과율에 기인해서 제4의 벽을 창조하는 작품이 얼마나 있을까 고민이 된다. 즉 서구의 근대극을 받아들였던 것처럼, 서구에서 일어나기 시작하던 포스트모던 드라마의 각종 실험을 수용하면서 근대극의 인과율을 흐트러뜨리기 시작한 것이 벌써 30여 년이 넘었다.

이렇듯이 상반되는 두 개의 정체성은 그 어느 하나가 한국연극의 정체성을 대표하지 못하고 있다. 그런데 포스트모더니즘의 다발성과 중심의 해체나 이분법의 종언은 우리 연극 정체성에도 시사하는 바가 많다. 즉 현대극에 점점 전통연희의 활용이 눈에 뜨이게 늘어났다는 점이다. 위에서 살폈듯이 전통은 단순히 노래나 무용 혹은 기예의 차용에서 나아가서, 전통의 재해석이나 재문맥화로 새로운 현대연극을 창출하고 있다는 것이다. 오늘

날 연극이라는 용어 대신 퍼포먼스라는 용어가 최근에 올수록 많이 쓰인다
는 것도 연극의 개념과 외연이 넓어졌다는 의미로, 우리의 전통연희와 관련
이 깊다. 극적 재현의 형식에 더 이상 연연하지 않는 오늘의 연극은, 전통연
희에서 오히려 음악과 무용 등의 혼성체나 연기의 수행성 혹은 자기 지시성
등등을 주목했으며, 민속 연희의 대중성을 전수하고자 했다고도 하겠다. 이
러한 포스트모던한 특징들은 역으로 오늘날 전통이 살아남는 가장 효과적
인 방법이라고도 할 수 있다. 그러하기에 전통은 현대극의 다원적 소스로
활용되며 현재에 되살아나고, 현대극을 다변화시키고 있다.

　중세와 근대의 대립되는 연극의 정체성은 이렇듯이 허물어지고 있다. 이
는 우리 정체성의 합일에 대해 시사하는 바가 많다. 앞으로의 우리 연극이
보다 유연하게 변화하는 세계 연극계에 대처할 수 있다면, 우리 연극의 정
체성도 극단의 대립을 넘어서 어떤 합일점을 찾을 수 있겠다. 근년의 국제
사회에서 인정받은 세계화된 공연은 모두 전통을 어떤 의미에서든지 근대
극에 접목시켜 우리만의 색깔을 가진 공연이었다. 바로 이 세계가 인정하는
우리만의 독특한 색깔에서 장차 우리의 정체성을 찾을 수 있지 않을까 사료
된다. 이는 중세와 근대의 대립되는 두 개의 정체성이 만나서 하나의 정체
성을 이루었기 때문이다. "근대와 전통의 구별이라는 것 자체가 서구적 근
대성의 허상이며, 근대의 타자였던 전통은 이제 탈근대성 실현의 유효한 매
개로 여겨진다"는 관찰을 실로 적절하다.[25] 그리고 이 새 정체성을 향하여
이미 한국연극은 첫발을 내딛고 있으니, 이는 곧 근대극성을 극복한 미래의
연극이다. 멀지 않은 훗날 전통과 근대극의 차이를 논하지 않는 현대극의
시대가 도래할 것이다. 이를 위해서 고대부터 변화해온 정체성을 살펴서 그

25　백현미, 『한국연극사의 전통담론』, 서울 : 연극과인간, 2009, 370~371쪽.

미래를 가늠하는 것이야말로, 한국연극의 미래를 점치는 가장 확실한 방법
일 것이다. 이러한 총체적인 정체성을 연구해서 오늘의 시대로 해석할 때,
미래 연극의 방향성도 살필 수 있을 것이다. 바로 이 새로운 정체성에서 미
래의 연극을 가름할 수 있을 것이다.

고승길, 『동양연극연구』, 서울 : 중앙대학교 출판부, 1993.

김열규, 『한국신화와 무속연구』, 서울 : 일조사, 1977.

김욱동, 『탈춤의 미학』, 서울 : 현암사, 1994.

김재철, 『조선연극사』, 서울 : 청진서관, 1933.

권택무, 『조선민간극』, 평양 : 조선문학예술동맹출판사, 1966.

맥루한, 마샬, 『미디어의 이해 : 인간의 확장(*Understanding of Media: The Extension of Man*)』, 박정규 역. 서울 : 커뮤니케이션 북스, 2001.

박진태, 『탈놀이의 기원과 구조』, 서울 : 새문사, 1990.

백현미, 『한국연극사의 전통담론』, 서울 : 연극과인간, 2009.

사진실, 『한국 연극사 연구』, 서울 : 태학사, 1997.

서연호, 『한국연극전사』, 서울 : 연극과인간, 2006

유몽인, 『어우야담』, 이민수 역편, 서울 : 정음사, 1975.

유민영, 『한국근대연극사』, 서울 : 단국대학교 출판부, 1996.

윤광봉, 『조선후기의 연희』, 서울 : 박이정, 1998.

이동연, 『전통 예술의 미래』, 서울 : 채륜, 2010.

이두현, 『한국 연극사』, 서울 : 학연사, 1999.

이미원, 『한국근대극연구』. 서울 : 현대미학사, 1994.

─────, 『포스트모던 시대의 한국전통과 퍼포먼스』, 서울 : 서울대학교출판문화원, 2016.

이병옥, 『송파산대놀이연구』, 서울 : 집문당, 1982.

이상일, 『전통과 실험의 연극문화』, 서울 : 눈빛, 2000.

이윤택, 「굿과 연극에 대한 인식의 전환을 위하여」, 『한국연극』, 1990.8.

임재해, 『꼭두각시놀음의 이해』, 서울 : 홍성사, 1981.

전경욱, 『한국의 전통연희』, 서울 : 학고재, 2004.

정상박, 『오광대와 들놀음 연구 』, 서울 : 집문당, 1986.

조동일, 『카타르시스·라사·신명풀이』, 서울 : 지식산업사, 1997.

조만호, 『전통 희곡의 제식적 미학』, 서울 : 태학사, 1995.

한　효, 『조선연극사개요』, 평양 : 국립출판사, 1956.

현택수, 『세계화와 문화 정체성』, 서울 : 빠리까페, 2018(전자책).

Ben-Amos, Dan & Liliane Weissberg, Ed., *Cultural Memory and the Construction of Identity*, Detroit: Wayne State Univeristy Press, 1999.

Carr, E.H. "What is History?", G. Clark. Ed., *The New Cambridge Modern History*, vol.1, Cambridge: Cambridge University Press, 1957.

Gills, John R., *Commemoration: The Politics of National Identity*, Princeton: Princeton University Press, 1994.

Hobsbawm, Eric & Terence Ranger ed., *The Invention of Tradition*, Cambridge: Cambridge University Press, 1983.

Lehmann, Hans-Thies, *Postdramatic Theatre*, Karen Jurs-Munby trans., Routledge: London & New York, 2006.

Prickett, Stephen, *Modernity and the Reinvention of Tradition: Backing into the Future*, Cambridge: Cambridge University Press, 2009.

Shils, Edward, *Tradition*, Chicago: University of Chicago Press, 1981.

임형진

포스트드라마 연극의 의미 생산 방식

몸의 현상과 수행성

포스트드라마 연극의 의미 생산 방식[1]
몸의 현상과 수행성

1. 들어가며

독일 기센대학교의 연극학자 안드르제이 비르트가 처음 언급하고 한스-티스 레만이 본격적으로 제안한 포스트드라마 연극은 여러 지점에서 포스트모더니즘의 경향을 공유한다. 명칭에 '모더니즘'이 아니라 '드라마'라는 단어가 사용된 이유는 연극사적 헤게모니의 흐름과 분명한 관계가 있다. 드라마는 지금까지 서사를 통해 연극의 연속적인 (구조적) 결합을 강화시키고 '보이는 문학성'을 연극의 정체성으로 인식시키는 데 크게 기여했기 때문이다. 이와 관련하여 브레히트는 좀 더 예외적인 방식으로 기존의 연극적 시선과는 다른, 변증법적인 구조 위에서 서사를 수용하고자 하였다. 그 결과 연극은 거대 권력에 대항하는 시대의 목소리 역할을 수행하기도 하였다. 하지만 여기서 좀 더 논의할 지점은 레만이 포스트드라마 연극을 '포스트-브

---

1 해당 텍스트는 한국브레히트학회 『브레히트와 현대연극』 제48집에 게재된 연구논문을 일부 수정하여 작성되었음을 밝힙니다.

레히트적'인 것으로서 인식한 점이다.[2] 그리고 이것은 브레히트에 대한 거부가 아닌, 브레히트에 동시대성을 장착하는 방식으로 전개된다는 사실을 주지시킨다.

서사는 기본적으로 연속적인 결합을 통해 어떠한 힘을 생산하고 연극의 헤게모니 문제에 영향을 미친다. 서사의 연속성은 구조적 결합을 지향하는 바그너의 음악극처럼 집단적이면서도 종합적인 힘을 자극하고 생산하는데 이용되기 때문이다. 서사와 관련하여 베른트 슈테게만은 포스트드라마 연극이 구체적인 의미화 작용에 문제를 발생시킨다고 지적하기도 한다. 그의 말을 요약하면 포스트드라마 연극은 정치적 사회적인 목소리를 상실하고 말았다는 것이다. 그에 따르면 "포스트모더니즘적 지성은 스스로에게 책임을 물을 수밖에 없는 미성숙함"[3]에 근거하고 있으며, 그것을 수용한 연극은 "너무 애처럼 아무것도 모르고, 너무 감성적"[4]이라는 것이다. 슈테게만은 포스트드라마 연극이 "변증법적 투쟁의 과정을 갈등의 역설로서"[5] 인식한다고 판단하고, 이때 몸과 정신의 관계는 상호 "지속적인 투쟁"[6]의 상태로서 파악하였다. 하지만 그가 전제한 몸과 정신의 대립적 위치와 그 관계성은 헤겔이 인간을 이해한 관점, 즉 인간을 "즉자(an sich)와 대자(für sich)의 현존재에 대한 변증법적 관계"[7]로서 한정시킨 것임을 이해할 필요가 있다. 몸과 관련하여, 헤겔적 시선에서 비롯된 투쟁적 대결은 포스트드라마 연극의 현상학

---

2   Hans-Thies Lehmann, *Postdramatisches Theater*, Frankfurt am Main. 2005, p.31.

3   Bernd Stegemann, *Kritik des Theaters*, Berlin, 2013, p.291.

4   Ibid., p.291.

5   Ibid., p.63.

6   Ibid., p.72.

7   Ibid., p.72.

적 측면으로 전환되어 논의될 수 있는 것이다. 포스트드라마 연극은 전통적인 방식으로서의 문제 해결 통로와 분명한 차이를 보이지만, 이 연극은 또 다른 방식의 의미 생산의 과정을 발생시킨다. 여기서 이 '의미'의 작동 원리와 그 방식은 전통적인 연극의 서사적인 의미화 과정을 따르지 않는다. 대신 그 자리는 몸과 물질의 수행적 연결고리를 통하여 채워진다.

포스트드라마 연극에서 몸은 현상적 인지적 층위에 관여함으로써 물질 재료의 수행 과정에서 창출되는 몸성, 소리성, 공간성, 시간성은 일종의 순환고리를 형성한다. 특히 배우는 — 또한 지각하는 관객도 역시 — 자신의 몸을 중심으로 세계와 직접적인 대면을 시도한다. '말할 수 없는' 몸은 그 자체로서 사회적인 동시에 정치적이고, 시대를 반영한 '눈에 보이는' (목)소리인 것이다. 포스트드라마 연극을 체화시키는 몸은 육체로서의 상태뿐만 아니라, 소리의 몸으로서도 서사의 연속적인 결합에 의해 생성되는 힘의 생산 방식과 정서적 차이를 발생시킨다. 이때 몸의 자기지시성은 연극이 서사적으로 힘을 구축하고 구조적으로 확장되어 거대 권력으로 연결되는 로고스적 의미화 과정에 개입함으로써 거대서사를 소외시키는 정서를 발생시키도록 한다.

포스트드라마 연극과 관련하여 서사의 부재 또는 단절을 사유의 부재로서 등치시키려는 것은 전통적인 드라마 연극의 문학적 해석의 측면이 강조된 결과로서 파악될 수 있다. 또한 이것은 로고스적 연극의 힘과 헤게모니에 대한 안티테제의 역할과 그 위치를 지각하도록 만드는 연극이기도 하다. 이에 본고는 포스트드라마 연극의 몸의 자기지시적 작동방식과 그 과정에서 드러나는 몸성과 물질성의 의미화 과정을 수행성 개념을 중심으로 분석하고지 한다.

2. 로고스-연극-헤게모니

1) 프로타고니스트와 코러스

몸과 정신의 연극사적 헤게모니 문제는 그리스 비극의 코러스와 프로타고니스트의 관계와 함께 논의될 수 있다. 연극사적으로 그리스 비극은 작가의 텍스트가 어떻게 구성되느냐가 중요한 지점을 차지하고 있었다. 이것은 아리스토텔레스의 『시학』에서 확인할 수 있듯이, 그가 제시한 비극을 결정짓는 요소들을 통하여 간단히 확인된다. 아리스토텔레스는 해당 여섯 가지 요소들 가운데 구성을 가장 먼저 언급하였고, 이것은 작가의 생각을 텍스트 구성을 통하여 인물을 구축하려는 방식과 연관된 것이다. 그러나 그리스 비극의 구성 주체였던 코러스의 역할은 점차 축소되었고, 이후 작가의 의도에 따른 개인화된 인물의 구축이 코러스의 집단적인 몸을 밀어내기 시작하였다. 이 과정은 프로타고니스트로서 주연배우의 "심리적이거나 일루전적인" 정서와 "작가중심적인"[8] 성격을 강조한다. 코러스가 주로 집단적인 몸성을 발생시키는 역할을 수행한다면, 이와는 대조적으로 프로타고니스트는 텍스트와 서사적 구조 안에서 인물 사이의 연극적 위치를 독점하는 동시에, 문학적인 재현을 시도하는 작자의 대리적 위치에 있다고 볼 수 있다. 이처럼 프로타고니스트는 개인성이 강조되는 동시에 작가의 정신과 심리를 서사적으로 재현하는 역할을 담당하고 있다. 이와 대조적으로 코러스는 개인성보다는 집단성을 강조하는 한편, 작가의 정신을 구현하려는 서사적 구축의 실현보다는 몸성과 물질성을 강조하는 특징을 보인다. 특히 코러스의 집단적인 몸은 로고스와 파토스 사이에서 후자의 정서를 작동시키는 경향을 보인

---

8 임형진, 「코러스의 몸」, 『연극평론』 통권 54호, 2009, 262쪽.

다. 프로타고니스트가 개인화된 언어를 통하여 연극적 의미를 논리적으로
전달한다면, 코러스는 주로 몸과 소리를 통하여 다른 방식의 의미를 발생
시키는 데 관여한다. 코러스의 현존하는 몸과 그것의 고유한 특성은 현상적
으로 드러나는 소리와 함께 전통적인 언어의 기의 과정에 더 이상 참여하지
않을 수 있는 기회를 마련해준다.[9]

코러스의 파토스적 정서와 에너지는 근본적으로 몸의 감각과 수행적인
측면, 즉 "고통을 초래하는 행동"[10]의 원리를 바탕으로 한다. 현존하는 몸과
그것으로부터 발화되는 집단적 소리는 현상적, 인지적으로 수용되는 것이
다. 프로타고니스트의 말이나 그것의 체계가 아닌, 코러스의 몸과 그 내부
에 스며든 체화된 소리는 언어적인 기의 과정을 목적으로 하지 않고, 촉각
과 청각적 질료를 통해 수용자의 기억이 작동하는 잠재적 층위로 연결된다.
현재 눈과 귀의 감각으로 수용되는 코러스의 집단적인 몸과 소리의 현상은
그것이 전달하는 내용의 논리적 관계 형성에 직접적으로 개입하지 않도록
작용한다. 이것은 촉각, 진동, 리듬, 음색, 세기 등과 같이 몸과 체화된 소리
의 물질적 토대를 통해 수용자 개인의 역사로 (동시에 인지적으로) 편입되는
것이다. 코러스의 몸과 소리에 내재된 — 또는 물질적으로 기억된 — 시간
과 공간의 흔적과 그 편린들은 구체적으로 보이지 않는 방식으로 연극 수용
자를 공연 속에서 공동으로 현전하도록 안내한다.[11] 이처럼 코러스는 프로타
고니스트와는 달리 언어적 의미가 아닌 자신들의 몸으로써 발생하는 소리
성을 통해 자신들의 집단적인 관계성을 형성해낸다. 이러한 집단적인 연대

---

9 Erika Fischer-Lichte, *Ästhetik des Performativen*, Frankfurt am Main, 2004, p.226.

10 아리스토텔레스 외, 『시학』, 천병희 역, 문예출판사, 2002, 73쪽.

11 임형진, 「소리의 몸성과 수행적 창출」, 『한국연극학』 제78호, 2021, 194쪽.

의 가능성은 코러스 각각의 개별적인 목소리인 동시에, 집단적인 하나의 목소리로서 존재한다. 집단적인 몸과 소리의 관계성은 힘을 개인으로 집결시키고 통일시키길 바라는 프로타고니스트의 로고스적 연극-헤게모니의 작동 방식과 정면으로 충돌하는 것이다.

이처럼 작가의 문자중심주의적 문학성과 서사의 구축을 담당한 프로타고니스트는 그리스 비극에 대한 논의가 시작된 기원전 6세기부터 최근에 이르기까지 로고스의 힘과 권위를 유지하는 데 중심 역할을 하였다. 이에 반하여 연극사적으로 언어적 크기와 로고스적 힘으로부터 밀려왔던 코러스는 문학적 전통과 권위를 거부하고 반동하는 역할을 담당하고 있다. 지금도 이러한 힘의 주도권 회복을 위한 동시대 연극의 수행적 지점은 바로 몸성의 회복과 관련되어 있다. 이것은 포스트드라마 연극의 주요 특징인 몸과 물질의 현존을 지향하는 작업 방식, 그리고 로고스적 수용에 따른 위계질서를 해체하려는 시도로써 확인될 수 있다.

유럽 연극의 헤게모니는 동시대 연극에 이르러 더 이상 문자-텍스트의 힘과 그것의 이성적 우위에 따른 재현과 모방의 방식을 이전처럼 유지하기 어려워졌다. 작가 중심의 개인화된 서사의 논리적 힘과 영향력은 포스트드라마 연극 속에서 집중적으로 해체되고 있다. 이제 동시대 환경 속에서 연극을 구성하는 몸은 소수에게 집중된 로고스적 힘과 권력의 운용을 지양하도록 작용하고, 몸의 현존을 통하여 전통적인 의미 생산 방식과 그 역사에서 탈주할 수 있는 수행적 토대가 된다.

2) 연극의 문학성과 추상화된 세계

연극사적으로 유럽 연극은 프로타고니스트의 로고스적 재현을 위한 전통적 흐름에서 몸성이 작동하는 파토스적 수행이 강조되는 급격한 전환의 순간을 지나왔다. 1960년대 후반에 나타난 이러한 흐름과 경향을 "수행적 전환"이라고 한다.[12] 수행적 전환은 "사회적 관행의 언어적, 신체적, 다중적 수행 모델에 초점"을 맞추고 있으며, "즉시적인 사건"[13]에 집중하는 경향을 보인다. 이것은 "물질과 기호의 지위 관계가 변화"[14]하였음을 확인시키는데, 이로써 연극은 문학적 정서와 결별하고 수행적 영향력의 발생 여부에 본격적으로 관여하기 시작하였다. 수행적 전환의 시기 이전까지 물질은 의미화 과정에서 논의의 대상에 포함되기 어려웠고, 언어의 의미화 과정이 기호학적 분석과 함께 주도적인 위치를 차지하고 있었다. 수행적 전환 시기 이전의 연극 역시 행위 그 자체로서 학문적 시선이나 분석의 중심에 위치하지 못했으며, 주로 작가의 서사와 문학적 의미화 과정, 그리고 가상의 세계를 상상하는 허구적 상태를 지시하는 도구와 방식으로서 기능하였다. 연극의 서사를 정신적으로 구현하려는 작가와 그 정신을 전통적 연극의 문학적 세계로 재현하려는 예술적 목표는 희곡—텍스트의 언어가 배우의 입을 통해 관객의 심리적 동의를 구하는 과정에서 극적 개연성이 자연스럽게 요구되기 시작하였다. 이러한 서사 구축의 논리와 극적 정당성, 개연성은 행위적 관점에서 논의되는 연극의 수행적 경향과 특징을 설명하기 어렵게 만든다. 작가의 글쓰기에 나타나는 문자 언어는 사회적 맥락 속에서 수용된다. 여기에는 언어 형식에 내재된 어떠한 가정들이 작동한다. 이러한 가정들은 심

---

12 Erika Fischer—Lichte, op.cit., p.29.

13 Peter Dirksmeier & Ilse Helbrecht, "Zeit, non—representational theory und die "performative Wende" —Auf dem Weg zu einer neuen Methodologie in der qualitativen Sozialforschung", *Performative Sozialwissenschaft. Forum Qualitative Sozialforschung*, Bd.9, Nr.2, Art. 55, 2008. Introduction.

14 Erika Fischer—Lichte, op.cit., p.29.

층에 깔려 있는 틀, 즉 "이념"[15]인 것이다. 이 틀은 현대사회에서 "권력의 행
사"[16]를 성취시키는데, 이것은 신체를 가지고 있지 않은 비가시적인 방식으
로써 시도된다. 즉, 전통적 연극의 언어는 작가의 심리적이고 정신적인 측
면이 반영된 상태인 동시에 이것이 하나의 규칙인 동시에 연극 수용자에게
그렇게 반응하도록 안내되는 것이다. 이러한 작가의 문자-언어에 내재된
권력의 행사는 그 대상에게 심리적 공포를 발생시키고 추상화된 세계의 크
기를 상상하도록 만든다. 이러한 관점에서 보았을 때, 작가의 전통적인 연
극-글쓰기는 일종의 "행위"인 동시에, 결국 "유한성을 속이는 것"이면서,
"존재가 없는 것으로부터 존재에", "자기 스스로 존재할 수 없고 그 자신에
의해 나를 배치시킬 줄 모르는 존재에 도달하고자 원하는 행위"와 크게 다
르지 않은 것이다.[17]

이처럼 수행적 전환의 시기 이전의 연극 개념은 희곡-텍스트의 문학성
을 통해 하나로 통합되는 가상 세계의 구현과 맞닿아 있었다. 그리고 이것
은 비가시적인 이념과 권력의 생산을 재현하는 과정을 드러내려는 연극의
의미화 과정을 강조한다. 신체 없는 정신의 구현은 권력의 환영을 의식적으
로 드러내는 데 관여하는 것이다. 결국 작가의 희곡-텍스트의 문학성과 배
우와 관객의 몸 사이에 형성되는 수행적 연결고리는 서로 이질적인 상태로
서 존재한다고 볼 수 있다. 따라서 희곡-텍스트의 의미화 과정은 작가의 정
신이 통일된 추상적 세계의 구현이라는 측면과, 그 세계에 종속되지 않으려
는 사회적, 일상적 측면을 구체적으로 드러내려는 수행적인 몸과 물질의 유

---

15 노먼 페어클럽, 『언어와 권력』, 김지홍 역, 경진, 2015, 20쪽.

16 위의 책, 21쪽.

17 자크 데리다, 『글쓰기와 차이』, 남수인 역, 동문선, 2001, 26쪽.

물론적 실천 방식 사이의 충돌을 목격할 수 있게 한다. 작가의 정신과 그 세계의 재현의 방식은 연극이 전통적 주체의 세계를 모방함으로써 현실과 그 안에 존재하는 몸의 감각을 약화시키고 추상화 과정을 강화시키는 데 지속적인 영향을 미친다. 이와 관련하여 포스트드라마 연극은 작가의 정신을 거대서사로서 이해하고 수용하려는 입장을 거부하려는 유물론적인 연극 태도와 전략을 지향한다고 볼 수 있다.

3. 몸의 현상과 정치성

1) 포스트드라마적 저항

메를로-퐁티는 현상학적 인식론의 측면에서 몸의 개념을 설명한다. 몸은 지각이 이루어지는 현상적인 장이고 감각의 주체이다. 여기서 몸은 세계와 인식 사이의 통로가 되는데,[18] 감각의 주체와 감각적인 것 사이의 이러한 교환에서 우리는 하나는 능동, 다른 하나는 수동적이라고, 하나가 다른 하나에 의미를 부여한다고 말할 수 없다.[19] 이것은 몸이 세계와 결코 구분되거나 무엇 하나가 주도하는 수직관계를 형성하지 않는다는 것을 의미한다. 몸은 세계와 떨어질 수 없는, 유기적이고 현상적이며 인식적인 생물체이다. 현상함으로써 인식이 가능해진다는 것은 몸이 현존의 문제와 직접적으로 연관되어 있음을 주지시킨다. 이것은 전통적인 서양 철학의 문자-이성 우월주

---

18 Christiane Ackermann, "Im Spannungsfeld von Ich und Körper: Subjektivität im »Parzival« Wolframs von Eschenbach und im »Frauendienst« Ulrichs von Liechtenstein", Köln, 2009, 55f.
19 모리스 메를로-퐁티, 『지각의 현상학』, 류의근 역, 문학과지성사, 2012, 327쪽.

의에 의한 주변화된 몸과 그 감각을 다시 회복하는 과정이 무엇보다 중요하게 작용한다.[20] 메를로-퐁티에게 있어서 몸은 세계와 실존적으로 얽혀 있으며, 대상과 주체가, 언어와 지시체가, 즉자와 대자가 절대적으로 분명하게 구분되지 않는다. 주체는 세계로 열린 채 세계와 더불어 있으며, 세계는 이미 항상 거기에, 의미를 품는다. 지각은 내가 눈을 뜨고 세상을 보는 순간의 사건이며, 대상이 나에게 열려, 그것의 다소간의 실체성이 나에게 흘러나오는 순간이다. 지각에 있어 지각자와 세계의 얽힘이 일어나는 곳은 그 어떤 객관적인 영역이나 공간이 아니라, 현상적인 장이다.[21]

　지각하는 몸은 감각에 의해 인지되고 다시 인식의 단계로 진입하도록 이끈다. 이 과정에서 몸은 사유의 영역을 공유하고 그 과정의 주체로서 위치한다. 현상적인 몸은 사유하는 주체의 과정인 동시에, 자신의 목소리를 생산하는 출발점이다. 이처럼 자신의 목소리는 주체의 현존과 동일한 개념으로 파악될 수 있는 것이다. 목소리는 물리적인 진동에 의해서만이 아니라, 인지적인 울림에 상관한다. 따라서 몸은 이를 통해 그 자체로 정체성을 확인시키는 통로가 되고, 실존함으로써 획득되는 정치성을 장착한다. 몸은 생명과 인식의 기능이 제거된 도구적인 오브제로서만 한정되지 않는다. 몸 그 자체에 정치성이 부재하다는 인식은 절대이성에 대한 오랜 전통과 그렇게 확립된 수용적 입장에서 비롯된 것이다. 이러한 이유로 인하여 몸은 모더니즘적이면서도 포스트모더니즘적인 양가성을 지시하고 있다고 말할 수 있다.

20　Im, Hyoungjin, "Wiederherstellung der Identität des Anderen—Die Tendenz zum Postkolonialismus im Opernschaffen Isang Yuns und deren Realisierung", Dissertationen Online an der Freien Universität Berlin, 2015, p.81.

21　강미라, 『메를로퐁티와 푸코의 몸 개념』, 이학사, 2011, 57~58쪽.

수행적 전환 이후 몸은 진실을 추구하는 이성이나 합리적 전통을 전복시키는 주체로서 본격적으로 위치하기 시작하였다. 몸은 그리스극의 코러스가 보여주었듯이 개인적인 몸인 동시에 집단적인 몸의 현존을 통해 정치적, 사회적 발언을 보다 정당하게 드러내는 특징을 갖는다. 몸의 정치성은 푸코의 시각을 통해 좀 더 정밀하게 설명될 수 있다. 푸코는『감시와 처벌 : 감옥의 역사』에서 정신과 몸의 관계를 단순히 이분법적인 대립의 관계로서 바라보지 않았다. 그는 개인의 몸을 구속하는 것은 개인의 역사를 구속하는 것인 동시에, 정신을 구속하는 것으로 보았기 때문이다.

자신의 고유한 몸과 의식을 지배하는 것은 권력을 통해 몸이 점령된 상태와 같은 것이다. 지속적인 규율을 통해 자신의 고유한 몸을 욕망하는 것, 이것은 권력이 몸속으로 들어간 상태이고, 이제는 거대서사가 아닌 개개인의 몸속에서 독립적으로 나타나게 된다.[22] 몸은 이제 더 이상 기호로서만이 아닌, 역사와 권력이 담겨있는 현상적이고 인식적인 주체로서 그 위치가 격상된 것이다.

이러한 몸의 정치성은 다시 극장이라는 사회로 들어와서 느끼고 감지하는 방식을 통하여 관객의 정서와 감정을 전염시키는 과정으로써 실현된다. 몸은 주위 환경과 서로 분리되지 않고 한 몸을 이룬다. 이때 연극은 몸의 감지(Spüren)와 인지(Wahrnehmung)를 통해 사회적인 관계망의 실현이 가능하도록 연극–구조의 틈을 열어놓는다. 따라서 연극의 상태는 몸의 감각이 파악되는 것으로써 확인될 수 있는 것이다.[23] 이처럼 몸은 전통적 주체의 개념과

---

22 Michel Foucault, "Macht und Körper", *Dits et Ecrits Schriften*, Bd.4, Frankfurt am Main, 2005, pp.933~934.

23 Robert Gugutzer, *Soziologie des Körpers*, Bielefeld, 2014, pp.106~107.

그 정신적 무게감을 몸의 무게감으로 전환시키는 역할을 담당하고 있다. 이 것은 거대서사로서 로고스적 연극의 세계구조를 지식화하는 과정에서 벗어나려는 "탈정당화"[24]의 과정을 드러낸다. 지각하는 몸과 그것의 현상적 에너지는 기존 연극 언어와 그 질서 체계의 탈중심화에 영향을 미치기 때문이다. 이것은 지배 이데올로기에 대한 작동 방식과 "권력장치에 의해 재생산되는 구조를 변형"[25]시키는 역할을 한다. 언어체계의 정신과 세계를 구현하는 과정에서 몸의 현존은 "이질적이며 비특징적"[26]이라는 점에서 포스트드라마적인 정치성을 발현시키고 있는 것이다. 몸의 현존은 언어의 질서를 이질적인 상태로서 감각하게 만들고, 논리적 세계구조의 균열을 불러오는 "일차적 우연들"[27]을 발생시키기 때문이다. 이 우연적이고도 우발적인 것은 "사건으로서의 물질성의 침입"인 동시에 정치적인 것에 대한 "경제적인 것의 우위의 법칙을 일탈시키고 구조의 생성변화를 초래"[28]하도록 만든다. 이로써 포스트드라마 연극의 몸의 현존과 그것의 현상적 에너지는 이질성에서 비롯된 저항성, 즉 정치적 전략을 제시하고 있다고 볼 수 있다.

2) 권력의 응시와 산종

포스트드라마 연극을 구성하는 행위자의 몸은 전통적 연극의 인물 구축

---

24 장-프랑수아 리오타르, 『포스트모던적 조건』, 이현복 역, 서광사, 1992, 90쪽.

25 사토 요시유키, 『권력과 저항』, 김상운 역, 난장, 2012, 320쪽.

26 파트리스 파비스, 「포스트드라마 연극에 관한 고찰들」, 김형기 외, 『포스트드라마 연극의 미학』, 푸른사상사, 2013, 299쪽.

27 장-프랑수아 리오타르, 앞의 책, 127쪽.

28 사토 요시유키, 앞의 책, 321쪽.

을 위한 모방의 방식을 지양하는 경향을 보인다. 행위자 개인과 인물 사이의 간극을 줄이는 행위는 포스트드라마 연극의 개념 속에서는 중요한 위치를 선점하지 않는다. 오히려 이러한 방법론에 따른 인물-감정의 발생보다는, 행위자의 몸의 현존을 통하여 극적 환영을 벗어나 발화 행위 자체만으로 보편적인 목소리의 생산에 집중한다. 이 과정은 인물의 연극적 특수성이 아닌, 인간의 보편적인 수행적 관계에 좀 더 맞닿아 있는 것이다. 이때 발생하는 정서는 거대서사를 이탈하고 그것으로부터 빠져나오게 하는 어떠한 기회로서 작용한다. 그리고 이것은 "자신의 모순과 자가당착 및 어긋남"[29]을 드러낼 수 있게 만든다. 이러한 점에서 안정적인 규칙과 법칙, 텍스트의 체계에 종속되지 않고 지나치거나 기존의 거대서사를 불편하게 할 수 있는 행위들이 수행적으로 부각된다. 이에 대한 방식 가운데 하나는 바로 몸의 노출이다. 노출은 단순히 자신의 몸을 가리지 않는다는 것을 의미하지 않는다. 이 행위는 기존의 질서와 사회체계의 방식으로부터 빠져나오는 몸의 수행적 전략에 해당한다. 몸을 구속하고 제도화하는 일련의 '의미'들을 넘어서려는 행위로서 행위자의 노출된 몸은 위치하는 것이다. 그리고 이것은 관객과의 공동 현존의 순간을 사건화하는 시간과 공간의 연결을 가능하게 만든다. 이 과정에서 중요한 지점은 바로 행위자의 몸이 어느 곳에도 종속되거나 구속되지 않는다는 사실이다. 인물로서의 몸이 아니라 행위자로서의 몸의 노출은 결국 외부 세계와의 대면인 동시에 정신의 추상성과 그것의 비가시적인 이데올로기적 생산 방식을 거부하고 수행적인 몸으로써 자신의 목소리를 생산하는 수행적 유물론적 특성을 드러내고 있다.

몸의 노출과 현존은 기본적으로 주체와 타자의 관계를 재설정하는 데 중

---

29 파트리스 파비스, 앞의 글, 301쪽.

요한 지점이 된다. 여기에는 주체의 시선을 불안하고 무화시키는 행위로서의 응시[30]의 원리가 반영되어 있다. 주체의 환상으로서의 시선은 그것을 대면하고 바라보는 행위를 통해 주체의 이미지와 그것의 상징계를 해체시킬 수 있다. 몸의 노출은 타자의 바라보기를 가능하게 하는 포스트드라마적 대응인 것이며, 주체의 지식체계를 흔든다. 이 응시는 연극이 보는 것이라는 행위적 개념으로서 규정된 상징계적 주체의 질서를 재설정할 수 있는 기회를 마련해 준다. 몸의 노출과 이를 바라보게 만드는 응시는 주체와 타자의 관계 속에서 낯설고 갑작스러운 것으로서 나타나는데, 이 행위는 그 자체로서 주체의 시선에 대한 일종의 "흉내이며 조롱"[31]의 성격을 지닌다. 이것은 주체의 상징계를 "본질로부터 이질화"[32]시키고 또한 "위협"[33]으로 작용한다.

　몸의 현존에 의한 타자의 응시와 주체 권력의 해체의 방식은 "저항의 기호"[34]를 남긴다. 이 저항의 방식과 속성은 원래의 상태, 즉 동일성을 유지할 수 없는 흩뿌려진 산종/산포(dissémenation)의 상태로써 이루어진다. 데리다가 제시한 이 개념은 다분히 해체론적 의미를 담고 있다. 포스트드라마 연극의 행위자의 몸과 보편적인 목소리의 생산은 전략적으로 어떠한 의미로 환원될 수 없는 상태로써 "어떠한 정의 속에 규합될 수 없는"[35] 특징을 드러낸다. 몸을 통한 저항의 정서를 발생시키는 일련의 접근 방법은 포스트드라마 연극의 의미 발생 과정에서 차연의 상태를 지속시키고 끊임없는 미결정 상태

30　자크 라캉, 『세미나 11』, 맹정현 · 이수련 역, 새물결, 2008, 127쪽.
31　호미 바바, 『문화의 위치』, 나병철 역, 소명출판, 2003, 182쪽.
32　위의 책, 185쪽.
33　위의 책, 180쪽.
34　위의 책, 113쪽.
35　자크 데리다, 『입장들』, 박성창 편역, 솔, 1996, 69쪽.

를 유지하도록 영향을 미친다. 따라서 포스트드라마 연극의 정치성은 주체 권력의 분절과 차연의 상태를 발생시키는 "능동적 수동성"[36]을 지향하고 있다고 볼 수 있다.

4. 몸의 의미 생산 방식

1) 현존과 자기지시성

에리카 피셔-리히테에 의하면 사건을 통해서 수행적으로 창출되는 네 가지 성질들이 있는데 그것은 몸성, 공간성, 소리성, 시간성으로 구분된다.[37] 여기서 몸성은 존재의 고유성을 드러내는 물질성을 기반으로 한다.[38] 몸성은 또한 공간성과 소리성으로 연결되는데, 이것은 또다시 시간성을 확보하게 된다. 이 과정에서 몸은 현상적으로 존재하고 인지되어 인식론적 층위로 연결되는 것이다. 현존하는 몸은 그 자체로서 의미화 과정에 참여하고 또한 그것을 작동시킨다. 몸은 어떠한 수단이나 목적에 맞추어 적용되고 사용되는 것이 아니라, 그 존재 자체로서 의미가 되는 것이다. 즉, 기표 그 자체가 기의가 되는 것이다.[39] 이것은 전통적인 기호의 의미화 과정과 구조의 연결 체계를 이탈하는 것이다. 기표가 의미를 형성하기 위한 어떤 과정에서 몸은 전통적 재현이나 모방의 반영과 개입을 허용하지 않는다. 그것은 몸의 현상에 따른 인지적 반응을 근거로 한다. 몸은 그 자체로서 언어적 해석과 재현

---

36 사토 요시유키, 앞의 책, 334쪽.

37 Erika Fischer-Lichte, op.cit., pp.128/227.

38 Ibid., p.129.

39 Im, Hyoungjin, op.cit, p.84.

에 기대지 않고 감각자와 소통하고 정보를 전달하며 교환하는 주체로서 존재하는 것이다. 여기서 중요한 지점은 몸의 현존과 인지를 위한 감각과 그것의 전제 조건이다. 배우는 감각할 수 있는 '몸을 가지고(Körper-Haben)' 있어야 하고, 이것을 지나 '체화된 몸 상태(Leib-Sein)'로서 전환되는 것이다.[40]

전통적 의미의 발생을 작동시키는 기호적인 몸은 현상적인 몸으로 이어져 또다시 인식의 차원으로 연결되는 일종의 순환고리의 구조를 형성한다. 이것은 연극에서 생산자뿐만 아니라 몸이라는 재료를 동시에 가지고 있는 수용자에게도 그대로 적용된다. 행위자와 수용자의 현존하는 몸 사이의 상호관계성은 의미 생산과정 속에서 발견되는 주요한 특징 가운데 하나다. 그리고 이것은 자동 피드백-연결고리(Autopoietische feedback-Schleife)의 작동원리를 바탕으로 하는데, 자동 피드백-연결고리는 어떠한 대상을 있는 그대로 고정하지 않고 계속해서 새로운 현상으로서 감지할 수 있는 기회를 제공한다.[41] 연극이 반복되더라도 하나로 고정되지 않고 매번 새롭게 변화되어 감지되는 까닭은 생산자와 수용자 사이에 존재하는 몸이 서로의 반응을 연결시키고 순환하도록 매개하기 때문이다. 이것은 과정들 속에서 매우 순간적으로 감지되는데, 여기서 몸은 그 자체로 인지가 가능한, 그리고 그것을 인식의 단계로 인도하는 자기지시성(Selbstreferentialität)의 원리를 따른다. 여기서 자기지시는 기본적으로 어떤 사건이 사건들과의 관계를 통하고, 이것이 "다시 자기 자신에게 관계함으로써 체계 형성에 작용"[42]하며, "상호적 선택을 통해 시간적 연속 속에서 과정들로 결합"[43]하는 특징을 나타낸다. 이것은

---

40 Erika Fischer-Lichte, op.cit., pp.129/137.

41 Ibid., p.245.

42 Niklas Luhmann, *Ideenevolution*, Frankfurt am Main, 2008, p.135.

43 Ibid., p.135.

몸의 반응과 그 과정의 성립을 관찰하도록 이끈다. 따라서 몸의 자기지시성은 몸의 현상을 외부와 내부 사이의 끊임없는 연결고리를 현상적으로 유지하도록 만든다. 이 과정은 순환적 논증의 체계를 따르면서 결국 "차이와 동일성이 교차하는 역설"[44]의 상태를 드러나게 한다. 이처럼 자기지시성은 인물의 감정과 행동의 반응이 아니라 행위자와 수용자 사이의 몸의 반응과 그 반복적인 연결 과정에서 발견되는 불일치와 모순의 과정을 목격하도록 안내한다. 이것은 고정된 자기성의 불일치를 현상적으로 드러낸다. 이로써 몸은 이제 더 이상 의미의 재현을 위한 오브제가 아니라, 그 자체로서 현상과 반응의 수행적 주체로서 위치하게 된다. 포스트드라마 연극은 몸의 의미의 발생 자체를 부정하지 않는다. 다만 의미의 재현을 따르지 않을 뿐이다.

2) 분위기

포스트드라마 연극이 지시하는 몸과 물질의 수행적 현상은 특별한 분위기를 창출한다. 이것은 공간성과 연관되어 있는데, 그렇다고 해서 단순히 공간적 장소에 의해 정해지는 것이 아니다. 분위기는 "연극 공간에서 관객이 사로잡히고 '적셔지는' 아주 특수한 공간성을 경험하게 하는 어떤 최초의 것"[45]이다. 분위기는 사물과 인간, 환경의 현재 존재를 감각함으로써 지각된다. 따라서 이 지각 방식은 물질과 그것의 대상들 사이의 배치와 그 관계성에 의해 형성되는 어떠한 특수한 수행적 특성의 노출 여부에 관여한다. 이와 관련하여 뵈메는 지각 주체와 지각 대상 사이의 관계성을 몸의 현존이

---

44 김미정, 「'돌아봄(turn)'을 어떻게 볼 것인가?—자기지시성과 역설을 넘어서」, 『사회와 이론』 제29집, 2016, 171쪽.

45 Erika Fischer-Lichte, op.cit., p.201.

구성하는 어떠한 크기의 영역으로 설명하였다.[46] 그에 따르면 분위기는 그 관계성의 현실적 상황을 그대로 반영하고 있는 것이며, 좀 더 적극적인 표현으로는 "엑스터시에 의해 흠뻑 젖은"[47] 상태로 간주될 수 있는 것이다. 이것은 사물의 물질성이 지닌 특정한 분위기의 상태적 고정을 의미하는 것이 아니라, "어떤 사람이나 사물의 소유가 성립하지 않는 행위의 수립과 얽힘들을 재배치하기 위한 가능성"[48]과 연관된다. 여기서 물질들의 "배치는 자연과 문화, 인간과 물질이라는 이분법적 분할에서 벗어나 자연-문화, 사회-물질이라는 관계적 전환을 사유"[49]하게 한다. 사물의 엑스타시는 그 관계 사이에 특별한 중심이 고정되지 않으며 항상 유동적이고 모두가 능동적인 과정을 지시하고 있다. 따라서 이 관계성에 의해 형성되는 분위기는 모든 대상에게 공감각적으로 작용하고 있으며, 이를 지각하기 위해서는 현존하는 몸의 감가이 개방되어야 하는 것이나. 이러한 관점에서 보자면, 분위기는 수행적 공간의 성격을 확인시키는 역할을 한다는 것을 알 수 있다. 이것은 에너지 또는 힘의 발생과 연결하여 분석될 수 있는데, 분위기는 수행적 공간의 대상 모두에게 비언어적인 방식으로 감정의 발생을 작동시킬 수 있는 힘이 내재되어 있다. 그리고 이것은 동시에 "갑자기 엄습해 오는 감정의 힘이며, 기분의 공간적인 운반자"[50]이기도 하다.

이처럼 포스트드라마 연극의 지각 주체와 그 대상 사이의 비결정적인 관

---

46 Gernot Böhme, *Atmosphäre*, Berlin, 2013, pp.33~34.

47 Ibid., p.33.

48 릭 돌피언·이리스 반 데어 튠, 『신유물론』, 박준영 역, 교유당, 2021, 74쪽.

49 임지연, 「제인 베넷의 『생동하는 물질』」, 몸문화연구소, 『신유물론』, 필로소픽, 2022, 125~126쪽.

50 Gernot Böhme, op.cit., p.29.

계성에 따라 분위기는 행위자의 몸과 물질들 사이의 결정되지 않은 상황 속에서 형성된다. 이 우연적이고 사건적인 속성은 연극의 예술적 양식과 규칙에 따른 기호성의 인과적 측면을 벗어나 창발적인 방식으로써 의미를 드러나게 한다. 이러한 분위기의 의미 생산과 방식은 정서적 기억의 촉발은 물론 상황과 맥락을 환기시키는데 영향을 미친다.[51]

3) 소리의 침투성

전통적으로 연극의 청각적 요소는 현실적으로 텍스트의 의미화 과정에 포함되기 어려웠다. 소리는 그 자체로서 현상적이기 때문에 문자를 통한 로고스적 세계의 구성에서 제외될 수밖에 없었다. 청각적 요소가 텍스트의 기록으로 연결될 수 있었던 것은 악보의 등장 이유와 크게 다르지 않다. 그리고 이것은 음악의 영역에 집중되어 있었다. 하지만 연극에서는 작가의 문학적 기록 방식에 소리의 현상적 측면을 수행적으로 적용하는 것은 불가능한 일이다. 작가가 이것을 글로써 소리의 의미를 전달하는 것은 여전히 문학적인 방식에 해당한다. 소리는 그 자체로도 말로 표현할 수 없는 어떤 무언가를 드러낼 수 있는 강력한 영향력을 지니고 있다.[52] 이 영향력은 소리가 가진 신체적 전략과 성질인 몸성에 의해 비가시적으로 이루어진다.[53]

소리는 포스트드라마 연극에서 서사의 의미화 과정을 보조하는 기능적 역할보다는 주체적인 상태로서 청각적 에너지를 작동시키는 과정에 주로 관여한다. 특히 공연의 과정에서 발생하는 소리성의 창출은 행위자의 언어

---

51 Erika Fischer-Lichte, op.cit., p.209.

52 Ibid., p.210.

53 임형진, 앞의 논문, 193쪽.

와 동등한 수행적 영향력을 행사한다. 이때 소리성은 행위자의 몸과 물질들 사이에서 발생한 청각 에너지를 언어적 요소와 비가시적으로 분리시킨다. 또한 소리의 울림과 그것을 물질적으로 감각하게 만드는 (소리의) 결은 고유한 분위기를 형성하는데 주요 역할을 담당한다. 이처럼 소리는 공연화 과정에서 현상적으로 그리고 신체적으로 지각됨으로써 새로운 의미화의 과정을 구성한다. 이 방법은 소리의 물질성을 통하여 대상의 몸에 스며드는 수행적 전략을 따르고 있다. 특히 행위자의 목소리는 언어를 전달하려는 목적이 아니라, 그 자체로서 언어가 되어 이를 청각적으로 수용하는 대상에게 말을 거는 것이다.[54] 이때 소리는 뵈메가 제시한 것처럼 '사물의 엑스터시에 물든' 상태와 동일하게 존재한다.

소리성은 포스트드라마 연극이 지시하는 거대서사를 소외시키기 위한 전략을 신체적으로 히지만 보이지 않게 실현시킨다. 소리는 시간적인 발생과 함께 존재하고 곧이어 사라지기 때문이다. 소리가 발생하는 시간만큼 이것을 듣는 사람들과의 접촉은 실재적인 것이 된다. 소리의 접촉은 청자들 사이의 신체적 소통을 개방시킬 뿐만 아니라 제한된 시간과 함께 소리 질료의 물질성은 어디론가 증발해버린다. 이처럼 지속 불가능한 소리의 찰나적 성격은 수행적 공간성과 분위기의 지속성 여부에 영향을 준다. 또한 소리가 청자의 몸에 침투하는 현상은 주체와 타자의 몸 사이에 형성된 이분법적 관계성을 희미하게 만든다. 소리 재료의 물질성은 극장 공간에 존재하는 관객의 몸과 내부적으로 작동하는 잠재적 층위를 자극하고 침전된 개인의 기억과 정보들을 현재의 위치로 소환시키는 과정에 영향을 미치기 때문이다.[55]

---

54 Erika Fischer−Lichte, op.cit., p.226.
55 임형진, 앞의 논문, 209쪽.

이처럼 소리의 비가시적 신체화 전략은 소리의 질료와 물질성에 따른 기표적 성질을 특징화 하고 있다.

포스트드라마 연극의 소리와 청각적 요소는 서사 구축의 과정에서 구체적인 논리적 체계를 지시하는 언명적 성격보다 소리의 주체를 "세계-안에-존재하는 신체로서 인지시키는"[56] 비가시적 수행적 영향력의 작동 과정에 주로 관계하고 있다.

5. 나가며

헤겔주의의 시각에 따르면 포스트드라마 연극은 절대정신의 의미 생산이 제거된 연극으로 비칠 수 있다. 슈테게만은 이 연극을 발언하지 않는 혹은 목소리를 잃어버린 '무기력한' 연극으로 간주하기도 하였다. 그는 포스트드라마 연극이 신자유주의 시장 속에서 특히 자본의 문제에 대하여 전혀 발언하지 못한다고 평가하면서, 그 이유가 포스트모더니즘의 (내부적) 문제로부터 기인한다고 보았다.[57] 그는 연극이 드라마를 복귀시켜 다시 모더니즘의 합리와 이성, 서사의 방식으로 '목소리'를 장착해야 한다고 주장하였다.

포스트모더니즘의 성격과 특성을 수용한 포스트드라마 연극은 로고스의 언극 세계로부터 오랫동안 소외되어온 몸성을 회복하려는 일종의 시대적, 역사적 흐름이자 경향 그리고 심지어는 어떠한 운동의 성격을 동시에 지니고 있다. 또한 이 연극은 반미학적 특징조차 양식화하려는 더욱 거대해진 모더니즘적 사유의 환경 속에서 자기지시적인 자세로 수행적으로 저항하는

---

56 Erika Fischer-Lichte, op.cit., p.219.
57 Bernd Stegemann, op.cit., p.160.

연극으로서 작동하고 있다. 이 과정에서 포스트드라마 연극은 몸의 현상과 수행적 창출에 집중하는 경향을 보인다.

연극사적으로 로고스에 의해 오랫동안 외면되어온 몸은 그 자체로서 정신이 된다는 사실을 연극을 통해 입증하기 시작하였다. 수행성의 미학적 관점에서 보았을 때, 포스트드라마 연극은 몸의 현존과 그것의 자기지시성을 통해 정치성을 획득함으로써 권력이라는 거대서사를 해체하고 '침묵으로' 대항하고 있다는 사실을 확인시킨다. 말할 수 없는 몸은 현존함으로써 자신의 목소리를 신체적으로 전달하기 때문이다. 실제로도 2014년 독일의 라이프치히대학교 연극학과의 폐지 결정에 대하여 학생들이 보여준 항의 방식도 의미를 재현하는 기호적 방식을 그대로 따르지 않았다. 오히려 포스트드라마적인 전시와 공연, 몸의 수행적 창출을 통해 시도되었고, 그것은 사회적인 목소리로 전환될 수 있었다.[58]

동시대 연극에서 몸은 모더니즘과 포스트모더니즘의 경계를 수용자의 위치에 따라 아무런 제약 없이 넘나드는 기호적이고 현상적인, 또한 인지적인 상태로서 양가적으로 나타난다. 여기서 포스트드라마 연극은 몸의 현상과 물질성의 수행적 창출과 함께 예술과 삶의 경계를 사유적으로 전환시킬 수 있는 질문을 지속적으로 던지고 있는 것이다.

---

58 임형진, 「연극과 사회적 연대 그리고 라이프치히」, 『연극평론』 통권 75호, 2014, 148~151쪽.

참고문헌

강미라, 『메를로퐁티와 푸코의 몸 개념』, 이학사, 2011.

김미정, 「'돌아봄(turn)'을 어떻게 볼 것인가? : 자기지시성과 역설을 넘어서」, 『사회와 이론』 제29집, 2016, 169~221쪽.

데리다, 자크, 『입장들』, 박성창 편역, 솔, 1996.

────────, 『글쓰기와 차이』, 남수인 역, 동문선, 2001.

돌피언, 릭·튠, 이리스 반 데어, 『신유물론』, 박준영 역, 교유당, 2021.

라캉, 자크, 『세미나 11』, 맹정현·이수련 역, 새물결, 2008.

리오타르, 장-프랑수아, 『포스트모던적 조건』, 이현복 역, 서광사, 1992.

메를로-퐁티, 모리스, 『지각의 현상학』, 류의근 역, 문학과지성사, 2012.

바바, 호미, 『문화의 위치』, 나병철 역, 소명출판, 2013.

사토 요시유키, 『권력과 저항』, 김상운 역, 난장, 2012.

아리스토텔레스 외, 『시학』, 천병희 역, 문예출판사, 2002.

임지연, 「제인 베넷의 『생동하는 물질』」, 몸문화연구소, 『신유물론』, 필로소픽, 2022, 111~157쪽.

임형진, 「코러스의 몸」, 『연극평론』 통권 54호, 2009, 261~270쪽.

────, 「연극과 사회적 연대 그리고 라이프치히」, 『연극평론』 통권 75호, 2014, 148~151쪽.

────, 「소리의 몸성과 수행적 창출」, 『한국연극학』 제78호, 2021, 189~212쪽.

파비스, 파트리스, 「포스트드라마 연극에 관한 고찰들」, 김형기 외, 『포스트드라마 연극의 미학』, 푸른사상사, 2013, 281~312쪽.

페어클럽, 노먼, 『언어와 권력』, 김지홍 역, 경진, 2015.

Ackermann, Christiane, "Im Spannungsfeld von Ich und Körper : Subjektivität im »Parzival« Wolframs von Eschenbach und im »Frauendienst« Ulrichs von Liechtenstein", Köln, 2009.

Böhme, Gernot, *Atmosphäre*, Berlin, 2013.

Dirksmeier, Peter & Ilse Helbrecht, "Zeit, non-representational theory und die "performative Wende"—Auf dem Weg zu einer neuen Methodologie in der qualitativen Sozialforschung", *Performative Sozialwissenschaft. Forum Qualitative Sozialforschung*, Bd. 9, Nr.2, Art.55, 2008.

Fischer-Lichte, Erika, *Ästhetik des Performativen*, Frankfurt am Main, 2004.

Foucault, Michel, "Macht und Körper", *Dits et Ecrits Schriften*, Bd. 4, Frankfurt am Main, 2005, pp.931~942.

Gugutzer, Robert, *Soziologie des Körpers*, Bielefeld, 2014.

Im, Hyoungjin, "Wiederherstellung der Identität des Anderen — Die Tendenz zum Postkolonialismus im Opernschaffen Isang Yuns und deren Realisierung", Dissertationen Online an der Freien Universität Berlin, 2015.

Lehmann, Hans-Thies, *Postdramatisches Theater*, Frankfurt am Main, 2005.

Luhmann, Niklas, *Ideenevolution*, Frankfurt am Main, 2008.

Stegemann, Bernd, *Kritik des Theaters*, Berlin, 2013.

정명문

여성 전기 뮤지컬의 지향과 캐릭터 변화

여성 전기 뮤지컬의 지향과 캐릭터 변화

1. 역사 뮤지컬과 여성 전기 뮤지컬

특정 젠더 관련한 정체성은 문화적 학습과 수행으로 만들어진 사회적 담론의 결과라 할 수 있다. 타자에 대한 정형화된 시선과 언어가 주체 위치를 생산하기 때문이다.[1] '강남역 여성 혐오 살인 사건'과 '미투' 이후 공연계는 작품 및 공연 진행 과정에 이르기까지 반성과 성찰을 반영하려는 노력이 더해졌다.[2] 특히 뮤지컬은 서사, 참여자, 제작(젠더 밴딩, 젠더프리 캐스팅) 등에서 가시적이고도 빠른 변화가 드러났다.[3] 이처럼 뮤지컬은 20~30대 주요 관객의 취향과 관심사에 긴밀하게 반응한다는 점에서 동시대 청년층의 정체성

---

1 주디스 버틀러, 『젠더트러블』, 조현준 역, 문학동네, 2008, 65쪽.

2 미투 사건 이후 현장과 학계에서 다양한 포럼과 발표가 진행되었으며 한국 공연예술 자치 규약이 만들어진 과정에 대한 상세 사항은 전강희, 「미투 이후 변화된 한국연극의 지형도」, 『한국연극학』 85, 한국연극학회, 2023 참조.

3 이응, 「2019년, 뮤지컬의 여성 캐릭터를 돌아보다」, 『더뮤지컬』 195, 예스이십사(주), 2019.12.6. https://www.themusical.co.kr/Magazine/Detail?num=4377. (검색일 : 2025.01.30).

을 확인할 수 있는 공연 장르라 하겠다.

이 글은 여성 전기 뮤지컬에 주목한다. 실존 인물을 제목으로 한 전기 뮤지컬은 초기부터 제작되었으며, 뮤지컬 이론서에서 우선순위로 다뤄질 만큼 대중적이다.[4] 유명 인물은 업적과 후일담 또는 주변인과 관계 등으로 극적 에피소드를 연결하기 유리하다. 전기 뮤지컬은 적절한 시대 배경과 함께 공연이 올라가는 시기 대중들의 관심을 예측 반영한 각색이 중요하다. 이는 제작 기간이 긴 장르의 특성 때문이며, 실제 흥행작을 확인해도 제작부터 유행과 실험, 사회적 이슈를 담아내는 사례가 많았다.[5] 즉 전기 뮤지컬은 제작 전후의 관심사와 주요 가치를 포착하기 적합한 유형이다.

한국 전기 뮤지컬의 초기 형태는 장보고의 활약을 다룬 예그린악단의 〈바다여 말하여라〉(1971)와 같은 역사 뮤지컬[6]에서 찾을 수 있다. 역사극은 플롯을 결정하는 계급, 민족, 제국과 같은 거대 담론을 담아 '역사 효과'를 창출할 목적으로 과거 인물들을 호명한다.[7] 초기 역사 뮤지컬은 민족주의적 정서를 바탕으로 한 영웅의 일생과 패권을 둘러싼 권력다툼을 무대 스펙터클과 명료한 메시지로 만들었다.[8] 인물들은 역사적 배경 안에 포함되어 있으며, 영웅의 면모로 제시되었다. 위 방식은 이후 대형 뮤지컬의 한 유형으

---

4   스티븐 시트론, 『뮤지컬』, 정재왈 · 정명주 역, 미메시스, 2007, 123쪽.

5   위의 책, 125~126쪽.

6   공적 역사와 인물을 활용한 뮤지컬은 사극 뮤지컬, 역사 뮤지컬, 시대극, 전기 뮤지컬 등 다양하게 지칭되었다. 본고는 역사 소재 전체를 포괄하는 의미로 역사 뮤지컬이란 용어를 따른다.

7   김기봉, 「역사극, 무대로 나온 역사 : 역사극의 기원, 개념, 범주」, 『드라마연구』 32, 한국드라마학회, 2010, 26~27쪽.

8   유인경, 「1970년대 역사 뮤지컬 연구」, 『민족문학사연구』 24, 민족문학사학회 민족문학사연구소, 2004, 412쪽 참조.

로 정착되었다. 명성황후를 내세운 〈명성황후〉(1995)와 안중근을 다룬 〈영웅〉(2009), 세종대왕을 다룬 〈세종, 1446〉(2017) 등이 이 유형이라 할 수 있다.[9] 이처럼 역사 뮤지컬은 민족주의 담론 아래 인물을 호출하였던 대형 뮤지컬의 선례를 바탕으로, 국공립 혹은 기념재단 등에서 주도하는 작품들에서 계승되고 있다. 역사 뮤지컬은 2019년 3·1운동과 임시정부 수립 백 주년 기념 작품에서 분기점을 맞는데 독립운동가, 민중 등으로 대상의 움직임이 있었다.[10]

2010년대 이후에는 역사보다 인물이, 업적보다 고뇌가 강조되는 전기 뮤지컬이 민간 제작사를 통해 등장한다. 이들 작품에서 주요 인물들은 시대와 집단이 추구하는 기준과 가치관의 충돌을 겪으며 문제에 봉착한다. 이들은 주로 예술가(화가, 작곡가, 시인, 발레리노)로 개인의 경험적 현실을 중시하기에 질투, 분노, 열등의식, 애증 등 인간 본성과 결함을 드러냈고, 극의 구성은 해결의 플롯으로 제시되었다. 위 특성들을 노스럽 프라이의 이론으로 대입하면 역사 뮤지컬은 위대한 인물로 이상화된 상위 모방 양식에 해당하며, 전기 뮤지컬은 일상 경험과 실제 인물의 모습을 형상화한 하위 모방 양식[11]으로 정리된다. 특히 전기 뮤지컬들은 무대 전환이 크지 않은 소극장에

---

9 〈명성황후〉: 이문열 작, 김광림 각색, 양인자·김희갑 곡, 윤호진 연출, 세종문화회관 대극장, 2025.1.21~3.30. 25연
〈영웅〉: 한아름 작, 오상준 곡, 윤호진 연출, 세종문화회관 대극장, 2024.5.29~8.11, 10연
〈세종, 1446〉: 김선미 작, 임세영·김은영 곡, 김은영 연출, 국립중앙박물관 극장 용, 2019.10. 5~12.1 재연.
10 기념 뮤지컬의 대상 변화에 대한 상세 사항은 정명문, 「기념 뮤지컬과 독립운동의 기억」, 『공연문화연구』 43, 한국공연문화학회, 2021 참조.
11 노스럽 프라이, 『비평의 해부』, 임철규 역, 한길사, 2009 참조. 오주은, 「전기 뮤지컬

맞도록 시공간을 한정하고 2~3인의 인물로 압축하여 규모를 줄였다. 여기에 일상적인 인물의 감성에 공감하는 관람객들의 지지를 얻으면서 기획사별 주요 레퍼토리가 되었다.[12]

2015년 페미니즘 리부트[13] 이후 전기 뮤지컬은 다양한 여성을 호출하면서

___

의 극작술 연구」, 원광대학교 석사학위 논문, 2018, 23~25쪽.

12　전기 뮤지컬의 작품별 상세 정보는 다음과 같다.

작품	창작진	극장	일시	시대	직업
빈센트 반 고흐	최유선 작 선우정아 곡 김규종 연출	인터파크 서경스퀘어 스콘 1관	2014.2.22~4.27 2024.9.7~12.1(6연)	1853~1890	화가
살리에르	정민아 작 이진욱 곡 김규종 연출	세종문화회관 M씨어터	2014.7.22~8.31 2024.7.11~9.21(3연)	1750~1825	작곡가
라흐마니노프	김유현 작 이신욱 · 김보람 곡 오세혁 연출	국립중앙박물관 용	2016.7.21~8.25 2023.4.1~4.22(5연)	1873~1943	작곡가
루드윅 : 베토벤 더 피아노	추정화 작 허수현 곡	예스24 스테이지 1관	2018.11.27~2019.1.27 2022.12.20~2023.3.12 (4연)	1770~1827	작곡가
안나, 차이코프스키	오세혁 작, 이진욱 곡, 황두수 연출	유니플렉스 1관	2022.9.3~10.30	1840~1893	작곡가
랭보	윤희경 작, 민찬홍 곡, 성종완 연출	대학로 TOM 1관	2018.10.23~2019.1.13. 2025.2.19~5.18 (5연)	1854~1891	시인
모딜리아니 에곤실레	백혜빈 작, 문동혁 곡, 정찬수 연출	서경대학교 공연예술센터 SKON 2관	2022.9.14~12.4 2023.12.09~3.10(재연)	1884~1920 1890~1918	화가
니진스키	김정민 작, 성찬경 곡	예스24 아트원 1관	2019.5.28~8.19 2025.3.25~6.15(3연)	1890~1950	발레리노
디아길레프	김정민 작, 성찬경 곡	예스24 아트원 1관	2022.2.23~5.15 2024.3.19~6.9(재연)	1872~1929	프로듀서
와일드 그레이	이지현 작 이범재 곡	링크아트센터 벅스홀	2021.6.3~8.29 2025.5.21~8.17(3연)	1854~1900	작가

13　기존 문화운동과 2015년 사이의 단절과 접속을 규정하기 위한 용어이다. 손희정,

이전에 그려진 여성과 다른 접근이 확인된다. 주인공은 변동하는 시기에 활
동했던 작가, 시인, 평론가, 화가, 연예인, 사회운동가, 과학자, 변호사, 기
자처럼 전문 직업인이었다.[14]

이 작품들은 균형이 깨진 시대에 살던 인물들이 혐오 혹은 낙인으로 인

『페미니즘 리부트』, 나무연필, 2017, 47쪽.

14 여성 전기 뮤지컬의 작품별 상세 정보는 다음과 같다.

작품	창작진	극장	일시	시대	직업
아가사	한지안 작 허수현 곡 김지호 연출	링크아트센터 페이코홀	2013.12.31~2014.4.27 2023.12.7~2024.3.3 (4연)	1890~1976	작가
난설	옥경선 작 다미로 곡 이기쁨 연출	예스24 스테이지 2관	2019.7.13~8.25 2024.3.12~6.2(3연)	1563~1589	작가
메리 셸리	박해림 작 이성준 곡 오루피나 연출	동덕여대 공연예술센터 코튼홀	2021.8.7~10.31 2023.12.25~2024.3.17. (재연)	1797~1851	작가
실비아, 살다	조윤지 작 · 연출 김승민 곡	TOM 2관	2022.7.12~8.28 2023.2.11~4.16(재연)	1932~1963	작가
브론테	성재현 작 양지해 곡 조민영 연출	드림아트센터 드림1관	2022.9.4~11.13 2024.3.4~6.2(재연)	1818~1848	작가
버지니아 울프	권승연 작 · 작곡 호승의 연출	충무아트센터 중극장블랙	2024.4.23~7.14	1882~1941	작가
프리다	추정화 작 · 연출 허수현 곡	코엑스 신한카드 아티움	2022.3.1~5.29 2025.6.17~9.7(3연)	1907~1954	화가
시스터즈	전수양 · 박칼린 작 박칼린 연출	홍익대 아트센터 대극장	2023.9.3~11.12	1890~1950	가수
헬렌앤미	최현미 작 · 연출, 박기태 곡	예스24 스테이지 3관	2018.11.9~10 2019.3.9~4.7(3연)	1880~1968	사회 운동
마리 퀴리	천세은 작 최종윤 곡 김태형 연출	홍익대 아트센터 대극장	2020.2.7~3.29 2023.11.24~2024.2.18 (3연)	1867~1934	과학자
백인당 태영	장우성 작 이선영 곡 박소영 연출	우란2경	2023.5.19~6.18	1914~1998	변호사

해 억압받았던 상황을 조망한다. 이 문제의식은 대학 운동권의 활동[15] 및 아이돌 팬덤들의 자생적 움직임[16] 등 혐오 교정과 도덕적 실천에 대한 당대 요청과 맞물리며 공감을 얻었고, 레퍼토리로 빠르게 정착될 수 있었던 배경이 되었다.

뮤지컬 작품에서 여성 서사 변모는 오래되지 않았기에 이를 주목한 연구 역사는 길지 않고 수도 적다. 이 분야의 연구들은 역사 뮤지컬의 관점에서 한국적 콘텐츠로는 관심을 끌었지만, 민족주의적 모성과 여성상으로 반복 생산된 한계를 지적하거나 실존 인물이 아닌 작품을 중심으로 여성 캐릭터의 주체성을 논의하였다.[17] 즉 여성 전기 뮤지컬에서 확인되는 기법, 인물 변화와 의미 부여는 시작 단계라 하겠다.

여성 전기 뮤지컬은 역사 뮤지컬에서 출발하였지만, 인물 구현부터 시대

넬리 블라이	김민성 작 박성윤 곡 변재중 연출	SH아트홀	2025.1.24~2.16	1864~1922	기자

15 성폭력 특별법 제정, 호주제 폐지, 안티 미스코리아 운동 등이 대표적이다. 윤지영, 「페미니즘 지각변동 : 새로운 사유의 터, 페미니즘 대립각들」, 『문화와 사회』 27(1), 한국문화사회학회, 2019, 13쪽.

16 여성 혐오적 발언에 대한 공론화 및 교정 요청, 정치적 올바름에 대한 도덕과 윤리의식 요청 등이 대표적이다. 양인화, 「페미니즘 리부트 이후의 한국 아이돌팬의 문화 실천기록」, 『문화 · 경영 · 기술』 1(1), 아시아문화콘텐츠 연구소, 2021. 23쪽.

17 현수정, 「뮤지컬에 등장하는 문제적 어머니들의 억압과 전복」, 『한국연극학』 67, 한국연극학회, 2018; 최연실, 「한국 역사 뮤지컬 여성 캐릭터의 변화—모성을 중심으로」, 홍익대학교 석사학위 논문, 2019; 이지은, 「국내 뮤지컬에 재현된 여성의 주체성 연구 : 뮤지컬 〈레드북〉을 중심으로」, 홍익대학교 석사학위 논문, 2020; 송현정, 「서사구조분석과 기호학적 모형 적용을 통한 창작 뮤지컬 여성 캐릭터 연구」, 중앙대학교 석사학위 논문, 2023.

적 한계에 대응하는 방식까지 확실한 변화가 있다. 특히 주인공은 전통적인 어머니에서 본인의 재능과 관심을 표출하는 인물로 형상화된다. 이를 재능 혹은 직업으로 확인하면, 작가 혹은 예술가(아가사 크리스티, 브론테 자매, 실비아 플라스, 프리다 칼로, 허난설헌, 이난영 외) 다시쓰기의 방식으로 호출된 위인(헬렌 켈러, 마리 퀴리) 그리고 최초의 여성 변호사, 기자와 같은 전문직(이태영, 넬리 블라이)으로 분류된다. 이 중 〈아가사〉 〈헬렌앤미〉 〈백인당 태영〉은 뮤지컬 기법(컨셉)과 캐릭터의 갈등 해결 과정에서 대표성을 가지며, 반복 공연되어 대중성도 검증되었던 작품이다.

이 글은 위 작품들을 중심으로 뮤지컬 컨셉과 넘버를 연계하고, 주인공 신념에 대치되는 외부 압박과 문제 해결 과정을 확인한다. 이를 통해 주제의식 및 동시대적 의미를 논의하고자 한다. 이 과정이 차후 뮤지컬 장르와 관객의 동시대성을 이해하는 작업에 도움이 되리라 기대한다.

2. 컨셉 연계와 자기 극복 의지

스티븐 시트론은 전기 뮤지컬에서 필요한 사항으로 공연이 올려지는 당시 대중들의 생각에 가까운 주제와 컨셉을 가진 각색을 지적한 바 있다.[18] 작품이 제시하는 아이디이기 중심인 뮤지컬을 컨셉 뮤지컬이라고 한다.[19] 여성 전기 뮤지컬에서도 주인공이 처한 문제 상황을 컨셉과 기법으로 연결하여 인물 형상과 플롯을 일치시키려는 시도를 확인할 수 있다.

〈아가사〉는 아가사 크리스티의 실종 사건을 파헤치는 스릴러 뮤지컬로

---

18 스티븐 시트론, 앞의 책, 125쪽.
19 박병성, 『뮤지컬 탐독』, 마인드빌딩, 2019, 156쪽.

제작되었다. 스릴러는 범죄수사물, 모험·괴기물 등 서스펜스를 기반으로 하며, 재능 있는 인물이 사건을 해결하는 방식으로 진행된다.[20] 스릴러 뮤지컬은 사건을 쫓는 과정에서 긴장감과 흥미를 유발하고 감정적 진폭을 크게 만들기에 국내에서 꾸준히 선호되는 장르라 할 수 있다.[21]

아가사 크리스티(1890~1976)는 웨스트엔드에서 최장 기간 공연이 올라간 〈박쥐〉의 원작을 비롯하여 80여 권의 추리소설 작가로 세계에서 가장 많이 책이 팔렸고, 기사 작위까지 받은 인물이다.[22] 〈아가사〉는 추리소설 작가인 아가사가 자주 사용한 트릭과 반전을 활용하여, 진행의 중심을 이성적인 여성으로 조정하였다. 또한 사건 규명 과정에서 가해자와 피해자의 면모를 드러내 재능 있는 여성의 현실적인 고민과 해결책으로 접근하였다.

〈아가사〉는 2013년 아시아브릿지컨텐츠에서 소극장 작품으로 개발된 후, 리바이벌 작품으로 지원받았고, 제작사가 변경되었음에도 규모를 확장하여 네 번째 공연될 정도로 인기를 끌었다. 공연예술 유통 지원 협력사업으로도 선정되어 공주, 군포, 고양, 군산에서 공연되기도 하였다.[23] 비(非)대

---

20 스릴러 뮤지컬로 〈지킬 앤 하이드〉〈잭 더 리퍼〉〈레베카〉〈스위니 토드〉〈프랑켄슈타인〉〈셜록 홈즈〉〈블랙메리포핀스〉 등을 들 수 있다.

21 박병성, 「한여름 더위를 식혀줄 스릴러 뮤지컬」, 『더뮤지컬』 130, 예스이십사(주), 2014.8.17. https://ch.yes24.com/article/details/71554(검색일 : 2025.5.22)

22 아가사 크리스티는 1921년부터 1976년까지 매년 최소 한편씩 작품 활동을 했다. 1971년 추리소설가로서 공훈을 인정받아 여왕으로부터 기사 작위를 받고 데임(DAME) 아가사가 되었다. 1926년 12월 아가사는 실종과 해리성 기억상실을 겪었고, 그에 관해 본인은 끝까지 함구했다. 위 사건은 신문, 영화, 드라마 등에서 여러 가설로 다루어졌다. 아가사 크리스티 공식 홈페이지, https://www.agathachristie.com/about-christie#discover-more(검색일 : 2025.1.10)

23 PLAY DB '아가사', https://m.playdb.co.kr/Play/Detail/56439. 나인스토리, 「10주년 맞은 뮤지컬 아가사」, 『더뮤지컬』, 예스이십사(주), 2023.10.24. https://www.

학로에서 출발한 이 작품은 창작 뮤지컬이 여럿 올라가는 대학로에서 안정적인 관객 동원을 입증한 뒤, 지역 관객도 흡수하며 폭넓은 대중성을 증빙한 사례가 되었다.

아가사는 남편 아치볼드, 편집장 뉴먼, 기자 폴, 하녀 베스, 옆집 소년 레이몬드를 티파티에 초대한 날 갑자기 사라진다. 며칠 뒤 멀리 떨어진 호텔에서 아가사는 깨어나며, 로이란 인물이 자동차 사고로 정신을 잃은 그녀를 도왔다고 한다. 뮤지컬은 아가사 크리스티의 실제 실종 사건과 레이몬드가 쓴 가상의 소설 『미궁 속의 티타임』을 연결하여 아가사가 받은 평가와 시선을 조망할 수 있도록 구성하였다.

사람들　다들 소문 들었어요? 아가사 크리스티요?
　　　　우울한 여자죠. 이번 소설 봤어요? 엉망진창이던데.
　　　　소재 고갈이에요. 추리소설의 여왕? 반칙의 여왕이겠죠.
　　　　어린 딸을 버리고 매정하게 도망쳤잖아요.
　　　　그 여잔 이제 완전히 끝났어요.
　　　　그 여자, 더 유명해지고 싶으면,
　　　　차라리 시체로 발견되는 게 더 나을걸요?[24]
목소리　여자가 추리소설을 쓰다니, 하루 종일 상상만 하겠죠,
　　　　혹시 알아요, 진짜 죽여봤을지, 정말 무서운 여자야.
　　　　근데 묘사가 시시해, 좀 더 잔혹해야 볼 맛이 나지[25]

인용 부분처럼 아가사가 활동 당시 받았던 평가는 극단적이었다. 당대 추

---

themusical.co.kr/News/Detail?num=13838(검색일 : 2024.12.30)
24　넘버13 '화려한 가면', 〈아가사〉 OST, 2021.
25　넘버5, '꿈속으로', 〈아가사〉 OST, 2021.

리소설은 흥미 위주의 나열식으로 진행되었지만, 아가사는 범인을 찾는 퍼즐 풀이와 독자를 집중하게 하는 기법을 도입하여 인기를 끌었다.[26] 그녀는 1920년부터 1972년까지 장편 66편, 단편 20편에 달할 정도로 원고를 썼다. 하지만 추리소설 작가로 알려질수록 장르 법칙, 소재 차원에서 비판받거나,[27] 개인적 상황까지 평가받았다. 특히 추리소설이란 장르적 특징과 개인의 성격을 동일시하는 불편한 시선을 받았으며, 자식을 잘 돌보지 않는 나쁜 어머니[28]라는 낙인도 받았다.

〈아가사〉는 스릴러의 분위기와 변화하는 인물들의 감정들을 넘버로 반영하였다. 1막 넘버들은 정보, 인물, 상황 등이 주로 나타나며, 2막에서는 고통의 감정을 분출하는 방식으로 구성되어 있다. 독창 넘버의 경우 코러스가 기본 멜로디와 불일치하고, 그 소리를 점점 키워 외부에서 아가사가 공격받는 상황을 효율직으로 드러냈다.[29]

> **경감** 이해관계는 어떻습니까. 즉, 아가사가 사라지면 누가 이득을 보게
> 될까요. (중략)
>
> **아치볼드** 책의 판매가 다섯 배나 늘었어.

---

26 윤미화, 「추리소설의 현대적 변용 연구」, 건국대학교 박사학위 논문, 2005, 32쪽 참조.

27 추리소설의 법칙으로 유명한 것은 녹스의 "Knox's Ten Commandments"(1928)와 반 다인의 "Twenty rules for writing detective stories"(『아메리칸 매거진』, 1928)이다. 이 규칙은 추리소설 장르의 코드를 확산시켰고, 비판의 기준이 되었다. 아가사 크리스티 작품 속 범인은 예외의 인물, 우연한 탐정 등과 같은 방식으로 위 규칙을 지키지 않아 반칙의 작가로 지칭되었다. 위의 논문, 53쪽 참조.

28 엘리자베트 바탱테르, 『만들어진 모성』, 심성은 역, 동녘, 2009, 236쪽.

29 〈아가사〉의 작품 넘버와 시공간, 가창 상세 사항은 다음과 같다.

막	시간 장소	넘버 제목	가창자	곡 역할

뉴먼	오래된 하녀는 유산을 상속받지.
베스	당신은 끊임없이 특종을 잡지.
폴	부인이 없으니 딴생각하기 좋지.[30]

아가사와 일상을 공유하는 인물들(남편, 하녀, 편집장)은 그녀의 자산과 명성으로 편한 삶을 유지할 수 있었다. 하지만 남편은 바람을 피웠고, 하녀 베

ACT 1	프롤로그	1. 악몽	레이몬드, 사람들	테마
	현재―60번째 출판 파티	2. 죽음의 공작부인	아가사, 레이몬드, 사람들	인물/상황
	파티/과거	3. 핏빛 홍차	레이몬드, 아가사, 사람들	상황
	1926년	4. 그녀의 실종	폴, 베스, 뉴먼, 아치볼드, 레이몬드, 사람들	소개/상황
	호텔	5. 꿈속으로	아가사	감정
	저택	6. 공조수사	폴, 뉴먼, 레이몬드	상황
	실종 직전	7. 미궁―라비린토스	아가사, 레이몬드	상황
	호텔	8. 끝없는 밤	로이, 아가사	감정
	저택	9. 클로즈드 서클	경감, 폴, 아치볼드, 베스, 뉴먼	상황
	호텔	10. 독	아가사, 로이	정보
	저택/호텔	11. 처음 봤을 때	아치볼드, 낸시, 아가사, 로이	감정
	저택	12. 아름다운 나비	베스	감정
	호텔	13. 화려한 가면	아가사, 로이, 레이몬드, 사람들	상황/감정
ACT 2	저택	14. 어디 있을까	레이몬드, 경감, 폴, 뉴먼, 아치볼드, 베스	배경
	호텔	15. 잔혹한 소설(독 Vari)	아가사, 로이	상황/감정
	저택	16. 라비린토스 Vari	레이본드, 경삼, 폴, 뉴민, 이치볼드, 베스	상황
	호텔	17. 네 안의 독	로이	감정
	저택	18. 낡은 악몽	레이몬드, 아가사, 사람들	상황/감정
	호텔	19. 널 죽이고 싶어	아가사, 로이, 레이몬드	감정
	호텔	20. 독 vari	로이, 레이몬드, 아가사, 목소리들	감정
	저택	21. 작은 괴물	레이몬드	감정
	호텔	22. 악몽의 끝(핏빛 홍차 vari)	로이, 아가사	감정
	호텔	23. 널 죽이고 싶어 vari	아가사, 로이	감정
	에필로그	24. 붉은 실	아가사	의지

[30] 넘버9 '클로즈드 서클', 〈아가사〉 OST, 2021.

스는 아가사에게 수면제를 먹여 집안 상황을 은폐하였으며, 아이디어는 자꾸 표절되었다. 심지어 아가사의 실종은 주변인들에게 유산, 특종, 책 판매, 다른 여자 등 추가 이익을 누릴 수 있는 사유가 된다. 이렇게 1막은 실종 직전 아가사가 자신의 업적에 따라오는 시선과 주변 인물들의 배신에 심적인 고통을 겪고 있는 상황들을 차근히 보여주어 관객들이 그녀의 심리에 몰입하고 공감할 수 있도록 구성된다.

뮤지컬의 2막은 1막의 결과이기에 다음을 예측하고 지켜보는 재미를 주어야 한다.[31] 작가 한지안은 아가사의 추리소설 구성과 로맨스소설 패턴을 조합하여 뮤지컬의 흥미를 더할 수 있게 되었다고 한다. 아가사의 추리소설은 잔혹한 사건 이후 주변 사람이 용의선상에 오르고, 인간관계와 동기를 통해 악인이 심판받는 방식이다. 또한 아가사가 필명으로 쓴 로맨스소설은 고초를 겪은 여인이 혼사 여행을 갔다가 자신을 이해하는 이를 만나 일상으로 복귀하는 패턴을 보인다.[32] 〈아가사〉 2막은 아가사 내부에 침잠되어 있던 고통 즉 어린 시절부터 타인의 시선과 평가에 상처받았던 내면을 직접 드러내고, 로이란 인물에게 그 감정을 지지받는 듀엣곡을 다수 배치하였다.

로이	매일 밤 독을 쥐고 상상해
아가사	그들이 나만큼 우는 모습을/ 온몸이 타는 모습을
아가사	누군가를 죽이고 싶은 마음이 사람을 얼마나 갉아먹는지 알아요?
로이	그러다 스스로를 죽이는 이들이 얼마나 많은지
아가사	누군가 죽어야 한다면 그건

31　스티븐 시트론, 앞의 책, 201쪽.
32　한지안 전화 인터뷰, 2022.6.13.

타인에게 고통을 준 쪽이어야 하지 않을까?

그게 정의 아닌가?

로이　　그래요. 죄를 지은 인간들은 대가를 치러야 해요.[33]

로이는 아가사의 이야기를 들어주되, 그녀의 생각과 감정이 유사함을 알리면서 공감대를 형성한다. 예를 들어 1막에서 넘버10은 로이와 아가사가 '독'이란 주제에 관심이 통한다는 것을 보여준다. 이후 2막에서 유사한 멜로디와 후렴구를 가진 넘버15 '잔혹한 소설'은 피해자와 가해자의 구도로 상황을 해석할 필요가 있음을 드러낸다. 독을 원했던 이들은 피해자였고, 문제의 원인은 '타인에게 고통을 준 이' 즉 가해자이다. 로이는 가해자가 고통받길 바라는 피해자의 마음이 부당하지 않음을 지지한다. 사실 피해자 사례는 아가사의 과거였고, 자신의 도덕성에 이중으로 죄책감을 가졌던 아가사는 로이의 지지로 마음의 부담을 덜게 된다. 넘버20에서 이 멜로디는 다시 활용되어 복잡한 감정 변화를 드러낸다. 이처럼 리프라이즈된 넘버는 인물의 감정 흐름을 반영하여 관객들이 그 변화에 동의할 수 있도록 제시되어 있다.

뮤지컬에서 로이는 남성이 역할을 맡는다. 그로 인해 초연에서는 아가사와 로이가 로맨틱한 관계로 해석되기도 했다. 하지만 로이는 실제 인물이 아닌 아가사의 살인 충동을 형상화한 것이다. 즉 그녀와 소통하고 공감하는 유일한 존재이며, 그녀와 분리할 수 없는 '이중 자아'이다.[34] 뮤지컬은 여러

33　넘버15 '잔혹한 소설', 〈아가사〉 OST, 2021.

34　〈지킬 앤 하이드〉, 〈잭 더 리퍼〉와 같은 이중 자아를 내세운 작품들은 주인공이 이성과 욕망의 충돌과정에서 괴물 자아를 제거하고 결국 자신도 소멸되는 결말을 보였다. 정명문, 「욕망과 괴물 사이에서 균형잡기」, 『한국희곡』 53, 한국희곡작가협회,

시즌을 거치면서 로이의 역할을 감정적 지지자로 정착시켰고, 관객들도 아가사의 분노가 정당함에 동의하면서, 지지자의 필요성에 집중하게 되었다. 작품 속 아가사는 자기 안의 괴물(살인 충동)을 인정하고 이를 집필에 활용하면서 고민을 해결하게 된다. 실제 아가사 크리스티가 추리소설 작가로 인정받은 이유는 창작 활동을 지속했던 성실함과 역량 때문이었다. 이렇게 〈아가사〉는 스릴러 컨셉으로 인물의 실제와 가상을 적절히 연결하여 설득적 구도를 제시한다.

〈아가사〉는 가상의 소설과 인물, 아가사의 내면에 상상력을 더해 관객들이 단서를 맞춰가는 추리물의 외형을 가진 자아 탐색 목적극이다. 특히 아가사가 작가로 느꼈던 고통과 '살인'의 집필 원인을 재구성하여 그녀의 내면을 살폈다. 이 작품은 정의로운 관점을 가진 인물이 자신의 삶에서 함정을 마주했을 때 가질 수 있는 감정적 기복과 고통[35] 그리고 해결책을 인물 관계, 음악, 무대로 구축하였다. 특히 뮤지컬 넘버는 극적인 순간 인물의 의지와 감정을 효과적으로 전달하는 데 적합하게 구성되어 관객들의 몰입을 도왔다.

〈아가사〉는 여성 추리소설 작가를 바라보는 이중 기준을 고발하고, 가해자를 향한 분노 표출이 정당함을 보여준다. 그녀의 부정적 감정을 고스란히 이해해준 로이는 가상의 존재였지만 관객들은 이를 문제 삼지 않았다. 이는 작품이 누구나 정체성의 위기를 겪을 수 있고, 스스로 문제를 해결해야 한다는 전제에 공감할 수 있도록 구성되었기 때문이었다.

뮤지컬 〈아가사〉는 스릴러 컨셉과 드라마틱한 넘버로 주인공이 직면한

2014. 273쪽.

35 한지안 전화 인터뷰, 2022.6.13.

고민과 해결책을 연계하였다. 아가사는 자신을 괴롭히던 이들에게 직접적인 복수 대신 글로 자신의 감정을 정화하였다. 아가사 크리스티는 동시대 추리소설가 중 가장 오랜 기간 활동하고 기억에 남는 작가였다. 뮤지컬은 작가 아가사 크리스티가 추리소설에서 잘 사용한 트릭과 반전을 활용하여 범죄수사물의 주인공을 이성적인 여성으로 변화시켰다. 그리고 과거 재능 있는 인물을 가해자와 피해자의 구도 아래 소환하여 과거의 고민이 동시대에도 지속되고 있음을 보여준다. 이를 통해 재능 있는 인물에 대한 이해가 부족한 시대, 그들이 받았던 불필요한 시선, 그리고 자기 극복이란 해결 방식을 메시지화한다. 이처럼 〈아가사〉는 뮤지컬 기법, 인물의 문제 해결, 메시지의 방향성을 확인했을 때, 재능 있는 여성의 현실적인 고민과 해결책을 제시하여 동시대적인 공감대를 형성하였고, 이후 유사한 주제의 레퍼토리가 확장할 수 있는 토대가 되었다는 점에서 의의를 찾을 수 있다.

3. 당사자성 반영과 비주류의 연대

위인전은 위인으로 지목되는 인물이 살았던 시대와 공간, 인간관계와 직업적 성취를 위한 여정이 담기며, 주로 아동·청소년을 대상으로 한 전집으로 출판된다. 위인으로 선정된 인물의 가치관은 삶의 지침을 드러낸다는 점에서 교육적으로 적극 활용된다.[36] 즉 위인으로 합의된 인물은 출판 당대의 이상적인 기준을 담고 있다고 할 수 있다.

위인 전집에 수록된 80여 명 중 성비를 확인해보면 남성이 압도적으로 많

---

36 정민자·윤경원, 「아동·청소년을 대상으로 한 위인의 최근 동향 분석」, 『학습자중심교과교육연구』 16(11), 학습자중심교과교육학회, 2016, 1312쪽.

다.[37] 여성 위인의 경우 남성에 비해 견고한 사회적 기준에 맞춰 제시되었
다. 1922년에 발간된『세계명부전(世界名婦傳)』에 실린 25명의 여성을 보면
어머니, 아내, 직업여성, 구국의 여성으로 분류된다. 이 분류는 현모양처 서
사에 입각한 것으로 가정·국가·사회라는 조직에 기여한 기능적 인물로
서술된 것을 알 수 있다. 심지어 잔다르크나 롤랑 부인처럼 혁명에 가담한
인물조차 여성다움이 강조되었다.[38]

국내에서 헬렌 켈러는 시청각 장애를 극복한 유년기를 토대로 '인간 승리
모델'로 반복 학습되었다.[39] 헬렌 켈러가 1937년 한국에 방문한 이후 한국문
학 장에 그간 없었던 장애인 자서전으로 등장했다는 점에서 계몽적인 의도
를 확인할 수 있다.[40]

뮤지컬 〈헬렌앤미〉은 헬렌 켈러와 그녀의 선생님인 앤 설리번이 소통을
위해 노력했던 과정과 성인 이후의 삶을 그려낸다. 뮤지컬 컨셉은 헬렌 켈
러와 앤 설리번 두 사람이 보드빌 극장에서 자신들의 삶을 공연하는 과정이

---

37 1980년대 전집화된 인물을 순위별로 나열하면, 한국 쪽에서는 이순신, 세종대왕, 유
관순, 주몽, 장보고이고, 서양 쪽으로는 에디슨, 아인슈타인, 베토벤, 나폴레옹, 노
벨, 링컨이 확인된다. 이중 여성 인물은 유관순이 유일하다.

38 김성연,「식민지 시기 번역 여성 전기『世界名婦傳』연구」,『여성문학연구』24, 한국
여성문학회, 2010, 163쪽.

39 헬렌 애덤스 켈러(1880~1968). 미국에서 인문계 학사를 받은 최초의 시청각장애
인. 언어적 문제를 앤 설리번 선생과 함께 극복한 유년 시절을 다룬 영화 〈미라클 워
커〉(1962)로 유명해졌다. 작가, 수필가 외에 사회당에 입당하여 정치, 사회참여 운동
을 했다. 대통령 자유훈장(1964) 외 여러 상을 수여받았다. 맥스 월리스,『헬렌 켈러
—기적에 가려진 사회운동가의 정치역정』, 정상미 역, 아르테, 2024.

40 김성연,「근대의 기적 서사 〈헬렌 켈러 자서전〉의 식민지 조선 수용」,『사이間SAI』
13, 국제한국문학문화학회, 2012, 77쪽.

다.[41] 전체 구성은 헬렌 켈러와 애니의 생애적 변화를 다섯 개의 파트로 구획한 뒤 헬렌의 삶을 한 축으로, 그리고 애니의 위기와 극복을 또 다른 축으로 제시한다. 21개의 넘버에도 헬렌 켈러의 특성을 담기 위해 고안된 부분들이 적지 않다.

이 작품은 2017년 시각 장애인과 협업한 단막극 〈춤추는 헬렌 켈러〉 2018년 뮤지컬 〈헬렌 그리고 나〉 2019년 대학로에서 〈헬렌앤미〉로 이름을 바꾸며 극을 확장시켰다. 창작자들은 보드빌 공연이란 틀은 유지하되, 극의 길이와 넘버 수를 늘려 헬렌과 애니(극에서 앤 설리번은 애니란 애칭으로 지칭된다)의 분량을 비슷하게 조정하였다.[42] 2021년 배리어프리(Barrier-Free)[43]로 수정된 이후 대구, 안산, 고양, 제주, 부산, 김포, 수원, 충북 등의 공연장에서 꾸준히 올라가면서 다양한 관객들과 소통하고 있는 작품이기도 하다.[44]

국내에서 배리어프리 공연은 지속 가능한 공연예술을 위한 성찰에서 출

---

41 김소원, 「Interview 헬렌 켈러와 앤 설리번의 삶이 건네는 말—'헬렌앤미' 최현미작/연출」, 『아트인사이트』 2023.9.12. https://www.artinsight.co.kr/news/view.php?no=66650(검색일 2024.12.20)

42 최현미 전화 인터뷰, 2022.6.22.

43 배리어프리(Barrier-Free)는 1978년 UN의 장애인 생활환경 회의에서 처음 사용한 용어로 물리적, 제도적, 심리적 장벽을 포함하여 사회적 약자에 대한 차별과 편견을 없애는 운동으로 확대 사용되고 있다. 임만택·박경갑, 「국내외 배리어프리화의 특성에 관한 비교연구」, 『대한건축학회연합논문집』 3(1), 대한건축학회연합회, 2001, 23쪽.

44 PLAY DB '헬렌앤미', http://www.playdb.co.kr/playdb/PlaydbDetail.asp?sReqPlayNo=138798.
예술경영지원센터, 2023 공연유통협력지원 최종 선정작, https://www.gokams.or.kr/01_news/notice_view.aspx?Idx=3404&page=53&rxtKeyword=&ddlKeyfield=T(검색일 2024.12.20)

발하였으며 장애인을 대상으로 관객 개발과 환경 개선이 반영된 공연을 지칭한다. 주로 국공립 단체와 한국문화예술위원회 지원을 받은 작품들에서 제작이 늘어나고 있으며, 제작 매뉴얼처럼 구체적 기준도 마련되고 있다.[45] 배리어프리 방법은 무대와 객석의 구조, 관객 동선, 무대 지문 들려주기, 배우를 통한 대사 전달, 캐스팅 단계로 점차 확장되고 있다.[46]

〈헬렌앤미〉는 헬렌 켈러와 애니의 장애적 특성을 배리어프리로 전달하고자 했다. 이를 위해 뮤지컬 구성과 관객 접근성 즉 작품 내외부의 변화를 찾을 수 있다. 2021년 이후 음성 해설, LED 자막, 점자 리플릿 제공 외에 수어 통역자의 무대 출연이 진행되고 있다. 이때 배우와 수어 통역자의 동시 출연은 비장애 관객 관람을 방해하지 않으면서 미적 체험이 가능할 수 있도록 연출되었다.

Part 1은 헬렌이 애니를 만나기 전 가족을 포함한 누구와도 불통이었던 어린 시절로 구성되며, 헬렌의 감정을 드러내는 독창이 집중되어 있다. 그녀의 독창은 에코를 많이 활용하여 내면을 강조한다. Part 2는 외부에서 바라본 헬렌의 모습이 제시되기에 애니의 보고 편지, 퍼킨스 스쿨의 기대, 신문 기사 등 상황을 요약, 계획, 결과를 전달하는 넘버들로 구성된다. 이때 헬렌과 애니의 입술을 읽고 소통하는 극적인 장면은 넘버9 '인형'과 넘버10 '장난꾸러기 물'로 시각화하였다. 즉 〈헬렌앤미〉는 타인과 소통할 수 있는 계기와 두 사람이 동등한 위치가 되었음을 보여주는 장면에 듀엣곡을 넣어

---

45 한국예술종합학교 연극원, 『배리어프리 연극 제작 매뉴얼』, 한국예술종합학교, 2022.

46 나은하, 「배리어프리의 수행적 가능성」, 『현대영미드라마』 37(1), 한국현대영미드라마학회, 2024, 59쪽.

이들의 관계성을 뮤지컬적으로 제시한다.[47]

뮤지컬 넘버들은 헬렌 켈러와 앤 설리번의 전기, 에세이, 시를 적극 활용하되, 그들이 살던 시기의 시선과 감정을 지금도 공감할 수 있도록 구성하였다.[48] 또한 〈헬렌앤미〉는 헬렌 켈러의 적극적인 사회 참여가 시대적 모순에 대한 반발에서 출발한 행동이었음을 제시한다.

---

47 〈헬렌앤미〉의 넘버와 노래의 목적, 가창자 상세 사항은 다음과 같다.

막/ 공간	넘버 제목	가창자	목적
Part 1 헬렌 켈러의 생가	1 헬렌의 노래	모두	소개
	2 내 아가 헬렌	엄마	감정
	3 말도 안 돼	엄마, 아빠, 오빠, 의사	상황
	4 찰스 디킨스	찰스, 아빠, 엄마, 오빠	상황
	5 그 어둠 속에서	헬렌	감정
	6 앤 설리번의 교육 계획	애니	계획
	7 알고 싶어 그랬어	헬렌	감정
	8 첫 만남	헬렌	감정
	9 인형	애니, 헬렌, 여배우들	상황
Part 2 퍼킨스 스쿨	10 장난꾸러기 물	애니, 배우들	상황
	11 애너그노스의 설레발	교장	상황
	12 특종이 나타났다	독수리, 부사수, 교장, 교사들	상황
	13 생리통	사감, 교장, 독수리, 부사수	상황
	14 헬렌의 시대	합창	소개
Part 3 헬렌 켈러의 집	15 아빠의 장례식	애니	설명
	16 두 사람	독수리, 부사수, 교장, 사감, 사장	편견
	17 사회주의자	교장, 부사수, 사감, 사장, 헬렌	의견
	18 싸움	헬렌, 애니	의견
Part 4 턱스베리 빈민구호소	19 우리 애니는	소장, 매기, 토마스, 지미	상황
	20 상처가 나면 어때	헬렌	의견
Part 5 보드빌 극장	21 사흘만 볼 수 있다면	헬렌, 합창	메시지

48 공연이 시작되자마자 보드빌 배우들은 제일 먼저 헬렌 켈러의 저작을 언급한다. 헬렌 켈러는 자서진 『*The Story of My Life*』(1903), 『*The World I Live In*』(1908), 『어둠의 바깥』(1913), 『나의 종교는』(1927) 등 12권의 책 외에 신문 기사를 썼다.

여   장애인이 여성 투표를, 여자가 파업 지지를
           삼중 장애 헬렌 켈러가 사회운동 지지 선언을
           가만 보면은 놀라운 일이야
           장애인이 사회주의를, 여자가 전쟁 반대를
           보지 못하고 듣지 못하는 헬렌이 사회운동을
           가만 보면은 대단한 일이야

남   분명 뒤에서 누군가가 조종을 할 거야
           분명 뒤에서 누군가가 이용을 할 거야[49]

　위인전에서 헬렌은 장애를 딛고 대학에 합격한 모습만 부각되었지만, 뮤지컬은 헬렌이 받았던 사회적 시선과 불편함에 맞서는 모습까지 조망한다. 특히 헬렌의 공부 과정, 생리통, 설리번과 관계 등 사생활을 공격당했던 에피소드는 넘버14 '헬렌의 시대'에 분명하게 담기면서, 장애와 여성이란 이중 편견의 문제를 드러낸다. 언론이 자신을 주목한다는 점을 잘 알고 있던 헬렌은 노동자, 여성, 흑인 등 사회에서 배척받는 소수의 목소리를 대변하였으며, 사회변혁 운동을 이끌었다. 심지어 그녀는 사회당 입당과 사회 문제에 대한 발언으로 인해 평생 미국 연방수사국(FBI)으로부터 감시받았다고 한다.[50] 이렇게 〈헬렌앤미〉는 장애 관련 불평등과 편견이 헬렌이 살았던 과거부터 지금까지 지속적으로 있었고, 헬렌과 애니는 장애 당사자로 인식 개선에 노력했던 선구적 인물이었음을 명확히 짚는다.

---

49 넘버14 '헬렌의 시대' 〈헬렌앤미〉 대본, 2021.
50 김효진 · 백혜련, 「장애 위인전에 반영된 지배 이데올로기의 비판적 고찰」, 『장애의 재해석』, 한국장애인재단, 2015.

헬렌	상처는 남겠지. 넘어지고 부딪히다 보면
	하지만 한 번 넘어지면 다신 넘어지지 않아
	상처는 나의 자부심이야
	상처가 나면 어때. 흉터가 있으면 어때[51]

넘버20 '상처가 나면 어때'의 가사는 전적으로 헬렌의 수기를 바탕으로 한다. 몸에 상처와 흉터가 있어도 내 것이고, 넘어지면 다시 일어나면 된다. 여기에는 한번 경험하고 나면 이를 바탕으로 더 나아질 수 있다는 헬렌의 의지가 담겨 있다. 이처럼 〈헬렌앤미〉는 헬렌과 주변인의 소통 여부를 넘버로 구분할 수 있다. 헬렌의 감각과 궁금증, 의지는 대부분 독창으로 표현되었다. 이는 헬렌이 비장애인에 비해 반응만 느릴 뿐, 충분한 생각과 감각을 거쳐 행동하고 있었음을 뮤지컬 컨셉으로 제시한 것이라 하겠다.

헬렌	애니, 널 무조건 따를 수 없어
	날 네가 원하는 대로 빚으려 하지 마
	난 네게 달라붙은 그림자만은 아니야
애니	함께 결정하자는 것뿐[52]

애니와 헬렌은 사제지간 이상의 관계였다. 이들은 Part 3처럼 치열한 의견 대립 과정을 거쳤고, 작품 내 비중도 비슷하다. Part 4는 주립 요양원 내 턱스베리 빈민구호소에서 애니가 자랐던 과거를 보여준다. 넘버18 '우리 애니는'은 애니 본인도 장애가 있었지만, 노인과 장애인이 함께 서로에게 조

---

51 넘버20 '상처가 나면 어때' 〈헬렌앤미〉 대본, 2021.
52 넘버18 '싸움' 〈헬렌앤미〉 대본, 2021.

력자가 되는 경험을 그린다. 이처럼 뮤지컬은 애니가 헬렌과 동반자가 될 수 있었던 이유가 과거 경험으로부터 비롯된 것임을 넘버로 명확히 제시한다. 이를 통해 '당사자'는 소수자 외에 그들의 보호자, 돌봄 종사자 등 직접 관계된 사람으로 확장·구현할 수 있음[53]도 뮤지컬로 적절하게 드러낸다.

장애인이 무언가 할 수 없는 원인은 비장애인 중심의 차별과 억압에서 출발한다.[54] 헬렌은 다양한 보조를 통해 장애를 극복했지만, 매 순간 타인의 편견과 마주했다. 뮤지컬은 당대의 지배 이데올로기와 가치관에 맞선 헬렌과 애니의 시도를 조망하였다. 헬렌과 애니는 서로 도와가며 함께 인생을 개척했다. 상대를 존중하며 듣고 함께하는 헬렌과 애니의 태도는 같은 경험을 겪어본 이들끼리 감정을 공유하고 함께 문제에 맞서는 '연대'와 유사하다. 이 작품은 사회적 문제를 함께 대처하기 위해서는 제대로 된 이해로부터 출발해야 함을 형식과 내용으로 명확히 무대화하였다.

〈헬렌앤미〉는 위인의 가려진 서사를 재조망하였다. 이들은 장애를 가진 여성이란 이유로 주목과 차별 둘 다 받았다. 그래서 이들이 실천하는 행동가로 보드빌 무대에서 전파한 노력은 의미가 크다. 뮤지컬은 백 년 전 헬렌은 비주류였음을 드러내어 위인의 기준이 편향되어 있음을 재확인하고, 연대와 공감의 중요성을 재확인시켰다. 이렇게 위인에 대한 다시쓰기 방식은 인물이 좌충우돌하는 인간적인 면모를 통해 충고가 아닌 공감 그리고 문제 직시에 대한 힘을 드러낼 수 있었다. 이처럼 〈헬렌앤미〉는 대상과 표현에 대해 접근성 요소를 극적 효과로 고려하여 완성하였으며, 배리어프리를 도

---

53 김기란, 「당사자성의 무대 재현과 정동의 윤리」, 『드라마연구』 72, 한국드라마학회, 2024, 7쪽.
54 김도현, 『장애학의 도전』, 오월의 봄, 2019, 49~59쪽.

입하여 진행한 유일한 뮤지컬이자 다양한 지역에서 반복 공연되는 유의미한 성과를 가지고 있다.

4. 다큐 기법과 도덕적 실천

공연에서 기록, 증언, 영상, 사진 등 실제 기록을 활용하는 방식은 극적 구현에 대한 확장 가능성을 열어준다. 그 일련의 시도들은 현재 다큐멘터리 혹은 뉴 다큐멘터리 연극으로 정의되고 있다.[55] 2014년 세월호 참사 이후 한국 공연계에서 이 방식은 치유와 애도를 위해 확장되고 있다.

'목소리 프로젝트'에도 위 다큐멘터리 기법이 적용되었다. 이 프로젝트의 창작자는 장우석 극작, 이선영 작곡, 박소영 연출로 동일하다. 이들은 전태일, 마리안느·마가렛 수녀처럼 노동 운동, 한센병 간호에 영향력을 미쳤던 인물을 내세운다. 그리고 이들의 생각과 목소리가 담긴 수기, 일기, 인터뷰, 영상 등 말과 글의 형태로 남아 있는 실제 특성을 수집하였다.[56] 선한 영향력을 바탕으로 귀감이 될 수 있는 삶을 살았던 인물들을 무대로 복원하려는 취지[57]를 위해 선택한 표현 기법이라 할 수 있다. 창작자들은 다큐적 기법을 도입하면서 이 프로젝트를 음악극이란 명칭으로 지칭하고 있다.

---

55 다큐멘터리 및 뉴다큐멘터리 연극 상세 사항은 남지수, 「뉴다큐멘터리 연극 연구」, 동국대학교 박사학위논문, 2015. 참조.

56 목소리 프로젝트의 상세 정보는 다음과 같다.
〈태일〉: 장우성 작, 이선영 곡, 박소영 연출, 프로젝트박스 시야, 2018.6.6~6.18 초연/ 2025.5.14~7.20 대학로 TOM2, 5연.
〈섬〉: 장우성 작, 이선영 곡, 박소영 연출, 우란문화재단 우란2경, 2019.7.5 ~7.21 초연/ 2024.5.22~7.7 국립정농극상, 재언.

57 〈백인당 태영〉 공연 팜플렛.

<백인당 태영>은 우란문화재단 지원을 받아 비대학로에서 공연되었지만 전회 매진되었으며, 사회단체 등 다양한 계층에서 관람하는 등 화제성도 높았다.[58] 이 작품의 대상자는 한국 최초의 여성 변호사 이태영이다. 백인당이 호였던 그녀는 여성 인권 보호 활동을 꾸준히 했고 강연, 신문 기고, 저서, 대담 등을 통해 자신의 견해와 에피소드들을 남겼다. 이태영의 시각과 노력은 여성 인권 분야에 영향을 미쳤지만, 그 성과에 비해서 잘 알려지지 않았다. 즉 이태영도 기존 프로젝트에서 다룬 인물들과 동일 기준에서 선정되었음을 알 수 있다.

<백인당 태영>은 태영의 삶을 순차적으로 따라가되 전반부는 개성을 드러내는 일화 위주로, 후반부는 법률 개정을 위한 공적 행보로 구성한다. 특히 여성의 처지에 대한 문제의식은 에피소드 다음 배우가 극을 중단하고 관객에게 말을 기는 방식을 통해 세시된다.

> **서술자**　혹시 여러분은 백인당에 대해 들어본 적이 있을까요? 어쩌면 정치하는 정당 이름 같기도, 제과점 같기도 하고 생소하신 분들이 많을 텐데요. 오늘 소개해 드릴 고 이태영 변호사의 호가 바로 백인당입니다.

> **태영**　처음 보신 장면은 그가 최초로 세상을 향해 "나 이거 못 참아!"라고 외친 일천구백이십년, 일곱 살 웅변대회 때의 에피소드였습니다. 100년 전 이야기네요.[59]

58　우란 2경은 블랙 씨어터로 운영되기에 공연마다 좌석 변동이 있다. 단독 판매했던 인터파크의 좌석 배치에 따르면 <백인당 태영>은 100석으로 운영되었다. https://tickets.interpark.com/goods/23005639(검색일 : 2025.4.30)

59　<백인당 태영> 대본, 2023.

위 장면은 태영이 참여한 첫 웅변대회 뒤에 나온다. 일곱 살 어린이의 당돌한 의견을 연기한 배우는 캐릭터에서 빠져나와 관객과 인사하고, 이태영에 대해 알고 있는지 묻고, 배우 본인이 어떻게 알게 되었는지와 같은 이야기를 꺼낸다. 서사극처럼 이 '말 걸기'는 의도가 분명하다. 웅변이 이태영의 삶과 어떻게 연결되는지 지켜보길 요청하는 것이다.

이렇게 〈백인당 태영〉은 실존 인물의 삶에서 관객들이 몰입할 부분과 고민할 지점을 나누어 제시한다. 에피소드와 에피소드 사이에 표지판과 자막으로 시간의 흐름을 구분하고, 극중 인물의 독백과 같은 내레이션 등으로 부당한 지점에 대한 실천적 행동과 고민을 노출한다.

역사 뮤지컬의 경우, 중심인물 위주로 진행되기에 상대적으로 주변인은 드러나지 않게 된다. 이태영은 어린 시절부터 가부장적인 시각과 압박을 정확하게 파악했던 인물이었다. 그녀가 그 시선을 끝까지 유지할 수 있었던 이유는 의견을 경청하고 지원한 가족, 공부를 지속할 수 있도록 도와준 학우, 그녀와 함께 행동한 동료들이 있었기 때문이다. 〈백인당 태영〉은 이 부분을 주변 인물과 동시대 목소리를 담당한 서술자 역 배우를 통해 실제와 가깝게 제시한다. 서술자 역할 배우는 주변인의 목소리까지 대변하기에 한 장면에서도 다양한 발성으로 진행한다. 선생님은 '끝까지'란 단어에서 중간 음 '까'를 길게 발음하여 강조하고, 정일형은 '고맙습니다'란 단어에서 앞 음인 '고'를 늘여 발음한다. 태영 역 배우도 평안도 사투리에 높은 톤, 가벼운 어조, 빠른 속도 등의 특징을 살려 표현한다. 태영을 맡았던 배우 인터뷰에서도 '다큐멘터리' '사실 전달' '평안도 사투리'를 강조한 흔적을 찾을 수 있다.[60] 인물의 화법 특성을 살린 단어를 반복 노출한 버바팀(verbatim theatre) 기

---

60 안세영, 「인터뷰, 내가 만드는 길―〈백인당 태영〉 백은혜」, 『더뮤지컬』, 예스이십

법은 일상과 연결된 실제 상황이었음을 드러낸다. 이처럼 〈백인당 태영〉은 태영과 주변 인물의 목소리를 다큐 기법으로 살려, 주인공과 주변 모두의 상황을 객관적으로 판단할 수 있는 기반을 마련하였다.

이 작품에는 동요, 신민요, 민중가요, 창가, 교가, 군가, 행진곡 등 기존 형식을 차용하거나 창작한 곡들이 공존한다.[61] 특히 음악은 에피소드 안과 밖을 메타적으로 연결하는 도구로 적용된다.

사(주), 2023.7.7. https://www.themusical.co.kr/Magazine/Detail?num=5141(검색일 : 2025.6.6)

이지윤, 「한국 첫 여성 변호사 이태영의 삶, 다큐처럼 전할 것」, 『동아일보』 2023.5.26. https://www.donga.com/news/article/all/20230526/119487882/1(검색일 : 2025.6.6)

[61] 〈백인당 태영〉의 시공간, 넘버와 가창 상세 사항은 다음과 같다.

시공간	넘버 제목	종류	가창자	목적
1920년(7세) 산골마을 교회	0. Intro			배경
	1. 이건 못 참아 A	신민요	태영, 선생	감정
	1-1. 이건 못 참아 B	동요	태영, 서술자	상황
1926~29년(13~16세) 평안북도 태영의 집	2. 탱이 내 누이	신민요	태영, 태윤	상황
	3. 태선 언니	동요	태영	감정
1932~36년(19~23세) 서울 정동, 이화여전	3-1. 교가	교가	합창단	배경
	4. 세상은 변하고 있어	발라드	태영, 서술자	의지
1936년(23세) 대동강 신리교회	4-1. 신리 교회 정일형	BG	BG	배경
	4-2. 나란히	BG	BG	배경
1937~45년(23~31세) 서대문 냉천동 31번지	4-3. 결혼식	BG	BG	배경
	5. 밤차	민중가요	태영	감정
1945~6년(31~32세) 서울 서대문	6. 독립군가	군가	태영, 서술자(일형, 시험관, 김흥한,주문기)	상황
1946~51년(33~38세) 서울대학교 법과대학	6-1. 많이 드시라요	BG	BG	배경
	7. 열려라 참깨	동요/랩	서술자, 태영	의지
1952년(39세) 서울지방법원	8. 시기상조	발라드	태영	의지

태영은 대학을 두 번 졸업한 엘리트였고, 영향력 있는 정치 지도자의 아내였지만 편안한 삶을 택하지 않았다. 태영도 힘듦을 강조할 만한 상황들은 있었다. 예를 들어 일제 말기 남편 옥바라지와 생계를 위해 밤새 바느질한 뒤 기차 타고 물건 팔러 다니던 상황은 이태영이 강연과 수기에서 여러 번 강조했던 에피소드다. 〈백인당 태영〉은 이 장면을 눈물을 자아내는 방식으로 진행하지 않는다. 넘버5 '밤차'를 확인해보자.

> **태영**　무쇳덩이 굴러와 혹한의 밤을 찢는다
> 　　　서울행 경의선 야간열차
> 　　　휘청인 걸음의 여인은 찻칸에 올라
> 　　　삶의 현실 속으로 돌아간다[62]

이 곡은 민중 가요풍으로 구성되어 있다. 가사는 투쟁적이고, 단순한 멜로디는 반복 제시된다. 배우는 줄에 매달린 조명을 시계추처럼 한 번씩 움직이는데, 이는 기차의 움직임과 태영의 힘든 일과의 반복을 시각적으로 구현시킨 장면이기도 하다. 뮤지컬은 노래를 통해 긴장감이 도는 순간의 감정을 부추기고, 흥분을 제공할 수 있다. 슬픔, 유머, 증오, 기쁨 등의 강렬한 감정은 음악을 통해 증대되기 때문이다.[63] 그러나 〈백인당 태영〉의 넘버는

1952~56년(39~43세) 여성법률상담소 1957년(44세) 국회공청회	9. 오호 통재라	창가	김중렬, 유림	대립
	9-1. 줄탁동기		Scene Score	
1956~1989	10. 한 글자 한 걸음	발라드	태영, 서술자	상황
	11. 엔딩&커튼콜			

62　넘버5 '밤차' 〈백인당 태영〉 대본, 2023.
63　스티븐 시트론, 앞의 책, 237쪽.

배경과 상황 전달 비중이 더 크다. 즉 가족을 위한 무조건적인 희생과 애절함보다는 그녀의 주체적이고 투쟁적이었던 의지에 초점이 맞춰져 있다. 이처럼 〈백인당 태영〉 넘버는 태영의 상황을 객관적으로 보이기 위한 장치로 기능한다.

〈백인당 태영〉은 어린 시절부터 가진 문제의식, 법학 공부 과정, 변호사로 투쟁했던 시간으로 태영의 일대기를 구획하였다.

<blockquote>

함께   누구라도 그 처음은 시기상조
           눈을 감고 입 다물면 유유상종
           맞는 때란 언제인가 언제까지 기다릴까
           시기상조 아직 이르다고 시기상조 아직 멀다고[64]

</blockquote>

김중렬	암탉이 울면 집안이 망하지	유림	암울집방 시기상조
	호주제 폐지는 가족의 붕괴		호폐가붕 시기상조
	동성동본 결혼은 개나 그러더라		동결개그 시기상조
	우리 몸엔 우리 것이 좋은 법이다		우몸좋법 시기상조[65]

넘버8 '시기상조'는 태영이 고등고시 사법과에 최초로 합격했지만 법관 임명이 되지 않은 이유에 대한 그녀의 내적 고민을 드러낸다. 그리고 그녀는 변호사 사무실에서 여성들의 문제와 마주한다. 태영은 남편 외도, 가정폭력, 불합리한 이혼 등의 원인이 남존여비와 연결된 호주제임을 지적한다. 이처럼 태영은 본인과 다수가 부딪친 문제가 차별과 관련 있음을 공론화시켰지만, 이는 '시기상조'로 폄하된다. 넘버9 '오호통재라'는 1950년대와 맞

---

64 넘버8 '시기상조' 〈백인당 태영〉 대본, 2023.
65 넘버9 '오호통재라' 〈백인당 태영〉 대본, 2023.

지 않는 창가 형태의 파자놀이로 제시된다. 넘버8과 9는 '시기상조'라는 같은 단어를 활용하지만, 문제를 직시한 태영의 독창은 현대적이고, 기성세대의 안일한 행태는 1957년과 동떨어진 시대착오적인 행태임을 멜로디로 확실하게 차이를 둔다.

<blockquote>
태영   이른 때란 없는 거야/ 지금이 바로 그때야

참지 말고 소릴 내봐/ 내 옆에 손을 잡아

함께   한 글자 한 걸음 가슴 속 뜨거움

한 글자 한 걸음 어둠을 지운 등불

한 글자 한 걸음 세상은 바뀔거야

한 글자 한 걸음 우리는 해낼거야[66]
</blockquote>

1952년부터 1989년까지 이태영은 가족법 개정을 위해 탄원서를 쓰고, 전화하고, 여성단체들과 힘을 합치고, 법률구조 활동을 하다 변호사직을 박탈당한다. 이 작품은 가족법 개정을 위한 태영의 시간들을 자서전과 넘버 10 '한 글자 한 걸음' 그리고 법 조항 변동 영상으로 제시한다. 공연은 태영이 이성과 논리로 문제를 짚어내었음을 객관적으로 담아낸다. 그리고 배우가 퇴장한 후 자막은 사후 10년 만에 호주제가 폐지되었음을 알린다. 즉 태영의 투사적 면모가 아니라, 변화 없는 상황 속에서도 의지를 꺾지 않았던 것이 결국 결실을 맺었음을 담담하게 보여주는 것이다.

〈백인당 태영〉은 극과 넘버 구성에서 확인되듯 다큐 기법을 활용하여 인물의 신념과 차별받지 않는 세상에 대한 노력을 객관적으로 평가받을 수 있도록 제시하였다. 그리고 극을 보러 온 관객들에게 질문을 던져 끊임없이

---

66 넘버10 '한 글자 한 걸음' 〈백인당 태영〉 대본, 2023.

노력했던 의지에 대한 메시지를 생각하게 만들었다. 기념할 만한 인물이지만 영웅처럼 그리지 않았고, 부당한 것에 의문을 품고, 변화시키기 위해 노력했던 현실이 당연함을 객관적 장치들을 통해 드러냈다. 〈백인당 태영〉은 형식 개방과 다큐 기법과 같은 실험 요소를 활용하여 기존 역사 뮤지컬과 다른 메시지를 전달할 수 있음을 증빙했다는 점에서 의의를 가지고 있다.

5. 문제 해결의 캐릭터화

과거의 예술은 더 이상 과거의 형태로 존재하지 않는다. 권위는 사라지고, 그 자리에 이미지의 언어가 들어서면서 그 언어를 누가 어떤 목적으로 사용하는가가 중요해졌다.[67] 여성이 다채로운 상황 속 주체가 되고 여성들만 나오는 공연들이 빈번해지고 있다. 여성 전기 뮤지길도 이러한 흐름 중 하나이다. 하지만 페미니즘 리부트 이후의 작품들은 실존 인물을 영웅으로만 그리지 않는다. 대신 인물들은 의문을 품고 해결을 위해 움직인다. 이 글은 2015년 이후 여성 전기 뮤지컬로 확인되는 다양한 컨셉과 캐릭터 변화를 논의하였다.

이 글은 레퍼토리로 반복 공연되며 작가, 위인, 전문직 각 유형 중 대상과 컨셉을 연결하면서 대표성을 가진 〈아가사〉〈헬렌앤미〉〈백인당 태영〉을 분석 대상으로 삼았다. 〈아가사〉는 스릴러란 대중적 컨셉으로 인물의 분노에 대한 정당성을 확보하고 자기 극복 의지를 넘버로 제시하였다. 〈헬렌앤미〉는 장애인과 주변인 즉 당사자성을 반영한 구성과 배리어프리 형식을 도입하였으며, 장애 극복 이후 성인의 삶을 복원하였다. 〈백인당 태영〉은

---

67 존 버거, 『다른 방식으로 보기』, 최현 역, 열화당, 2019, 40쪽.

다큐와 극이란 장르 경계를 넘나드는 형식을 통해 관객들이 객관적으로 판단할 수 있는 근거를 마련하고, 이성적인 인물의 태도가 변화의 한 축이 되었음을 증빙하였다. 위 작품들은 인물의 삶을 적확하게 반영한 컨셉이 뮤지컬 넘버와 시너지를 이루었을 때 극적 설득력도 높아진다는 점을 보여주었다.

근래 제작되는 전기 뮤지컬 속 여성들은 뛰어난 능력 외에 지금의 관객들도 경험할 법한 치열한 고민을 지니고 있었다. 뮤지컬 관객들은 작중인물이 처음에 비해 성장하는 방식을 기대한다.[68] 과거 인물이 겪는 상황에서 문제의식과 동질감을 느끼고 그 해결책과 성장에서 위로를 받고자 하기 때문이다.

〈아가사〉는 '타인에게 고통을 준 죄인'이 문제의 원인이고, 그들에게 '대가를 치르게 하는 것'이 정당함을 선언했다. 〈헬렌앤미〉는 위인이기 전에 여성 장애인 또는 비주류였고 같은 경험을 가진 동반자와 함께 공존하는 모습을 보여준다. 〈백인당 태영〉은 문제 인식의 태도를 끝까지 이성적으로 유지할 때 바뀌었던 결과를 제시한다.

이전 시기 뮤지컬에서 여성들은 수동적인 뮤즈 혹은 어머니처럼 고정된 유형으로 소비되었다. 그에 비해 여성 전기 뮤지컬의 여성들은 자신이 속한 사회에서 벌어지는 불합리한 면모를 자각하고 괴짜나 돌연변이라는 억압을 극복하고자 했다. 주인공은 불편한 현실을 바꾸기 위해 노력하고 자기 위로, 감정 지지, 연대 등 자신과 주변의 지지를 바탕으로 문제 해결의 의지를 드러냈다. 즉 자신이 속한 세계의 가치관에 균열을 내고, 원하는 바를 깨달은 인물들은 결국 시작과 다른 결말을 가져갈 수 있었다. 이처럼 여성 전기

---

68 스티븐 시트론, 앞의 책, 213쪽.

뮤지컬에서는 불합리한 대우를 받으면 바꾸려고 노력하는 것이 당연한 세상을 원하고 여기에 공감하는 이들과 연대하면서 버티면 기울어진 운동장에 변화를 가져올 수 있다는 희망적인 메시지를 확인할 수 있다.

이렇게 여성 전기 뮤지컬은 컨셉과 양식 그리고 인물의 문제 해결책을 반영하는 작품들이 레퍼토리화되었다. 그리고 반복 공연되는 작품들에서는 당대 관객들의 취향과 가치관을 유추할 수 있다. 즉 관객들은 현실과 유사한 과거 속 인물들이 문제를 해결하는 모습을 통해 개인의 가치와 다양성을 인정하고, 충고하지 않으며, 느슨한 연대로 지지하는 모습에 공감하고, 이상적인 인물 유형에 좋은 반응을 보였다고 할 수 있다.

다만 여성 전기 뮤지컬 속 인물들은 로맨스가 부재하며, 실수가 거의 없고, 정치적 올바름을 엄격하게 추구한다. 즉 인간적인 약함과 부정적인 면모는 잘 드러나지 않는다. 그럼에도 뮤지컬 인물을 통해 비주류의 희생을 요청하지 않고 주체적이고도 바른 선택을 할 수 있는 사회에 대한 기대와 반영을 읽어낼 수 있다.

한국 뮤지컬 전반의 여성 캐릭터의 변화와 여성 전기 뮤지컬의 여성상을 비교 분석하는 논의는 추후 보완 진행하고자 한다.

참고문헌

1. 1차 자료

장우성 작, 이선영 곡, 〈백인당 태영〉 공연대본, 2023.

최현미 작, 박기태 곡, 〈Helen, Anne, Me〉 공연대본, 2021.

최현미 전화 인터뷰, 2022.6.22.

한지안 작, 허수현 곡, 〈아가사〉 OST, 2021.

한지안 전화 인터뷰, 2022.6.13.

2. 2차 자료

김기란, 「당사자성의 무대 재현과 정동의 윤리」, 『드라마연구』 72, 한국드라마학회, 2024.

김기봉, 「역사극, 무대로 나온 역사 : 역사극의 기원, 개념, 범주」, 『드라마연구』 32, 한국드라마학회, 2010.

김도현, 『장애학의 도전』, 오월의 봄, 2019.

김성연, 「식민지 시기 번역 여성 전기 『世界名婦傳』 연구」, 『여성문학연구』 24, 한국여성문학회, 2010.

———, 「근대의 기적 서사 〈헬렌 켈러 자서전〉의 식민지 조선수용」, 『사이間SAI』 13, 국제한국문학문화학회, 2012.

김소원, 「Interview 헬렌 켈러와 애 설리번의 삶이 건네는 말—'헬렌 앤 미' 최현미 작/연출」, 『아트인사이트』, 2023.9.12. https://www.artinsight.co.kr/news/view.php?no=66650(검색일 : 2025.2.1)

김효진 · 백혜련, 「장애 위인전에 반영된 지배이데올로기의 비판적 고찰」, 『장애의 재해석』, 한국장애인재단, 2015.

나은하, 「배리어프리의 수행적 가능성」, 『현대영미드라마』 37(1), 한국현대영미드라마학회, 2024.

나인스토리, 「10주년 맞은 뮤지컬 아가사」, 『더뮤지컬』, 예스이십사(주), 2023.10.24.

https://www.themusical.co.kr/News/Detail?num=13838(검색일 : 2024.12.30)

남지수, 「뉴다큐멘터리 연극 연구」, 동국대학교 박사학위논문, 2015.

바탱테르, 엘리자베트, 『만들어진 모성』, 심성은 역, 동녘, 2009.

박병성, 「한여름 더위를 식혀줄 스릴러 뮤지컬」, 『더뮤지컬』 130, 예스이십사(주), 2014.8.17. https://ch.yes24.com/article/details/71554(검색일 : 2025.5.22)

버거, 존, 『다른 방식으로 보기』, 최현 역, 열화당, 2019.

손희정, 『페미니즘 리부트』, 나무연필, 2017.

시트론, 스티븐, 『뮤지컬』, 정재왈·정명주 역, 미메시스, 2007.

아가사 크리스티 공식 홈페이지, https://www.agathachristie.com/about-christie#discover-more(검색일 : 2025.01.30)

오주은, 「전기 뮤지컬의 극작술 연구」, 원광대학교 석사논문, 2018.

월리스, 맥스, 『헬렌켈러—기적에 가려진 사회운동가의 정치역정』, 정상미 역, 아르테, 2024.

유인경, 「1970년대 역사 뮤지컬 연구」, 『민족문학사연구』 24, 민족문학사학회 민족문학사연구소, 2004.

윤미화, 「추리 소설의 현대적 변용 연구」, 건국대학교 박사학위논문, 2005.

윤지영, 「페미니즘 지각변동 : 새로운 사유의 터, 페미니즘 대립각들」, 『문화와 사회』 27(1), 한국문화사회학회, 2019.

이응, 「2019년, 뮤지컬의 여성 캐릭터를 돌아보다」, 『더뮤지컬』 195, 예스이십사(주), 2019.12.6. https://www.themusical.co.kr/Magazine/Detail?num=4377(검색일 : 2025.1.30)

이태영, 『정의의 변호사 되라 하셨네』, 한국가정법률상담소, 1999.

이태영 연보, 재단법인 정일형·이태영 박사 기념사업회, 2021.8.25. https://blog.naver.com/chj-2(검색일 : 2025.4.30)

임만택·박경갑, 「국내외 배리어프리화의 특성에 관한 비교연구」, 『대한건축학회연합논문집』 3(1), 대한건축학회연합회, 2001.

전강희, 「미투 이후 변화된 한국연극의 지형도」, 『한국연극학』 85, 한국연극학회, 2023.

정명문, 「욕망과 괴물 사이에서 균형잡기」, 『한국희곡』 53, 한국희곡작가협회, 2014.

———, 「변화를 기억할 수 있게 만드는 실험」, 『연극평론』 110, 한국연극평론가협회, 2023.

최현실, 「한국 역사 뮤지컬 여성 캐릭터의 변화 : 모성을 중심으로」, 홍익대학교 석사학위 논문, 2020.

프라이, 노스럽, 『비평의 해부』, 임철규 역, 한길사, 2009.

한국예술종합학교 연극원, 『배리어프리 연극 제작 매뉴얼』, 한국예술종합학교, 2022.

현수정, 「뮤지컬에 등장하는 문제적 어머니들의 억압과 전복」, 『한국연극학』 67, 한국연극학회, 2018.

조만수

근대적 개인의 소멸과 극장의 몸

거기 누가 존재하는가?

근대적 개인의 소멸과 극장의 몸
거기 누가 존재하는가?

1. 거기 누구요?

"거기 누구요?". 셰익스피어의 〈햄릿〉의 첫 장면은 이렇게 시작된다. 연극적 대사가 늘 그러하듯, 이 간단한 질문 또한 구체적인 발화 상황 속에서 주어진다. 기본적으로 상상할 수 있는 발화 상황은 다음과 같다. 성루를 지키는 병사 프란시스코와 베르나르도가 보초 교대를 하는데, 보초를 교대하러 온 베르나르도가 보초를 서고있는 프란시스코에게 도리어 누구인지를 물어보고 있다.

> 프란시스코, 보초를 서고 있다. 베르나르도가 프란시스코 쪽으로 들어온다.

베르나르도	거기 누구요?
프란시시코	아니, 니가 내게 대답해. 서라. 누군지 밝혀라.
베르나르도	국왕 만세!
프란시스코	베르나르도?
베르나르노	응.

이와 같은 상황에서 일반적으로는 어둠 속에서 보초를 서는 프란시스코가 등장해 있고, 죽은 선왕 햄릿의 유령이 며칠 전부터 나타난다는 소문에 공포에 싸인 베르나르도가 보초 교대를 위해 망루에 오르다가 부스럭거리는 소리에 놀라 "거기 누구요"라고 묻는 장면을 상상한다. 그런데 이 대사는 〈햄릿〉이라는 작품의 주제를 드러내는 매우 중요한 핵심적인 질문을 포함하고 있다. 베르나르도는 "Who's there?"라고 묻고 있다.

모두 알다시피 〈햄릿〉은 To Be or Not To Be가 쟁점이 되는 극, 다시 말해서 '존재(Being)'가 문제시되는 작품이다. 그런 작품의 서두에서 '거기 누구요'라는 질문은 "누가 거기에 존재합니까?"라는 의미로 번역될 수도 있다. 그리고 이 질문은 세가지 통사적 단위를, 그리고 동시에 세 가지 의미론적 차원을 품고 있다. 우선 '거기'라는 부사는 공간적 차원을 지시한다. 그리고 '존재하다, 있다"라는 의미의 현재형의 동사 'is'는 시간적 조건을 한정한다. 그러니까 거기에 현재형으로 존재하는 것에 대해 질문이 걸리고 있는 것이다. '지금', '여기'(혹은 거기)가 문제시되고 있으며 주어인 '누구'는 지금, 여기에 현재형으로 존재하는 주체를 구체적으로 한정할 것을 요구한다. "시간이 탈구된" 된 시대, 그리하여 존재론적인 질문을 근본적으로 다시 제기해야 하는 시대에—그것이 르네상스이건 포스트드라마의 시대이건 간에—이 세 가지 범주를 품고 있는 질문은 무대 위에서건 무대 너머 객석에서건 유효하다. 무대 위 프란체스코는 어둠 속에 놓이고 베르나르도에게만 조명이 비춰지고 있다고 생각해보자. 베르나르도는 무대 안쪽으로부터 조심스럽게 객석을 향해, 그러므로 관객을 향해 나오다가 묻는다. "거기 누구요"라고. 그렇다면 관객에게 이 질문은 향한다. 지금, 여기 극장이라는 공간과 시간 속에서 무대의 저편 객석에 앉아 있는 복수형의 사람들은 누구인가? 하지만 이 질문은 무대 위 인물에게도 동일하게 향할 수 있다. 무대 위

조명을 받고 그 모습을 드러내는 존재는 누구인가? 그는 여전히 우리가 알고 있던 인물인가? 그는 우리 스스로 그러하리라고 생각해던 관객 그대로일까? 근대적 개인이 쇠락하는 시대에, 그러므로 우리에게 당연한 것으로 주어졌던 것들이 더이상 이전의 모습으로 존재하지 않는 때에, 미지의 존재 '누구'는 극장 안에 과연 어떤 모습으로 나타날까? 결국 거기 누구요(Who is there)라는 질문은 "거기 누가 현존하는가?(Who is present there?)"라는 질문과 동일한 것이다. '거기 있음'은 독일어로 표현한다면 '거기(Da)'와 '존재(Sein)'을 결합하는 하이데거적인 단어 Dasein 즉 현존재를 지칭한다. 본질로서가 아니라 현재를 살아가는 존재, 실존하는 존재를 문제삼고 있다. 무대 위에 현전이 발생하기 위해서는 무엇인가가 현존에게로, 무대 위로 도래해야 한다.

〈햄릿〉의 등장인물 베르나르도가 첫 장면에서 당황하고 있는 것은 얼마 전부터 엘시노어성 망루에 유령이 나타난다는 소문 때문이다. 유령은 몸을 지니지 않은 존재이다. 그러므로 그는 현전의 자리로 도래하지 못한다. 〈햄릿〉을 시작하는 서두에 "거기 누구요?"를 묻는 것은 햄릿이 누구인지를 묻는 것, 즉 현재형으로 여기에 존재하는, 그러므로 방황하다가 곧 피흘리며 죽어가는 그 인물 그가 누구인지를 묻는 것이다. 그것은 "나는 생각한다 고로 존재한다"처럼 보편적인 주체와는 다른, 시공간적 한정 속에서 현존을 획득하러 이곳으로 오는 존재를 문제 삼고 있다.

2. "저 피흘리는 사람은 누구인가?"

무대 위에 근대적 개인의 등장은 배역의 보편적 본질이 아니라 이처럼 '지금', '현재'로서의 '나'의 등장과 함께 한다. 무대 위에서 이 과정은 연기자로서의 '나'가 배역의 창조에 개입하는 것으로부터 시작된다. 체홉의 인물들을 스타니슬랍스키가 그 유명한 '내가 여기에'라는 가정으로 연기하기를 권하면서 무대 위의 인물들은 근대적인 개인이 되었다. 보편적 자리로서의 '인물', 비시간성 속에 위치한 햄릿이라는 배역에 배우인 '나'의 일시적 시간성이 주어질 때 무대 위 근대적 개인이 등장한다. 일반적 상상 속의 배역이 아니라, 그 배역을 연기하는 개인마다 다른 개성적 연기로 만들어내는 인물 창조가 비로소 가능하게 된 것이다. 한 배역을 이루는 자리에 다른 배우가 오면 동일한 작품이라도 다른 작품이 되는 일회성의 공연 미학은 이처럼 탄생한다. 배역을 연기하는 내가 나를 지우고 배역으로 수렴되는 것이 아니라 내 자신으로 배역을 창조한다. 이제 '나-배역'은 하나를 이룬다. '분할되지 않는 것' 즉 in-dividuel로서의 무대 위의 인물은 이렇게 탄생한다. 나-배역의 결합체로서의 인물은 사실주의로부터 시작히여, 현재까지도 일반적으로 연극에서 기대하는 바 그 자체를 제시해준다. '나' 배우는 텍스트에게 와, 나의 주체성에 의해 보편적 본질로서의 텍스트를 현재형의 구체태로 움직이게 한다. 결국 칸트가 "나는 시간을 낳는다"라고 말할 수 있는 것처럼, 텍스트가 제시하는 인물은 '나' 배우에 의해서 현존의 형식으로 태어난다. 흔히 '재현' 연극이라는 부르는 것의 기본적인 형식이 이처럼 형성된다. 그리하여 무대 밖에서 그를 바라보는 관객은 보편적 개념의 제공자로서의 작가가 제시하는 것을 추론해보는 것이 아니라, 해석자로서의 배우와 연출이 만들어낸 공연을 관객의 자리에서 스스로 해석해야 한다. 이제 배우와 연출의 해석과 관객의 분석이 만나는 자리로서 극장이 작동한다.

그런데 배역과 나의 혼합은 두 가지 중 어느 것이 더 무게를 갖는가에 따라 '분할되지 않는 하나'가 아닌 둘로 나누어지는 것으로서의 균열성을 드러내기도 한다. 캐릭터가 인물의 동의어로서가 아니라 '성격'의 의미로 해석될 때는 나와 배역 이 두 가지가 하나로 혼합되기 쉽다. 하지만, 재현되기를 기다리는 인물과 그 인물을 재현하는 여기, 지금의 '나'의 현존의 이중성을 현대 연극은 보다 적극적으로 활용한다. 즉 현대의 연출가는 이 이중성을 서로의 충돌과 불균형을 드러내는 방식으로 무대 위에서 표현함으로써 연출적 개입을 만들어낸다. 다시 말해서 현대적 재현의 연극에서는 배역과 나, 재현과 현존을 혼합하는 비율을 조절하는 방식으로 연출의 해석을 구성한다. 한 작품 속에서 어느 순간 한 인물을 연기하는 배우 자신은 배역 보다 스스로의 현존을 더욱 드러내기도 한다. "덴마크는 썩어버렸다"고 말하는 배우는 중세 엘시노어 궁을 지키는 병사의 배역으로서가 아니라 서울 소극장의 배우인 자신을 드러내면서, 은유화되지 않는, 직접적인 발화자로서 동시대 관객을 만나게 되기도 한다. 자신의 몸 그리고 그 몸이 지닌 시간성을 가진 존재로서의 배우의 등장은 "거기 누구요?"라는 위의 질문을 보다 구체적인 현존성을 요구하는 질문으로 바꾸어놓는다. 〈맥베스〉의 1막 2장에서 던컨왕의 대사가 이를 보여준다.

"저 피흘리는 사람은 누구인가?".

이제 '누구'는 추상적인 보편성, 본질이 아니라 '피 흘리는' 몸, 반드시 피를 흘릴 필요는 없지만, 자신의 육체로 고통과 기쁨을 감각해낼 수 있는 인물―배우를 지시한다. 고통과 기쁨을 감각하는 몸이 바로 현존의 형식이다. 김현탁이 연출한 극단 성북동비둘기의 〈세일즈맨의 죽음〉(초연 2010년)에서 주인공인 세일즈맨 윌리 역의 배우가 한 시간이 넘는 공연 시간 내내 러닝머신 위를 뛴다. 〈세일즈맨의 죽음〉은 평생 세일즈맨으로 살며 가족을 부양한 윌리가 일생 내내 헐떡이며 열심히 살아왔음에도 불구하고 자신의 삶을 실패로 규정짓고 보험금과 자신의 생명을 맞바꾸기 위해 자살을 선택하는 이야기이다. 윌리의 캐릭터를 설정하는 여러 가지 방식이 있겠지만, 김현탁 연출은 무대 배우로서의 경력이 많지 않은 중년의 배우 이진성을 캐스팅하였다. 연출은 그를 러닝머신 위에서 계속 뛰게 함으로써 점차 가빠지는 그의 숨결과 시간이 지남에 따라 그가 입고 있던 셔츠와 양복을 흠뻑 적시던 땀방울로서 윌리라는 캐릭터를 표현하고자 했다. "그는 누구인가?"라는 질문에 대한 답은 그는 윌리이지만 더 중요하게는 지금 여기 극장의 무대에서 실제로 땀을 흘리고, 숨을 헐떡이는 존재이다라고 답을 할 수 있다. 윌리가 평생을 헉헉거리며 가장으로서의 삶을 힘들게 끌고 왔듯이, 중년을 넘어선 이 배우는 대학로 저편 성북동의 작은 지하실에서 헐떡이며 한시간이 넘도록 마치 마라톤 선수처럼 러닝머신 위를 뛰어야만 한다. 관객들은 묻는다. "저 땀 흘리는 사람은 누구인가?" 그는 윌리이기도 하지만 무엇보다 윌리라는 역할 속으로 자신을 녹여내지 않은 채 스스로를 드러내는 배우 자신이다.

3. 몸의 현존 : 현존의 자리와 개인의 몸

조셉 체이킨에게 배우의 현존이란 배우가 무대 위에 가져올 수 있는 본질, 혹은 자질이다. 결국 배우는 공연의 공간에 살아 있는 무엇인가를 창조해낼 때, 현존을 가질 수 있다. 그러므로 배우는 그저 무대에 있다는 사실만으로 현존을 가질 수는 없다. 배우의 현존을 지니기 위해서는 자신의 내적인 삶, 충동을 방해없이 이끌어내는 능력을 지녀야 하며, 이를 육체적 훈련으로 만들어내야 한다. 결국 현존에 대한 체이킨의 생각은 내적 진실과 충동을 방해하는 장애물을 제거해야 한다는 그로토프스키가 생각과 유사하다. 그런데 내적 진실은 스타니슬랍스키가 생각했던 정서적 기억과는 다른 것이다. 그것은 나의 내부에 있으면서도 나의 것이 아닌 것, 자신의 가장 깊은 곳에 자신을 희생물로 바쳐야 하는 것이기도 하다. 그러므로 그들의 연극은 피터 브룩이 '성스러운 연극'이라 부른 영역의 것이다. 성스러움이란 살아 있는 것들의 근원을 이루는 것에 가깝다. 즉 그것에 의해서만 살아 있음이 의미있는 것, 그러므로 대문자로서의 현존 그 자체이다. 그러므로 체이킨이나 그로토프스키의 배우가 획득해야 하는 현존은 자기 외부에 있는 것이기도 하다. 외부에 있는 성스러움으로서의 현존은 그 특성상 재현이 불가하다. 이는 마치 라캉의 대문자 타자처럼 부재를 전제함으로써만 기능한다. 나의 외부에 있는 부재하는 성스러운 몸과 그 성스러운 몸에 가닿기 위해 자신을 최소한의 것으로 축소하여 가난한 몸으로 만드는 실험을 지속하는 일군의 배우들이 존재한다. 그가 성스러운 몸에 가닿는 방식은 가닿음과 동시에 성스러움이 사라지고, 잠시의 충만함 속에서 허무해지지만 다시 그 몸에 가닿기 위해서 무대에 서야 한다. 무대 위에 이 성스러운 현존이 머무는 시간은 일시적이다. 결국 그에게 자신의 육체 그 자체로 무대 있음이 '현존'을 만들어내지 않는다. 잡을 수 없는 성스러운 몸, 즉 현존은 만져지는 현존이 아니라, 현존이 발생하는 자리로서만 존재한다.

오픈 시어터 혹은 그로토프스키가 부재하는 절대적 의미를 재현해보고자 하는 배우의 집념을 보여준다면, 희곡문학의 차원에서 이를 끝까지 놓지 못하던 이가 베케트였다. 〈고도를 기다리며〉는 부재하는 의미체인 '고도'를 놓지 못하지만 그 의미를 스스로 만들어내는 것이 가능하지 않은 상태를 보여준다. 서구 부르주아 혹은 프로레타리아가 역사속에서 꿈꾸었던 의미 생산이 더 이상 가능하지 않을 때, 희곡문학 속에서 인물이 점차 사라진다. 인물이 어떤 가치를 추구하고 이 가치의 획득을 방해하는 다른 인물과의 갈등을 겪는 이야기 즉 드라마가 더 이상 연극이라는 예술적 장르의 중심에 놓이지 못하게 된다. 베케트 이후 사라 케인, 욘 포세, 라스 노렌에 이르기까지 희곡문학 속에서 작품의 밀도적 강렬함에도 불구하고 인물은 사라져간다.

이처럼 드라마가 해체된 이후, 그리고 이야기 속 배역과 결합된 인물-배우가 해체된 이후의 연극을 포스트드라마 연극이라 부른다. 드라마에 근거하지 않기에, 인물은 배역-배우의 결합체일 필요가 없다. 배우는 배역이 아닌 스스로 온전히 자기 자신인 채 무대 위에 존재할 수 있다. 다시 말해서 나뉘어지지 않는 단위인 individuel이 아니라 배역과 나뉘어진(divisé) 존재로서의 배우의 무대적 현존이 문제시 된다. 그는 어떤 성스러움, 절대적 의미체에 가닿기 위해서 그 자리에 있지는 않다. 그는 그 자신일 뿐으로 존재한다. 하지만, 그는 왜 무대에 있을까? 그에게 다시 질문이 제기된다. "거기 누가 있는가?"

안무가 제롬 벨이 연출한 파리 오페라단의 〈베로니크 두아노〉에서처럼, 어떤 허구의 이야기가 필요한 것이 아니라, 은퇴를 앞둔 발레리나 베로니크 두아노는 자신의 이름으로 무대 위에 서 있다. 그렇다고 이 작품이 단지 베로니크 두아노라는 주목받지 못했던 발레리나의 은퇴를 앞두고 그의 직업적 예술적 삶에 경의를 표하기 위한 헌사에 그치는 것은 아니다. 42세로 은퇴를 일주일 앞둔 두 아이의 엄마이며 파리 오페라의 발레단에서 수제 직급의 발레리나인 베로니크 두아노를 무대에 등장시킬 때 그것은 일상적 삶을 사는 무용수인 개인 베로니크 두아노에게 관객의 관심을 부여하기 위해서는 아니다. 나아가 에투알의 등급이 아닌 그보다 낮은 평범한 수제 등급의 무용수도 가치롭다라는 윤리적 주장을 하기 위함도 아니다. 안무가 제롬 벨은 무용수 베로니크 두아노를 텅빈 무대에 홀로 배치함으로써 그녀가 무용에 대해 제기하는 질문을 공연의 내용으로 삼고자 한다. 베로니크 두아노의 현존은 '무용이란 무엇인가'라는 근원적인 질문을 제기하는 몸으로서 발현된다. 그리고 이 때의 개별성은 고유한 것이라기 보다는 증식될 수 있는 단수성이다. 제롬 벨은 베로니크 두아노의 자리에 리옹 오페라 발레단의 세드릭 앙드리외, 태국 무용수 피세 클룬춘를 통해서 연속된 무용적 초상화를 만들어내었다.

연극적 장소인 무대에 개인이 호명되고 배치될 때, 이때 그가 자신의 현존으로서 이 공간에 위치하고 있다는 그 사실이 중요하다기보다는 그가 왜 이 자리에 배치되고 있는가가 더욱 중요하다. 포스트드라마 연극에서 무대의 현존이 중요하다는 것을 강조하는 것은 실상은 동어반복에 지나지 않는다. 중요한 것은 이와 같은 그의 당연한 현존이 무대라는 공간에서 어떤 또 다른 현존성을 촉발하는가이다. 다른 방식으로 표현한다면 그의 몸은 무대 위에서 어떤 다른 몸을 만들어낼 수 있는가의 문제이다.

리미니 프로토콜의 100% 도시 시리즈의 경우, 베를린, 광주, 런던, 파리 등 리미니 프로토콜이 프로젝트를 가동하는 도시에서 이들은 100명의 시민을 무대에 올린다. 개개인이 무대에서 자신을 소개하는 시간을 가지며, 여러 질문들에 대답하고, 놀이하는 이 작품은 일반적으로는 무대에 앉아 있어야 할 사람들이 무대 위에 놓인다는 것의 의미를 넘어서, 100명의 개별적인 몸, 개별적인 현존이 자신이 살고 있는 도시의 몸, 공동체의 몸의 현존을 발생시킨다는 점에서 주목할 만하다. 나이, 젠더, 인종 등 도시의 사회학적, 인구학적 지표를 개괄적으로 충족시키는 100인은 관객으로서의 시민들이 이제껏 구체적으로 체험해보지 못한 해당 도시의 시민이라는 공통의 몸을 만나게 한다. 그 몸은 정치적, 사회적 구호들보다 더 구체적이고 생동하는 것이었다.

4. 부재의 경험 그리고 복수의 몸

근대적 개인의 쇠락이 담론으로서가 아니라 구체태로서 우리 연극계에서 모습을 드러내는 것은 2010년대 중반에 이르러서이다. 세월호, 미투운동, 탄핵, 그리고 코로나 전염병의 국면을 겪으면서 이전에 민주화라는 이름으로 수렴되었던 문제들을 미시적 차원에서 다시 제기되었고, 전근대적 전체주의에 대항하는 근대적 민주적 주체는 일상적 삶 속에서 다양하게 표출되며 제자리를 요구하는 가치들을 감당하지 못하기에 이르렀다. 드라마 연극에서 포스트드라마 연극으로의 실제적인 이동이 우리 무대에서는 이 시기에 급격하게 이루어진다. 그런데 무대 위의 배우의 현존과 그의 현존을 자신의 현존 속에서 시공간적으로 동시에 경험하는 관객이라는 연극의 개념이 새로운 도전에 당착하게 되는 것도 이 시기였다. 우선 직접적인 대면에 제약이 있는 코로나 상황에서 공연 영상의 송출이 공연을 대신하게 되기도 했다. 무대 위의 현존이 없음에도 불구하고 NT Live의 여러 공연들은 극장에서의 관객들의 체험에 큰 아쉬움을 남기지 않았다. 하지만 이와 같은 경험이 현장성, 동시적 현존에 대한 질문을 다시 한번 제기하는 계기가 되었다.

스크린 위에 영상으로 존재하지만 지금, 여기에 현존하지 않는 배우에 대한 성찰은 '부재'라는 개념을 통해서 현존을 바라보게 하는 것으로 이어졌다. 2023년 서울국제공연예술제에 참가한 독일 창작집단 리미니 프로토콜의 〈부재자들의 회의〉는 무대 위 배우의 부재를 공연의 핵심적 개념으로 제안하였다. 코로나 기간이었기에 국제적 이동이 쉽지 않은 점에서 착안하여 리미니 프로토콜의 회의는 극장에 회의 발표자는 도착하지 않은 채 그들의 편지를 관객 중 한 사람이 대신 낭독하는 형식으로 이루어진다. 일곱 명의 부재자가 보낸 일곱 편의 편지가 읽혀진다. 그리고 그 편지의 내용들은 자신의 삶 속에서 부재 때문에 벌어진 일에 대한 것이다. 부재는 '거기 없음'이다. 그런데 거기 없음의 자리를 대신하는 몸이 관객석으로부터 무대로 등장한다. 즉석에서 부여되는 역할을 맡은 관객—배우가 만들어내는 즉흥적인 기여를 통해 무대 위에는 또 다른 현존이 만들어진다. 그리하여 부재는 있음의 조건이 된다. 이 때 부재자를 대신하는 것은 매번 다른 관객이다. 그는 유일한 관객이면서 동시에 복수를 이루는 익명 중의 하나이다.

캐나다 퀘벡에서는 2016년 크리스틴 보리외라는 젊은 배우가 매우 짧은 다큐멘터리 연극을 만든다. 〈나는 퀘벡수자원공사를 사랑합니다 *J'aime Hydro*〉에서 직접 연기한 작가 크리스틴 보리외는 아주 간단한 질문으로부터 이 연극을 착안했다. 그 질문은 다음과 같은 것이다. 퀘벡은 수력발전으로 전기를 충분히 생산하고, 그 잉여분을 미국으로 수출하기까지 하는데 왜 자꾸 또 수력발전소를 지을까? 이는 캐나다가 추구하는 환경보호에 어긋나는 것은 아닐까? 이 간단한 질문에 답을 구하고자 크리스틴 보리외는 퀘벡수자원공사의 홍보실로 전화했으나 담당자는 여러 가지 구실을 대면서 면담을 피하였다. 이때부터 크리스틴 보리외는 탐문을 시작했고, 처음 30분 분량의 다큐멘터리 연극을 만들었다. 그리고 탐문이 계속되면서 이 연극은 2시간 반 분량으로 늘어난다. 이 과정에서 이 연극은 엄청난 사회적 파장을 일으켰으며 마침내 이 연극이 초연된 지 3년 만에, 퀘벡수자원공사의 홍보 담당자가 아니라, 퀘벡주 수상이 크리스틴 보리외를 면담하게 된다. 결국 이 연극은 답변을 해야 하는 담당자의 부재, 그리고 그 담당자를 넘어 사회적 문제 제기에 대한 공권력의 답변의 부재를 연극으로 해결하는 노력을 보여준다. 퀘벡수자원공사는 일개 공공기업이 아니라 캐나다 연방 내에서 퀘벡주의 경제적 독립을 상징하는, 소위 '조용한 혁명'의 경제적 상징물이다.

캐나다 불어권 주민들이 자신들의 땅 퀘벡에서 비로소 주인이되는 것을 가능하게 했던 국민기업이 공동체를 위해서 수력발전소를 계속 짓는 것이 아니라, 기업 스스로의 유지라는 내적 논리를 위해서 자연 파괴를 감행하여 불필요함에도 불구하고 계속 수력발전소를 짓는 상황을 크리스틴 보리외의 연극은 고발하고 있다. 그리고 이 연극은 점차 회를 거듭하며 시민들의 지지를 얻어가면서 퀘벡주 수상이 나서서 대답을 해야 하는 정치적 파급력을 만들어낸다. 크리스틴 보리외는 작가이며, 직접 무대에서 작품을 연기해낸 배우이지만, 사회라는 무대에서 그녀를 지지하는 시민들은 하나의 몸을 형성하였다. 크리스틴 보리외가 다큐멘터리적인 형식으로 자신의 현존을 무대에 올리는 것 그 자체가 의미 있는 것이라기보다는 크리스틴 보리외의 자리에 복수의 시민들이 놓이기를 열망한다는 사실에 주목할 필요가 있다. 크리스틴 보리외의 현존의 자리에 다른 현존이 오는 것, 그리하여 계속되는 현존의 도래는 필연적으로 현존을 복수형으로 만들고, 하나의 공동의 몸, 공동체를 형성한다. 그것은 공동체의 본질을 갖는 몸이 아니라 개개인이 현존의 자리로 옴으로써, 그 도래가 복수성을 갖는 공동체이다.

5. 메타버스: 분열하는 몸 "내가 누구인지 내게 말해줄 수 있는 사람은 누구인가?"

코로나 판데믹 기간 동안 공연 영상 송출이 공연의 대안으로 제시되기도 하였다. 하지만 공연 영상은 때로 소수의 국제적 공연 마니아들에게 혹은 소외된 지역의 주민들에게 유용한 것임에는 분명하다. 하지만, 공연자와 관람자를 동일한 시공간에 위치짓지 못하며, 동시에 이들 사이에서 어떤 우연적 사건을 발생시키지 못한다. 결과적으로 어떤 새로운 현존을 발생시키지 못한다는 점에서 공연 영상은 공연의 필수적 요소를 결여하고 있다. 다만 공연 영상이 새롭게 공연을 소비할 수 있게 하는 플랫폼 속에서 상업적으로 기능할 수 있는 가능성은 열려 있다.

무대라는 물리적 공간으로부터 가상현실의 공간으로 극이 이동할 때 주체의 문제는 전혀 다른 양상을 보여준다. 가상 공간으로의 진입은 그 자체가 연극성을 갖는다. 가상 공간 속에서 특정 서비스 장르로서 연극을 제공하는 것이 아니라 할지라도, 현실을 떠나 가상적 공간으로 들어서는 것 이것이 연극성, 극장성의 기본적 전제이기 때문이다. 더욱이 가상 공간은 연극성을 더욱 증폭시킨다. 메타버스라고 불리는 가상의 공간에서 나-배우 그리고 관객은 아바타로 분열, 증식된다. 공연의 필수적 조건으로서의 살아 있음(Liveness)이 무대와 관객이 동일 공간 속에서 존재하는 것이라면, 배우의 아바타가 관객의 아바타와 가상의 동일 공간에 위치한다는 점에서 가상 공간은 살아 있는 공연의 조건을 충족한다. 더불어 이곳은 그들간의 의사소통과 감각적 교류가 즉각적으로 이루어지는 인터액티브한 공간이라는 점도 인정해야 한다. 결국 메타버스는 배우도, 관객도 모두 이머시브 상황에 놓이는 몰입형 연극이다. 이 몰입을 불완전하게 하는 현재의 기술적 문제는 빠르게 극복될 것이고, 결국 현실 보다 더 강렬한 감각을 경험할 수 있는 증강현실이 메타버스를 통해 가능해질 수 있는 시기가 빠르게 도래할 것이다.

이 가상의 공간에서 관객은 마치 배우가 페르소나라는 가면을 쓰고 무대에 오르듯이 자기 자신이 아니라 아바타라는 극적 장치로서의 '가면'을 쓰고 존재하게 된다. 그는 여기 현실세계에 있는 내가 바라보는, 함께 연동되어 있는 인물이지만 현실 세계의 자아와는 다르다. 나와 연동된 감각을 가지고 있지만, 나는 아닌 등장인물이다. 이처럼 가상 공간은 배우도, 관객도, 배역으로서 존재하는 공간이다. 그러므로 아바타는 최초 나와 배역의 결합체로서의 개인으로부터 멀어져간다. 극장 공간 속에서 배역-배우 관계는 혼합의 정도를 조종하면서 연출적으로 대체할 수 있지만, 메타버스 공연 공간 속에서는 현실공간의 나와 가상 공간의 나를 구분하는 조종이 가능하지 않다. 왜냐하면, 메타버스는 완전한 몰입형 공간이며 자족적인 공간이기 때문이다. 이 곳에서 존재하기 위해서 현실을 필요로 하지 않는다.

이곳은 '내'가 어떤 역할을 연기(play)하며 존재하는 곳이라기 보다는 역할 속에서 게임(game)을 하는 곳이다. 이미 아바타라는 다른 몸을 가졌기에, 그리고 그 몸은 자기 욕망의 구현물이기에, 가상 공간의 극무대는 새로운 몸의 구현을 염두에 두지 않는다. 메타버스 극이 존재에 대해 의문을 제기할 때, 이는 분열된 리어왕의 질문과 같을 것이다.

"내가 누구인지 내게 말해줄 수 있는 사람은 누구인가?"

최성희

연극의 파국,
파국의 연극

인류세 시대의 드라마터지

연극의 파국, 파국의 연극[1]

인류세 시대의 드라마터지

1. 인류세 시대의 연극

전지구적 기후변화라는 명백한 현상과 종말에 대한 과학자들의 경고에도 불구하고 사람들의 전반적인 반응은 미적지근하다. 다가오는 압도적인 위험 앞에서 이토록 무기력하고 우유부단할 수 있는 것은 '아는 것'과 '믿는 것'의 차이 때문일 것이다. 그 거리감의 배후에는 기후 비상사태를 극단주의자들의 캠페인 정도로 격하시키려는 기득권의 치밀한 전략이 작용하고 있고, 역사적 상상력의 근간으로 작동하는 진보사관, 과학기술주의, 그리고 휴머니즘에 대한 맹신도 자리 잡고 있다. 지구 온난화는 인류세의 효과를 가장 직접적으로 체감할 수 있는 현상이다. 그러나 기후에만 집중하면 위기의 진면목을 이해하지 못하게 된다. 따라서 기후위기의 원인과 해결책을 인류세라는 더 큰 개념 안에서 파악해야 한다. 인간이 지구환경에 변화를 초래한 새로운 지질 시대인 인류세는 인류가 당연하게 여겨왔던 것들을 근본

---

1 이 글은 『현대영미드라마』 제38권 1호에 게재된 논문 「연극의 파국, 파국의 연극 : 종말을 위한 리허설」을 수정 보완한 것입니다.

적으로 재고하고 인간 행위의 결과에 대한 반성적 성찰을 요구한다. 인간의 존재와 위치를 재정의하기 위해 연극이 할 수 있는 일은 무엇인가? 현 상황을 바꿀 수 있는 새로운 상상력과 재현의 진화는 가능한가? 이 글은 환경의 위기, 상상력의 위기, 연극의 위기의 뿌리가 서로 연결되어 있다고 보고 연극 양식의 해체(연극의 파국)와 파국의 무대화(파국의 연극)를 통해 종말에 대한 새로운 사고와 감각을 만들어가는 동시대 연극의 사례를 생태비평과 포스트휴머니즘의 관점으로 살펴보고자 한다.

아미타브 고시(Amitav Ghosh)는 기후변화와 문학의 상관성을 분석한 저서 『대혼란의 시대』에서 근대문학을 인류세의 주요한 요인을 지목하면서 근대성의 신화와 문학적 상상력의 실패가 현재의 위기를 초래했다고 진단한다. 일상적이고 개인적인 서사의 틀에 갇혀 비범하고 비일상적인 사건을 비합리적이라는 이유로 배제해온 근대문학의 리얼리즘 전통은 방대한 기후위기의 행성적 스케일을 포착할 수도 재현할 수도 없는 근본적인 한계를 갖는다. 우나 차우두리(Una Chaudhuri) 역시 '인간'을 전면에 내세우는 현대드라마의 사실주의 미학의 한계를 지적하면서 연극과 생태, 인간과 자연의 관계에 대해 "현재로서는 상상하기 어려운 정도의 심오한 재평가"가 이루어져야 한다고 강조한 바 있다.[2] 문제는 우리가 인간중심주의와 자본주의가 초래한 인류세의 문제점을 잘 알고 있으면서도 다른 대안을 상상할 수 없는 준-종말론적 상황에 처해 있다는 것이다. 마크 피셔(Mark Fisher)가 적시한 바와 같이 "자본주의의 종말을 상상하는 것보다, 세상의 종말을 상상하는 것이 더

---

2   Una Chaudhuri, "'There Must Be a Lot of Fish in That Lake': Toward an Ecological Theater", *Theater* 25.1, 1994, p.25.

쉽다."[3] 종말과 파국에 대한 서사가 여기저기서 넘쳐나고 있는 것은 결코 우연이 아니다.[4] 이들 대중 서사는 과학자들의 경고를 '공포'로 번역하고, 대중은 공포의 원인과 직면하는 대신 파국을 스펙터클로 소비함으로써 '망각'을 선택한다. '진지한' 환경주의자들의 노력도 큰 도움이 되지 않는다. 해수면 상승, 이산화탄소 농도, 멸종 위기에 처한 생물종의 수치를 나열하면서 대중의 경각심을 자아내려는 이들의 호소는 자칫 도덕적 계도로 치우치면서 대중의 외면을 받기 일쑤이다. 사람들은 환경주의자의 호소에 동참하기보다 종말을 돌이킬 수 없는 기정사실로 받아들이고, 파국 서사의 카타르시스가 주는 일시적인 쾌락에 안주한다.

종말이 사회적이고 종교적인 개념이라면 파국(catastrophe)은 연극적인 용어이다. 『시학』에서 아리스토텔레스는 파국을 결말로 가기 위한 전환점으로 정의하고 비극 구조의 핵심요소로 지목한다. 파국은 '인식(anagnorisis)', 그리고 운명의 '전환(peripeteia)'과 밀접하게 연결되어 있고 '카타르시스(catharsis)'를 발생시켜 관객으로 하여금 비극 속에 제시된 윤리적 딜레마를 이해하고 소화하도록 돕는다. 이 글은 파국의 의미를 다시 상상하고 새롭게 무대화하는 작업을 인류세 드라마터지의 핵심으로 보고 이를 연극이론의 역사적 맥락과 실제 공연 사례 속에서 고찰함으로써 종말에 대한 우리의 관점을 재고

---

3 마크 피셔, 『자본주의 리얼리즘, 대안은 없는가』, 박진철 역, 리시올, 2024.

4 영국의 사회학자 존 어리(John Urry)는 21세기 들어 비관주의로 급격히 선회한 상황을 "새로운 파국주의"라고 명명한다. 대략 2003년부터 사회과학과 인문학의 영역에서 인류의 미래를 어둡게 전망하는 서적들이 쏟아져 나오기 시작했고, 위험과 재난을 집중 탐구하는 연구센터가 다수 설립되었으며, 종말론적 암울함을 전시하는 대중문화가 방대하게 생산되기 시작했다. 어리는 저서 『미래란 무엇인가(*What is the Future?*)』에서 점점 더 디스토피아적 시나리오에 집착하고 심지어 탐닉하는 현대사회의 경향을 분석한다.

하는 것을 목표로 한다. 이를 위해 1) 기후위기가 양산하고 있는 묵시론적 담론과 종말 서사를 비판적으로 점검하고 2) 기존 연극의 내용과 형식에 내재하는 생태적 한계를 분석한 후 3) 인간과 비인간을 아우르는 공동체적 상상력으로 파국을 재구성하는 세 작품 〈디망쉬(*Dimanche*)〉(Focus & Chaliwaté), 〈어부의 핵〉(김도영 작), 『저 멀리(*Far Away*)』(Caryl Churchill)를 인류세 드라마터지의 사례로 분석한다.

　인류세 시대의 한 극단에는 호모 사피엔스의 힘을 맹신하는 이들이 있다. 일론 머스크(Elon Musk)로 대표되는 이들 낙관론자들은 인류는 언제나 위기를 극복해왔고 이번 위기도 위대한 기술적 업적을 통해 돌파할 수 있다고 믿는다. 위기를 불러온 것도, 이를 극복할 수 있는 것도 인간이라고 믿는 이들에게 인류세의 주인공은 여전히 인간이다. 위기와 파국을 뚫고 스스로 위대한 존재임을 증명하는 비극의 프로타고니스트처럼. 그 반대편에는 비관론자들이 있다. 이들은 조만간 대재앙이 닥치고 인류가 멸종할 것이라고 믿는다. 이들이 확산하는 공포는 사람들로 하여금 기후행동에 참여하기보다 회피와 둔감함을 선택하게 한다. 인류세 시대의 드라마터지는 낙관론과 비관론 양 극단 사이에서 기후위기를 인류세의 총체적 맥락에서 이해하고 인간과 비인간의 새로운 관계성을 모색하는 드라마터지이다. 자본과 기술력으로 파국을 피할 수 있다고 믿는 트랜스휴머니즘과 할리우드/넷플릭스 종말서사의 지배적 이미지를 깨뜨리는 파상력(破像力)을 발휘하는 드라마터지다. "사회학적 파상력"은 기존 질서, 관념, 이미지를 파괴하고 그 파편들을 새롭게 조합하여 새로운 시각과 이해를 창조하는 능력으로 예술적 상상력에 의해 견인되거나 예술과 접목되는 생성적 에너지이다.[5]

5　김홍중, 『사회학적 파상력』, 문학동네, 2016 참조.

인간과 인간의 몸이 전경화되는 공연예술의 태생적 인간중심주의 때문인지, 아니면 극장이 '자연'으로부터 유리된 인공적 환경이라는 자의식 때문인지, 최근까지 생태주의를 표방한 연극이 그리 많지 않았다. 인간과 인간 사이(interpersonal)의 갈등에 집중해 온 전통 연극의 서사 구조 역시 장애물로 작용했을 것이다. 그러나 연출가 오카다 토시키는 연극이 가장 인간중심주의적인 예술 장르라는 '상식'과 전제 때문에 이를 뒤집는 포스트휴먼적 반전과 해체를 시도하기에 가장 효과적인 형식이라고 역설한다.[6] 차우두리 역시 극장의 인공성을 생태연극의 한계이자 장애로 여겼던 기존의 인식에서 탈피하여 인간과 비인간을 동일한 '행위자'로 등장시키는 극장을 이질적 존재 간의 상호침투성을 보여주는 생태적 공간으로 재규정한다. 문학과 미술 분야에 비하면 늦은 출발이지만 21세기 들어 생태적 관심을 연극적 담론 안으로 가져오려는 다양한 시도가 이루어지고 있다. 생태비평적 관점으로 포스트휴머니즘 이론을 접목한 작품의 주제적/형식적 실험은 물론이고 극단의 운영/관리/조직에서 에이전시를 분산하고 탄소중립, 온실가스 억제, 기후 회계, 친환경 건물 운영, 순환경제(재활용) 같은 생태적 기술을 도입하려는 노력도 다각도로 이루어지고 있다.[7]

연극은 기후위기라는 전례 없는 문제에 대처하면서 새로운 질서를 구축

---

6 이경미, 「현대연극의 신유물론적 전환 ― 연극의 탈영토화 가능성과 방향에 대하여」, 『한국연극학』 88호, p.232.

7 기후 위기 문제를 공공 퍼포먼스의 장으로 가져온 선구적 인물은 그레타 툰베리라고 할 수 있다. 툰베리의 '미래를 위한 금요일(Fridays for Future)' 거리 시위에서 영감을 받는 유럽의 젊은 연극인들이 생태정치 논쟁을 거리에서 다시 극장으로 가져와 공연예술 미학과 생태비평 이론을 접목하는 교차 정치의 가능성을 탐구하기 시작했다. 이들은 렉처 퍼포먼스 형태, 온라인 극장 형태, 관객참여 형태 등 다양한 양식을 실험하면서 전통 연극의 틀을 깬 새로운 맥락과 방식을 시도한다.

하는 과정에서 '미래를 위한 리허설'로서의 역할을 담당한다. 극장은 현재의 진보/성장 모델을 비판적으로 성찰하고 그 대안을 자유롭게 탐구하고 실험하되 실패의 실질적 위험으로부터 보호되어 있는 '리미널'한 시공간을 제공하기 때문이다. 실수와 착오를 용인하는 리허설은 결과보다 과정에 초점이 맞춰있다. 리허설은 정신적인 차원뿐 아니라 참여자의 몸과 감각을 단련해 새로운 질서에 적응시키는 신체 훈련의 과정이기도 하다. 창의적이고 다차원적인 접근이 필요한 기후위기 상황에서, 리허설로서의 예술은 다른 미래를 상상하고 만들어가는 길이자 과정이다. 특히 공연예술은 우리에게 닥친 위기를 온몸으로 직면하게 하고, 개인과 공동체를 연결함으로써 사회적 차원의 변화를 만들어 낼 수 있는 잠재력을 가지고 있다. 우리가 연극을 만들지만 연극이 우리를 만든다.

2. 파국 서사의 생태학

인류의 몰락을 곧 세상의 종말로 보는 묵시록적 서사의 인간중심주의는 세계를 인간 경험의 산물로 여기는 근대적 사고에 의해 더욱 강화된다. 손희정은 저서 『손상된 지구에서 더 나은 파국 상상하기』에서 지난 29년간 영화, 드라마, 소설이 천착해온 종말 서사와 파국 서사를 분석하면서 이들이 우리를 각성시키기보다 둔감하게 만들었다고 진단한다. 초기의 충격이 반복에 의해 익숙한 이야기로 무뎌지면서 위기와 재난을 화려한 스펙터클로 소비하고 있다는 것이다. 손희정은 특히 자본, 기술, 남성성을 특권화하는 서사를 통해 서구 남성 영웅이 위기로부터 우리를 구원할 것이라는 트랜스휴머니즘 사고를 확산하는 '지배적 허구'를 맹렬히 비판한다. 할리우드라는 동력에 의해 확산되는 이 지배적 허구는 우리의 관심을 파국의 원인보다는 파국 서사의 쾌락으로 돌리고, 서구 중심의 자본주의를 지구의 운명으로 받아들이게 하기 때문이다.

아리스토텔레스가 비극의 핵심 요소로 규정한 파국은 주인공 자신의 행동에 의해 발생한다는 점, 깊은 상실과 고통을 동반한다는 점, 그리고 인식을 통해 새로운 '전환기'를 마련한다는 점에서 인류세 드라마터지로서의 효용을 지니고 있다. 알렉산더 아이제나흐(Alexander Eisenach)의 〈인간, 폭군 (오이디푸스)(Anthropos, Tyrant (Oedipus)〉(Volksbühne Berlin, 2021)는 생태연극으로서의 고전비극의 부활을 명확히 보여준다. 이 작품은 코로나로 인해 극장 관람이 제한된 시기에 관객들이 다양한 시점을 탐색하며 공연에 몰입할 수 있도록 360° 비디오로 제작되어 온라인에서 초연되었다. 고대 비극과 현대 기술을 결합하고 신화와 과학을 융합한 이 극은 오이디푸스를 통해 자신의 행동 결과를 인지하지 못한 채 생태학적 위기를 초래하는 인류의 모습을 보여주고 과거의 실수를 인정하고 미래의 인식을 변화시킬 필요성을 강조한다. 2022년 베를린–브란덴부르크 아카데미에서 렉처 퍼포먼스 형태로 재공연된 〈인간, 폭군 (오이디푸스)〉에서는 코로나 팬데믹을 상징하는 테베의 역병이 일련의 재앙적 계시를 촉발하고, 지구 시스템 연구자인 안트예 뵈티우스(Antje Boetius)가 델포이의 신탁으로 등장하여 과학적 통찰력을 제공하며, 눈먼 예언자 테레시아스의 역할을 맡은 해양생물학자가 나타나 기후연구의 생태정치적 중요성을 역설한다. 자연을 굴복시킨 영웅 오이디푸스가 만물의 영장이라는 자신의 '운명'을 따르다 스스로의 영웅적 자질이 자신을 포함한 생명 세계를 죽음과 파괴로 몰아넣고 있다는 사실을 뒤늦게 깨닫는다. 자신의 죄를 인지하지 못하고 점점 더 수렁으로 빠져드는 오이디푸스는 인류세 시대의 인간을 표상한다.

그러나 브라니슬라브 야코블리예비치(Branislav Jakovljević)는 고전 비극의 폐쇄적 서사 구조로는 기후 위기와 같은 지속적이고 비가시적이며 복합적인 재난을 담아낼 수 없다고 단언한다.[8] 전쟁이나 테러처럼 빠르고 즉각적으로 눈에 띄는 폭력과 달리, 점진적이고 보이지 않으며 시간이 지남에 따라 축적되는 "느린 폭력(slow violence)"인 환경 파괴는 서구 미학의 전통적 이상인 규율, 조화, 균형에 들어맞지 않고 따라서 기존의 예술 형식으로는 표현할 방법이 없다. 야코블리예비치는 애초에 이들 표현 구조가 현재의 기후위기를 생산한 사회적 힘에의해 형성되었고 이를 지속시켰다고 역설하면서 산업화가 본격화되기 시작한 19세기 말 아리스토텔레스의 시작–중간–끝 서사 구조가 구스타프 프레이타크에 의해 상승–절정–파국의 피라미드 형태로 고착되면서 자본주의에 더욱 적합한 형태로 자리 잡게 되었다고 주장한다. 프레이타크의 피라미드 구조는 '상승운동'이 서사에 결정적 방향을 부여한다는 것을 시각화함으로써 성장의 역동성을 서사의 전면에 내세운다 : "시인은 연극의 시작부터 끝까지 효과를 계속 증가시켜야 한다. (…) 상승 운동의 장면들은 점진적인 관심의 강도를 증가시켜야 하고, 그 중요성에 있어 발전을 보여야 하며, 형태의 처리에 있어 확대를 보여야 한다."[9] 피라미드 형태가 시사하듯 상승과 확장은 극적 서사와 역사적 서사의 핵심어가 되었다. 극작가와 기업가의 임무가 피라미드 형태에 의해 통합된 것이다.

프레이타크는 극적 구조의 대칭성을 유지하기 위해 절정 이후에는 그 이전으로 절대 되돌아갈 수 없으며, 최종 재앙인 파국을 향해 돌진해야 한다고 강조한다 : "완전한 파멸과 죽음으로만 비극의 서사가 완결될 수 있다. 작

---

8 Branislav Jakovljević, "Catastrophe of the Catastrophe: Industrial Aristotelianism and the (Dis)Emplotment of the Capitalocene", *TDR: The Drama Review* 67.1, 2023, pp.21–27.
9 Ibid., p.23.

가는 무대에서 주인공의 생명을 아끼지 말아야 한다."[10] 파국은 삶의 완전한 붕괴와 회생 불가한 종말로 완성된다. 상승-절정-파국으로 이루어진 선형적 구조의 특징은 불가역적이다. 일단 진입하면 그 이전으로 되돌아갈 수 없고, 정해진 결말인 파국을 향해 돌진해야 한다. 비극 형식과 그 변형이 오랜 기간 지배적 서사로 자리 잡으면서 어쩌면 파국은 인류의 뇌리에 불가피한 것, 어쩔 수 없는 것, 심지어 매혹적인 것으로 각인되었을 수도 있다.

조셉 미커(Joseph Meeker)는 생태비평의 선구적 저서 『생존 희극 : 문학 생태학 연구』에서 비극적 서사구조가 인간중심적 세계관을 강화하며 자연과 인간의 관계를 갈등과 극복의 서사로 축소한다고 주장한다. 인간 경험을 자연 세계의 맥락에서 분리시키고 자연을 인간의 도덕적, 정신적 갈등을 드러내는 '배경'으로 축소하는 비극은 자연을 정복과 극복의 대상이자 적대적 힘으로 묘사함으로써 인간에 의한 환경 파괴를 정당화하고, 불가피한 파국으로 마무리되는 비극의 결말은 (인간을 포함한) 생태계의 유연성, 회복력, 순환성을 약화시키는 결과를 초래한다. 반면 희극은 파국이 아닌 실패에 대한 드라마이자 적응에 대한 예술이다. "희극은 우리가 환경을 변화시키기보다 스스로를 변화시키는 능력, 운명을 탓하기보다 주어진 한계를 수용하는 능력에 생존이 달려 있음을 보여준다."[11] 따라서 "문학에 나타난 인간 행동의 희극적 양식은 인간을 '적응하는 동물'로 묘사하려는 예술적 시도에 가장 근접한 양식이다."[12]

미커는 희극이 문학 형태로서 비극보다 생태학적 원리에 더 부합하며, 인

---

10 Ibid., p.24.

11 Joseph W. Meeker, *The Comedy of Survival: Studies in Literary Ecology*, 3rd ed., Tucson: Univ. of Arizona Press, 1997, p.21.

12 Ibid., p.39.

간 행동과 환경 윤리를 이해하는 대안적 방식을 제안한다고 보았다. 희극의 가치인 협력, 적응, 생존은 유연하고 순환적인 자연의 재생력을 반영할 뿐 아니라 인간으로 하여금 만물의 영장이 아닌 자연의 일부가 되어 환경과 조화를 이루며 공존하는 서사를 제공하기 때문이다. 인간의 이상과 도덕적 절대성을 강조하는 비극과 달리 희극은 인간의 불완전함을 포용하고 다른 생명체들과의 상호 의존성을 축복한다. 미커는 오랜 시간 서구 문학의 백미로 추앙받아 온 비극이 인류 문명에 끼친 생태적 해악을 극복하고 희극적 세계관을 통해 자연과 인간의 관계를 재구성해야 한다고 주장한다. 모든 생명체의 근본 원칙은 문학에서 희극이 전제하는 원칙과 동일하다. 모든 수단을 동원해 환경에 적응해야 하며, 죽음을 대체할 수 있는 어떤 선택이든 택해야 한다. 그러기 위해서는 최대한 다양성을 수용하고 증진시키며, 출생과 환경이 부여한 한계를 인정하고, 전쟁이 아닌 사랑을 선택해야 한다.

희극적 스탠스에는 유연성과 겸손함이 따르는데 이 자질들은 인간이 다른 비인간과 공존하는데 필요할 뿐 아니라 인간 자신의 멸종을 성찰하기 위해서도 요구되는 자질이다. 종말에 대한 피로감과 '비극'의 과잉으로 고통받는 이 시점에서 희극은 우리가 취할 수 있는 더 나은 대처 방식이 될 수 있다. 니콜 시모어(Nicole Seymour)는 생태 파수꾼을 자처하는 환경주의자들의 과도한 진지함이 자신들이 구하고자 하는 대중의 영혼과의 연결을 오히려 단절시키고 있다고 꼬집으면서 이들의 '순수성' 정치와 대비되는 '나쁜 환경주의'를 자처한다. 시모어는 "아이러니, 불경함, 유희성, 부조리성, 경박함, 무례함, 양가성, 즐거움"을 동반하는 '나쁜 환경주의'를 통해 더 많은 사람들을 포용하는 민주적 접근을 시도해야 한다고 역설한다.[13]

---

13 Nicole Seymour, Bad Environmentalism: Irony and Irreverence in the Ecological Age,

3. 파국 다시 상상하기

인류세 드라마터지의 성패는 낙관론자들의 기술주의적 해결책이나 비관론자들의 종말론적 담론에 편향되지 않으며, 비극적 카타르시스와 폐쇄적 서사구조를 넘어서는 새로운 상상력에 달려 있다. 기후 위기라는 전지구적 현상으로 촉발된 인류세 담론으로 지금까지 '민족', '국가', '인종'으로만 존재해온 인간은 인류 역사상 처음으로 '인간종'(spiecis)이라는 정체성을 갖게 되었다. 디페시 차크라바르티(Dipesh Chakrabarty)가 적시하듯 '종'으로서 인간이 갖는 보편성은 과거의 경험이 아닌 미래에 대한 공통 감각에 달려 있다. 파국에 대한 전망이 인간종을 묶어주는 보편성이다.[14]

〈디망쉬〉, 〈어부의 핵〉, 『저 멀리』는 각기 다른 세 나라의 작품이고 작품의 성격도 다르지만 모두 미래의 파국을 그리는 작품으로 인간/비인간 관계가 전복된 초현실적 종말에 대한 새로운 상상을 통해 인류세 드라마터지의 방향성을 탐색한다. 각기 다른 세 나라의 작품을 관통하는 종말과 파국에 대한 '공통 감각'을 찾아보는 것은 개인이 아닌 인류 공동체로서 위기에 대처해야 하는 인류세 드라마터지의 중요한 작업이기도 하다. 세 작품은 또한 종말과 파국을 다루고 있음에도 조셉 미커가 주장한 생태적 희극성을 담지하고 있으며 비인간이 중요한 행위자로 등장한다는 공통점을 가지고 있다. 이들 비인간은 인간을 지향하거나 인간을 풍자하기 위한 장치로 활용되지 않고 인간과 공생하거나 스스로 생존하기 위해 '사고'하고 '행동'하는 존재로 그려진다.

Minneapolis: Univ. of Minnesota Press, 2018, p.23.

14 Dipesh Chakrabarty, "The Climate of History: Four Theses", *Critical Inquiry*, 35.2 (2009), p.220.

1) 〈디망쉬〉[15]

2024년 7월 우란2경에서 벨기에 극단 포커스 앤 샬리와테(Focus & Chaliwaté)의 작품 〈디망쉬〉가 아시아 초연으로 공연되었다. 2018년에 25분짜리 단편 〈백 업〉으로 만들어진 이 작품은 2019년 장편 공연으로 재창작되어 에딘버러 페스티벌, 시드니 오페라하우스 50주년 페스티벌 등에 공식 초청되었다. 당시 현지 언론으로부터 "고전적 미학과 현재의 메시지를 사실과 허구의 매력적인 조합으로 표현한 작품," "관객들을 웃게 하는 기발한 표현 방식과 가슴을 아프게 하는 묵직한 메시지"라는 호평을 들었다. 우란2경 극장 입구 로비에는 버려진 플라스틱, 유리파편, LP판으로 만들어진 엄아론 작가의 〈북극곰의 눈물〉이 전시되어 있다. 극장으로 들어서기 직전에 만나는 거대한 북극곰의 존재는 이후 공연을 그의 시선으로 보게 한다.

행성적 위기인 기후변화와 개인의 일상이 무대 위에 교차하는 〈디밍쉬〉는 배우, 신체, 움직임, 오브제, 인형, 비디오가 결합한 기발한 방식으로 유쾌하지만 통렬하게 기후위기의 심각성을 경고한다. 불어로 일요일을 의미하는 '디망쉬'는 이 공연의 시간적 배경이자 가족이 함께 보내는 평화로운 하루를 상징한다. 같은 시간 한 그룹은 길 위에 있다. 뉴스캐스터, 카메라맨, 소품/음향기술자인 이들은 전 지구를 돌아다니며 멸종 위기 종(種)의 최후를 촬영하고 생태위기로 사라지고 있는 것들의 흔적을 남기려 한다. 이들의 보도는 파국이 닥쳐오고 있음을 알리는 동시에 현실에 대한 객관적인 시각을 제공한다. 동일한 배우들이 연기하는 또 다른 그룹은 집 안에서 일요일의 루틴을 즐기고 있다. 이 작은 세상에서 마치 모든 것이 정상인 것처럼 운동하고, 음악 듣고, 멋진 옷을 차려입고, 파티를 준비한다. 자연의 거대한

15　필자는 2024년 7월 11일자 〈디망쉬〉 공연을 관람하였다.

재앙으로 그들을 둘러싼 모든 것들이 변형되고 부서져가지만, 가족들은 일상의 습관들을 고수하려 애쓴다.

교차되는 두 이야기는 기후 행동이 필요하다는 '지식'과 이러한 인식을 일상의 삶 속에서 적용하는 '능력' 사이의 간극을 보여준다. 대사 없이 진행되는 시각적 스토리텔링과 감각과 감정을 깨우는 신체극은 유머와 절망을 균형 있게 결합하고 기후위기 시대의 역설적이고 부조리한 측면을 효과적으로 드러내는 동시에 희망의 가능성을 끝까지 놓지 않는다. 발레처럼 유연한 신체 퍼포먼스, 놀이처럼 진행되는 소품 퍼포먼스, 정교한 사운드스케이프 속에서 관객은 희극과 비극이 뒤섞인 초현실적 상황을 온몸으로 감각하고, 현실을 선택적으로 받아들이는 무대 위 가족의 모습에서 자신을 발견한다.

〈디망쉬〉의 매력은 공포가 아닌 시와 유머로 우리의 행동을 촉구한다는 것이다. 자조적인 웃음을 유발하는 공연의 메타적 희극성은 미커가 주장한 바와 같이 생태적 적응력에 필요한 최소한의 안정감과 균형감을 제공한다. 공연은 첫 순간부터 연극의 놀이적 특성을 드러낸다. 세 배우는 서로의 몸으로 만들어진 풍경 위에서 작은 장난감 차를 움직이는 것으로 공연을 시작한다. 세 명의 탐사 보도원이 탄 장난감 자동차가 마치 산맥처럼 보이는 배우들의 팔과 어깨 위를 흔들리며 지나간다. 폴 사이먼의 노래 〈연인을 떠나는 50가지 방법(*50 Ways to Leave Your Lover*)〉에 맞춰 산도, 차도, 인간도 모두 함께 흔들린다. 한편 집을 덮친 허리케인으로 가구와 집기들이 하늘을 날아다니는 상황에서도 가족은 허리케인에 휩쓸려 깨진 창문으로 날아든 새를 요리해서 와인을 곁들인 만찬을 준비한다. 그들은 식탁마저 바람에 밀려가는 상황에서 고도의 아크로바틱을 동원해 기어이 술과 음식을 입에 넣으려고 갖은 애를 쓴다. 관객은 인간의 어리석음에 공감하면서도 기술과 예술이

빚어내는 마법 같은 순간들을 함께 느끼고 함께 웃는다. 관객으로 하여금 심각한 기후 재난 상황 앞에서 웃음을 터뜨리게 하는 〈디망쉬〉의 '나쁜 환경주의'는 역설적으로 '인간종'에 대한 희망과 공동체적 감각을 일깨운다.

카메라맨이 녹아내리는 빙하 때문에 물에 빠져 죽는 장면 이후 무대는 살 곳을 잃은 북극곰이 어린 새끼와 헤어지는 장면으로 전환된다. 동물 이미지의 관습적 클리셰에 기대지 않는 퍼펫의 형태와 움직임이 너무 세밀하고 정교해서 실제 동물을 보고 있는 착각을 불러일으킨다. 얼마나 오랫동안, 얼마나 집중해서 곰을 관찰하고 연구했으면 저런 움직임과 표현이 가능할까? 그러나 이들의 하이퍼리얼리즘 동물 연기는 배우와 퍼펫이 동시에 보이는 구도로 인해 관객의 감각은 동물 또는 배우 자체가 아닌 놀라운 집중력으로 빚어내는 인간/비인간의 결합과 그 아름다움에 집중된다. 퍼펫티어들이 존재의 중심을 비인간 타자에게 내어주는 순간, 배우의 몸이 최종 종착지가 아닌 '다른', 혹은 '다음' 존재로 나아가는 투과성을 체현하는 '영매적' 순간을 경험하게 된다. 그 순간은 테크놀로지가 아닌 몸의 노동과 감각으로 만들어지고 근육의 힘으로 완성된다.

공연의 마지막 장면에서 리포터가 커다란 해일에 휩싸이고 무대는 컴컴한 바닷속으로 바뀐다. 아니 바다가 아니라 거대한 물이 지구 전체를 삼켜 버린 파국 이후의 모습이다. 식탁, 의자, 시계 모든 것들이 물 위로 둥둥 떠오른다. 호기심을 느낀 물고기가 물건들에 접근하고 그 사이를 상어가 빠르게 지나간다. 두 동료를 잃고 혼자 살아남은 기자는 조각배에 몸을 싣고 지구를 떠돌아다니며 탐사보도 여행을 계속한다. 물 위에 떠다니면서도 깊이 잠이 든 사람들, 이들을 깨우기 위해 요란하게 울리는 알람시계, 그럼에도 시계를 내팽개치고 계속 자는 사람들의 모습은 우리의 현실을 풍자한다. 알람시계의 배터리는 그리 오래가지 않을 것이다.

2) 〈어부의 핵〉[16]

다양한 작품으로 인간과 비인간의 관계를 꾸준히 탐구해온 김도영 작가와 장한새 연출의 〈어부의 핵〉(2023년 8월 신촌극장)은 로봇과 그가 바다에서 건져 올린 말미잘의 시선으로 파국 이후의 지구를 그려낸다. 〈어부의 핵〉은 바닥 전체에 깔린 검은 비닐로 바다를 표현하고 조명도 최소화한 미니멀리즘 무대 위에서 배우 혼자 극을 끌고 가는 일인극이다. 배우는 작은 크기의 네모난 상자를 머리에 쓰면서 로봇이 되고 손에 낀 장갑으로 말미잘을 표현한다. 배우가 자신의 몸을 통해 두 개체를 연기함으로써 전혀 다른 두 존재가 한 몸에 머무르는 생태적 공생과 연결의 주제 의식이 부각된다.

연극의 주인공은 (〈디망쉬〉에 등장하는 인류 최후의 리포터처럼) 핵전쟁으로 인류가 멸망한 후 달라진 지구 지형을 탐사하는 최후의 로봇 '베이비 보이'다. 스스로를 어부라고 생각하는 로봇에게 주어진 임무는 배를 타고 세계를 돌아다니며 지난 인류의 역사와 달라진 지구 지형에 대한 유익한 정보를 수집하여 "다음 인류가 단번에 도약할 수 있는" 기반 자료를 만드는 것이다. 극이 시작되면 베이비 보이를 연기할 배우가 등장해 무대 사진을 찍어 자신의 SNS에 올린 후 "#신촌극장#어부의 핵#종말" 해시태그를 단다. 배우는 빙하 손실, 핵폭탄 등 파국으로 치닫는 인류에 대한 뉴스들을 연이어 듣다가 베이비 보이에게 자연의 소리를 틀어달라고 요청한다. 바다의 수리와 함께 배우는 천장에 매달려 있던 로봇의 머리를 뒤집어쓰고 스스로 베이비 보이의 여정을 시작한다. 전 세계를 횡행하는 베이비 보이의 공간적 이동을 통해 특정 장소에 얽힌 신화적이고 역사적인 서사가 교차되고 베이비는 파괴된 지구와 이 상황을 초래한 인류의 역사를 접하면서 많은 생각에 잠기게 된

---

16 2023년 8월 19일자 공연 영상 분석 https://playshooter.com/shop/index_search.php

다. 자의식이 없는 기계적 존재가 아니라 능동적 행위자인 그는 지구의 지형을 살피고 탐사할 뿐 아니라 인류의 역사와 현재의 상태를 종합적으로 고려하여 수집한 정보를 기억과 망각으로 분류한 후 다음 인류에게 전달할 기록을 선별한다.

칼레 해협을 지나 브리타니아를 침공하는 카이사르의 이야기로 시작하는 베이비 보이의 여정은 소말리아 해협을 지나 아열대 환류를 거쳐 그곳에서 만난 말미잘과 함께 아시아까지 여행한다. 추위와 허기로 죽게 된 말미잘을 고향인 '지옥의 고리' 바다에 놓아주고 혼자만의 외로운 여행을 계속하는 베이비 보이는 북극의 빙하가 사라진 것을 발견한 후 자신의 미션에 대한 회의를 느끼게 된다. 지구의 핵으로부터 밀어 올려진 불의 고리가 움직이면서 화산들이 차례로 폭발하기 시작하자 그는 자신이 수집하고 정리한 자료들을 모두 폐기하고 지구의 핵을 향해 새로운 길을 떠나면서 말한다 : "난 분열하며 각자의 객체로 존재하는 말미잘처럼 또 다른 나를 향해 끈질기게 다가간다." 화산 꼭대기로 기어오른 베이비는 그곳에 프로메테우스가 존재하지 않는다는 것을 깨닫고 미래의 인류에게 남기는 마지막 말을 쏟아낸다 : "나는 인류의 도약을 원하지 않습니다. 나는 그들이 찾아 나서길 원하고, 끝없이 방황하고 헤매기를 원합니다. 안전한 지도를 결코 갖지 못하기를 바랍니다. 수만 번 넘어지기를 원합니다. 도약이 아니라 한 걸음씩."

평론가 박미란은 베이비 보이가 이스탄불 해협을 건너며 프로메테우스 신화를 들려주는 장면, 그리고 인간의 도구였던 로봇이 지구의 힘과 연결되기 위해 종과 개체를 뛰어넘는 마지막 도약을 연결하면서 그가 미래 인류의 프로메테우스가 되기를 거부한 것으로 해석한다. 〈어부의 핵〉은 다음에 올 인류는 프로메테우스의 불이 아닌 지구의 핵에 존재하는 가이아의 힘으로 일어서기를 바라는 베이비 보이의 희망으로 끝을 맺는다. 박미란은 "프로메테우스와의 연결이 끊어진 인간은 무엇과 연결될 것인가"라고 자문하면서 그에 대한 하나의 답을 말미잘의 죽음 장면에서 찾는다. 관객들은 제작진이 미리 나눠준 형광 장갑을 끼고 로봇이 건네준 말미잘을 넘겨받아 옆 사람에게 계속 전달한다. "수많은 말미잘들이 관객의 손에서 구현되는 장면은 서로 다른 개체의 연결과 집합적 상상력을 발휘"한다.[17]

우리 모두는 끊임없이 분열하고 생성하면서 서로에게 연결되어 있는 존재이다. 연결을 만들어내고 이를 지속하기 위해 감당해야 할 수고스러움을 기억해야 한다는 베이비 보이의 마지막 말은 늘 현재의 시간 속에서 몸의 수고를 통해 연결을 시도해야 하는 연극의 역할을 상기시킨다. 인간과 비인간, 로봇과 동물, 과거와 미래의 경계를 침투 가능하고 유동적인 것으로 바라보는 〈어부의 핵〉은 생태적 상호주의를 작품의 주제적 중심에 놓는 인류세 드라마터지의 가능성을 보여준다.

3) 『저 멀리』

영국을 대표하는 극작가 캐럴 처칠의 『저 멀리』는 신물질주의, 객체지향 존재론 등 포스트휴머니즘 이론이 본격적으로 등장하기 이전인 2000년에 초연되었음에도 매우 선구적인 생태연극의 모델을 보여준다. 짧은 세 개의 막으로 구성된 『저 멀리』는 주인공 조안(Joan)의 성장 과정을 따라간다. 목가적 전원을 배경으로 펼쳐지는 부조리한 인간의 모습에서 출발하여 인간, 동물, 자연 간의 구분이 사라진 행성 차원의 전쟁으로 확대되는 『저 멀리』는 전체주의, 자본주의, 인간중심주의가 초래한 생태적 위기와 그 역설적 가능

---

17 박미란, 「〈어부의 핵〉, 개체를 잇는 연결의 상상력」, 『공연과 이론』 통권 91호 (2023 가을), 215쪽.

성을 조망한다. 초반부터 극의 중요한 모티프로 작동하는 동물과 비인간에 대한 묘사는 뒤로 가면서 극적인 변화를 보여준다.

1막이 시작되면 처음으로 이모의 집에서 밤을 보내고 있는 어린 조안이 이모 하퍼(Harper)와 대화를 나누고 있다. 방금 전에 조안은 이모부가 사람들에게 폭력을 휘두르는 장면을 목격했고, 그 충격으로 잠을 이루지 못하고 있다. 하퍼는 조안이 들었다는 비명소리는 부엉이 소리였다고 둘러댄다. 조안이 비명소리에 놀라 바깥으로 나갔다가 마당에 고여 있는 피에 미끄러졌다고 말하자 하퍼는 트럭에 치어 죽은 "큰 잡종 개"의 피라고 거짓말을 한다.[18] "큰 잡종 개"라는 야만적인 이미지를 동원해 동물의 피와 죽음을 대수롭지 않는 사건으로 만들려고 하는 것이다. 난민으로 추정되는 사람들을 트럭으로 실어 와 헛간에서 폭력을 행사하는 남편의 행위를 감추기 위해 하퍼가 거짓으로 짜내는 '스토리'는 동물에 대한 왜곡된 시선을 드러낼 뿐 아니라 동일한 상대주의가 사회적 소수자에게도 투영된다는 것을 보여준다. 공격성이 의심되는 "큰 잡종 개"의 죽음을 대수롭지 않게 여기는 사고방식이 난민들에게도 그대로 적용되기 때문이다. 조안이 이모부가 사람들을 때리는 것을 직접 보았고 그중에는 어린아이도 있었다고 말하자 더 이상의 변명이 불가능해진 하퍼는 이념의 언어로 남편의 폭력을 정당화한다. 이모부는 "그들의 탈출을 돕는 것"이고 그가 때린 아이들은 "반역자의 아이"였다고. 불쌍한 사람들의 탈출을 돕고 그들에게 은신처를 제공하는 정의로운 일이지만 이 일이 알려지면 이모와 이모부 그리고 조안 자신도 위험에 처하게 될 것이라고 겁을 준다. 하퍼의 공허한 이념적 수사로 어린 조안의 직관적

---

18 Caryl Churchill, *Far Away*, in Caryl Churchill Plays 4, London: Nick Hern Books, 2009, p.138.

의구심은 기이한 이상주의로 변질된다.

하퍼　이젠 이해했지? 너도 이제 더 좋은 세상을 만드는 큰 움직임의 일부가 된거야. 스스로를 자랑스럽게 여겨도 돼. 별을 보면서 이렇게 생각해봐. 여기 우리는 작은 공간에서 살고 있지만, 옳은 일을 하는 이들의 편에 서 있다고. 그러면 너의 영혼이 저 하늘에 닿을 만큼 커질 거야.[19]

이모의 언어에 포섭된 조안은 내일 아침 마당 치우는 일을 돕겠다고 자청하고 잠을 청한다.

1막이 평화로운 시골의 이면에 도사리고 있는 인간의 대립과 폭력을 드러낸다면, 처형장을 향해 행진하는 "반역자"들이 직접 무대에 등장하는 2막에서 그 폭력은 국가적 차원으로 확대된다. 여기서도 죄수들은 순순히 도살장으로 끌려가는 순종적인 동물의 모습을 연상시킨다. 어른이 된 조안은 죄수들이 처형 전 퍼레이드에서 착용할 거대한 모자를 제작하는 공장에서 디자이너로 일한다. 2막의 대부분은 죄수들에 대한 언급 없이 조안과 동료인 토드(Todd)의 일상적 대화로 이루어지기 때문에 그들이 제작하는 모자의 용도에 대한 단서는 제공되지 않는다. 두 사람은 공장의 노동 조건이나 자신들이 만든 작품의 미학적 세부 사항을 논의한다. 그들이 모자 디자인에 즐겨 사용하는 것은 동물 모티프이며, 조안의 대학 졸업 작품 모자는 "키가 6피트나 되는 기린" 모양이었다. 하지만 조안과 토드는 공장에서 하는 일의 성격과 목적에 대해서는 입을 다문다. 이 침묵은 검열에 대한 두려움 때문이라기보다는 자신들이 의존하게 된 시스템을 더 이상 끔찍하다고 보지 않

19　Ibid., p.142.

기 때문일 것이다.

2막 후반부에 등장하는 죄수들의 퍼레이드는 그래서 더욱 충격적이다. 아무런 사전 암시나 설명도 없이 관객은 조안과 토드가 만드는 모자가 퍼레이드의 잔혹성을 스펙터클과 오락거리로 포장하기 위해 제작된 것이라는 사실에 직면한다. 퍼레이드에 대한 처칠의 무대지시문은 간결하다 : "다음 날, 너덜너덜한 누더기를 입고 탈진한 죄수들이 사슬에 묶인 채 각자의 모자를 착용하고 처형장을 향해 행진한다. 완성된 모자들은 이전 장면에서보다 훨씬 더 거대하고 터무니없다."[20] 이 장면의 효과는 압도적인 시각적 대비로 인해 배가된다. 최소한 20명에서 100명에 이르는[21] 처형장으로 끌려가는 죄수들이 기괴할 정도로 화려한 모자를 쓰고 벌이는 퍼레이드 장면을 통해 처칠은 모자의 생동감과 죄수들의 사물화된 특성을 극명하게 대비시킨다. 퍼레이드 장면은 이 극이 사실주의 드라마의 표피를 벗고 초현실주의적 부조리극의 정체성을 드러내는 전환점이다. 직장 동료와의 평범한 수다로 보였던 조안과 토드의 직전 대화를 낯설게 만들고 바로 다음 장면에서 조안과 토드가 나누는 대화로부터 우리를 완전히 '소외'시킨다. 자신의 모자가 대상 작품으로 선정되어 박물관에 보존될 것임을 알게 된 조안은 더 많은 모자를 보존할 수 없음을 아쉬워하며 "시신과 함께 모자를 태우는 건 참 슬픈 일"이라고 말하자 토드는 모자가 한순간 존재하고 사라지는 것이어서 오히려 큰 의미가 있다고 응수한다. 이들은 모자의 가치를 논하지만 죄수들의 생명에 대해서는 전혀 신경 쓰지 않는다.

---

20 Ibid., p.149.
21 처칠의 무대 지시에 의하면 최소 20명에서 (가능하면) 100명의 죄수가 무대에 등장한다.

처칠은 패션쇼와 수용소라는 두 개의 이질적 세계를 융합함으로써 전체주의와 자본주의, 더 나가 인류 문명의 위선과 모순을 그로테스크하게 드러낸다. 조안이 사는 세상은 '저 멀리' 있지 않다. 문화 생산이 국가적 폭력에 성공적으로 통합된 세상, 인간/비인간 타자의 비참한 삶에 무감각한 세상, 추상적 예술로 스스로가 자행하는 폭력을 은폐하고 미화하는 기이한 세계는 우리와 상관없는 곳이 아니다. 거대한 모자를 쓴 100명의 죄수가 등장하는 순간, 현대인의 삶과 예술에 대한 불편한 진실이 우리의 뺨(in-yer-face)을 후려친다. 1막과 2막에서 처칠은 자연, 정치, 예술의 병치를 통해 근대적 이념이 작동하는 심리적 구조를 보여주고 이것이 어떻게 개인의 욕망을 주조하고 폭력적 현실을 은폐하는지를 조용히 그러나 압도적으로 폭로한다.

하지만 『저 멀리』의 압권은 비인간을 종말의 적극적 참여자로 그려내는 3막이다. 특정한 시공간을 지시하고 있진 않지만 1막과 2막이 현실에 기반을 두고 있는데 반해 인간, 동물, 물질이 모두 참여하는 전 지구적 전쟁 상태가 펼쳐지는 3막은 미래에 벌어질 초현실적인 파국을 그리고 있다. 1막과 2막이 현대 문명의 역사성을 개인적인 가정/직장의 삶 속에 응축시켜 상징적으로 보여준다면 인간과 비인간 존재가 뒤얽히는 기이한 시간 속에서 펼쳐지는 3막의 아포칼립스는 그 원래의 의미대로 '계시(revelation)'의 순간을 선시한다. '만물의 만물에 대한 전쟁'에서 인간은 호모 사피엔스로서의 기득권을 잃고 '동물'이 된다. 인간이 생태계 위계질서의 최상위라는 '가정'이 사라지고 나니, 인간과 비인간의 위계만 사라진 것이 아니라 종, 물질, 원소의 경계도 뒤섞인다. 프랑스인과 고양이들이 동맹을 맺고 모로코인들은 개미와 한편이 된다. 심지어 날씨도 전쟁에 참여한다. 이제는 연인이 된 토드를 만나기 위해 온갖 위험을 무릅쓰고 하퍼의 집으로 돌아온 조안은 오는 길에 전쟁터에서 만난 기이한 적들을 이렇게 묘사한다.

조안   새들이 두려운 것은 아니었어, 날씨가 더 무서웠어. 이곳의 날씨는
일본 편이야. 산을 지나오는 내내 천둥번개가 내리쳤어 […] 모든 것
이 참여하고 있으니 한시도 한눈을 팔 수 없어 힘들었어. 시체 더미
앞에 멈춰서 보면 어떤 이는 커피에 의해 어떤 이는 핀에 의해 죽었
고, 또 헤로인, 휘발유, 전기톱, 헤어스프레이, 표백제, 디기탈리스,
그리고 비협조적이어서 우리가 불태운 풀 연기 때문에 죽었어. 볼
리비아 사람들은 중력과 작전을 진행 중인데 공포를 확산시키지 않
기 위해 비밀로 하고 있어. 우리 편은 소음과의 동맹을 추진하고 있
고, 마다가스카르에서는 수천 명이 빛 때문에 죽었어. 누가 어둠과
침묵을 동원할까? 밤에 나는 그걸 생각했어.[22]

처칠의 부조리한 유머의 행성적 스케일은 작품의 희극성을 강화하고 파
국을 비극적 종말이 아닌 새로운 계기 또는 해방적 에너지로 변환한다. 자
연/물질 세계의 능동적이고 주체적인 반란으로 인간은 무질서한 시스템
의 일부가 되고, 인간의 희극적 '추락'은 미커의 주장처럼 생태적 민주주의
를 가능하게 하는 대안적 존재/공존 방식의 가능성을 열어준다. 2차 세계
대전 이후에 등장한 부조리극이 존재론적 고립과 인간의 무력감을 전경화
했다면 처칠의 생태적 포스트휴머니즘은 부조리극의 실존적 질문에 비인
간 주체를 포함시켜 인간/비인간의 존재론적 카오스를 희극적인 공존의 감
각으로 디코딩함으로써 부조리극의 지경을 생태의 영역으로 확장한다. 파
국을 기회이자 전환점으로 디코딩해야 한다는 관점은 도나 해러웨이(Donna
Haraway)와 브루노 라투르(Bruno Latour)의 인류세 담론에서도 발견된다. 해러
웨이는『트러블과 함께하기』에서 인류세는 하나의 세라기보다 일종의 경계

---

22 Ibid., p.158~159.

적 사건으로 우리가 할 일은 가능한 이 시기를 짧게 만드는 것이라고 주장하면서 인류세, 자본세, 대농장세 등 극복해야 할 부정적 용어 대신 아직 희망이 남아 있는 "툴루세"(Chthulucene)라는 탈인간중심적 용어를 쓰자고 제안한다. 근대성이 야기한 문제를 오랫동안 천착해온 라투르 역시『가이아와 마주하기』를 통해 인류세를 구체제에서 신체제로 가는 '전환점'으로 보고 가이아와 마주함으로써 새로운 기후 체제로 나아가야 한다고 주장한다.

　순수하고 예민한 소녀(1막)에서 이념에 종속된 노동자/예술가(2막)로 길러진 조안은 3막에 이르러 방향을 알 수 없는 파국의 교차로에 불안하게 서 있는 실존적 존재로 성장한다. 눈앞에서 행진하는 죄수들에게도 관심이 없었던 그녀가 길가의 돌멩이 하나에도 그가 과연 누구 편인지, 다음 순간 어떻게 반응할지 온 촉각을 세우며 관심을 집중한다. 자신과 동등한 행위자인 주변의 모든 비인간 타자들에게 촉수를 뻗어 감지하는 새로운 존재가 된 것이다. 그러므로 그녀에게 이 전쟁은 종말이 아니라 진화의 기회이자 성장의 시간이다. 하지만 처칠은 인간과 비인간의 연결을 쉽게 가정하지 않는다. 마지막 독백에서 조안은 인간과 비인간 모두는 서로에게 접속할 수 없는 동등한 '이방인' 이라는 생태적 인식에 이른다. 집으로 돌아오기 위해 어느 편인지 알 수 없는 강을 건너야 하는 순간 조안의 두려움은 절정에 달한다. 강가에 오래 서 있던 조안은 고민 끝에 한 발을 강물에 담근다. 물은 얼음처럼 차고 여전히 무슨 일이 일어날지 알 수 없지만, "어쨌든 강물이 너의 발목을 감싼다."[23] 존재의 근본적인 위태로움을 받아들이고 타자를 향해 한 발짝 내딛는 순간 마치 물처럼 존재의 경계가 사라지고 비로소 생존과 공존의 가능성이 열린다. 강물과의 미시적 상호작용을 묘사하는 조안의 마지막 대사를

23　Ibid., p.159.

통해 관객은 일상에서 느낄 수 없는 인간과 물질 간의 상호침투성을 감각한
다. 우리의 몸은 관계들의 밀도 높은 네크워트 속에 서로 분리할 수 없이 얽
혀 있다는 제인 베넷(Jane Bennett)의 신유물론적 관점이 추상이 아닌 생생한
감각으로 다가온다.[24] 인간과 비인간이라는 이분법에 근거해 끊임없이 소비
하고, 착취하고, 오염시켜온 환경이 실은 우리의 일부라는 몸의 인식은 인
간과 비인간/물질/환경 간의 권력관계를 역전시켜 보다 수평적이고 민주적
인 관계를 상상하게 한다.

　도처에 넘쳐나는 재앙과 종말의 서사는 잔인한 공포와 비현실적 희망을
얼버무린 클리셰로 종말의 의미를 왜곡하고 파국에 중독되게 함으로써 인
류세가 우리에게 주는 변화의 기회를 날려버리고 있다. 클로에 테일러(Chloë
Taylor)의 표현대로 우리가 살고 있는 것은 "세계의 종말(the end of the world)이
아니라 한 세계이 종말(the end of a world)일 뿐이다." 〈디밍쉬〉, 〈어부의 핵〉,
『저 멀리』는 한 세계의 종말, 곧 식민주의적 자본주의와 인간중심적 인문주
의에 의해 구성되어 온, 우리가 익히 잘 알고 있는 한 세계의 종말을 새로운
관점으로 바라본다. 이 세계의 파국을 파멸이 아닌 계시의 순간으로 포착하
고 성장과 해방의 계기로 재상상하는 인류세 드라마터지는 더 나은 종말을
위한 리허설이다.

4. 미래의 유령

　아리스토텔레스가 서구 시학의 근간으로 주창한 비극의 패러다임과 이
를 계승한 근대서사의 피라미드 구조는 인간우월주의와 상승, 성장, 발전에

24　제인 베넷, 『생동하는 물질 : 사물에 대한 정치 생태학』, 문성재 역, 현실문화, 2020.

집착하는 사회적 '기후'를 만들어냈다. 인간과 비인간을 아우르는 공동체적 상상력으로 파국과 종말에 대한 새로운 감각을 만들어내는 세 작품 〈디망쉬〉, 〈어부의 핵〉, 『저 멀리』는 이에 대항하는 인류세 드라마터지의 단초를 보여준다. 이들은 위대한 개인의 불가역적 몰락을 증폭시키는 아리스토텔레스적 파국의 궤도에서 벗어나 파국을 아직 해결되지 않은 '집단적' 사건으로 재구성하고 그 안에서 새로운 출발을 위한 계시의 순간을 발견한다. 세 작품이 다루고 있는 방대한 시공간의 행성적 스케일은 특정 시간과 공간에 국한되지 않는 생태적 파국의 지속적이고 누진적인 특성을 반영한다. 인류세의 지구는 특수하고 개인적이며 자기완결적인 근대적 서사로는 상상하기 힘든 광대한 힘이 좌우하는 연속성의 세계이다.

동물, 로봇, 석유, 강물 등 비인간 존재가 단순한 배경이나 소품이 아닌 행위자로 참여하는 파국의 양상은 인간중심주의를 해체하고 인간이 다른 수많은 존재와 행위 주체성을 공유하고 있음을 드러낸다. 세 작품 모두 한 시간 내외의 짧은 공연으로 구구절절한 기승전결도, 인물의 심리에 대한 디테일도 없다. 파편적인 에피소드 형식을 취하고 있지만 파국이라는 관통선으로 엮어낸 압축된 이야기와 비인간에 대한 파격적인 이미지가 더욱 강렬하고 긴 여운을 남긴다. 세 작품이 공통적으로 보여주는 미완의 결말은 인류세 시대의 불안정과 혼돈을 공존을 위한 하나의 가능성으로 열어둔다. 『세일즈맨의 죽음』처럼 개인의 붕괴에 초점을 맞춘 현대 비극의 개인적/일상적 지경을 행성적 차원의 시공간으로 확장하면서 파국은 인간 중심적 갈등을 넘어 전 지구적 위기로 확장된다. 파국의 개념이 단일하고 극적인 사건으로 나타나기보다, 분산된 순간이나 암시적 하위 텍스트로 표현되고, 인간, 동물, 환경 간의 경계가 희미해지는 초현실적 파국 속에서 인간/비인간의 상호연결성과 존재의 다공성이 강조된다.

희극성이 기후 위기와 환경 재난을 다루는 인류세 드라마터지의 두드러지는 특징이라는 점은 세 작품에서도 확인된다. 이러한 희극성은 기후 위기에 대한 서로 다른 태도와 관점으로 인해 고조되고 있는 불안/불화에 대한 전복적인 아이러니라고 볼 수 있다. 도덕이나 희생 같은 '이상'에 대한 호소로는 이견과 반목의 간극이 좁혀질 수 없다. 차이와 불화를 적극적으로 표현하고 '향유'하는 역설적 접근 방식이 부조리극의 희극성과 만나면서 생태적 시너지를 만들어 낸다. 인간에 내재한 모순, 불안전함, 애매함을 끌어안는 생태적 희극은 부조리한 일상을 풍자하면서도 긍정적 변화를 위한 에너지를 생산할 수 있다. 희극 고유의 장기적이고 과정 지향적인 속성이 운명론적 파국에 대한 대안을 제시할 수 있기 때문이다.

찰스 디킨슨의 『크리스마스 캐럴』의 주인공 스크루지에게 아직 오지 않은 미래를 미리 살아보게 함으로써 새로운 출발점에 서게 만든 것은 미래의 유령이다. 기후 위기 시대의 연극은 파국의 리허설을 통해 현재의 위기를 변화의 전환점으로 인식하게 하는 미래의 유령이다. 인류세 시대의 드라마터지는 인간중심주의 서사와 몰락을 향해 치닫는 고전 비극의 궤도에서 벗어난 새로운 상상력을 필요로 한다. 극장은 이 상상력을 담기에 적합한 그릇이다. 인간과 물질로 가득 찬 극장은 서로 다른 존재들 사이의 다공성과 상호침투성을 가장 잘 구현할 수 있는 공간이기 때문이다.

참고문헌

고시, 아미타브, 『대혼란의 시대』, 김홍옥 역, 에코리브르, 2021.

김홍중, 『사회학적 파상력』, 문학동네, 2016.

박미란, 「〈어부의 핵〉, 개체를 잇는 연결의 상상력」, 『공연과 이론』 통권 91호(2023 가을), 210~216쪽.

베넷, 제인, 『생동하는 물질 : 사물에 대한 정치 생태학』, 문성재 역, 현실문화, 2020.

손희정, 『손상된 행성에서 더 나은 파국 상상하기』, 메멘토, 2024.

이경미, 「현대연극의 신유물론적 전환 ─ 연극의 탈영토화 가능성과 방향에 대하여」, 『한국연극학』 88호, 227~266쪽.

피셔, 마크, 『자본주의 리얼리즘 대안은 없는가』, 박진철 역, 리시올, 2024.

해러웨이, 도나, 『트러블과 함께하기』, 최유미 역, 마농지, 2021.

Berlin-Brandenburg Academy of Science and Humanities. "Theater des Anthropozän: Anthropos, Tyrann (Ödipus)." ⟨https://www.youtube.com/watch?v=mW1fEJTgHTI⟩.

Chakrabarty, Dipesh, "The Climate of History: Four Theses", *Critical Inquiry* 35.2, 2009, pp.197-222.

Churchill, Caryl, *Far Away*, in *Caryl Churchill Plays* 4, London: Nick Hern Books, 2009.

Jakovljević, Branislav. "Catastrophe of the Catastrophe: Industrial Aristotelianism and the (Dis)Emplotment of the Capitalocene", *TDR: The Drama Review* 67.1, 2023, pp.21-27.

Latour, Bruno, *Facing Gaia: Eight Lectures on the New Climatic Regime*, New York: Polity, 2017.

Meeker, Joseph, *The Comedy of Survival: Studies in Literary Ecology*, 3rd ed., Tucson: University of Arizona Press, 1997.

Nixon, Rob, *Slow Violence and the Environmentalism of the Poor*, Cambridge: Harvard Univ. Press, 2013.

Seymour, Nicole, *Bad Environmentalism: Irony and Irreverence in the Ecological Age*, Minneapolis: Univ. of Minnesota Press, 2018.

Steinmann, Kurt, "Anthropos, Tyrant (Oedipus)." 〈https://www.rowohlt-theaterverlag.de/foreign-rights/play/anthropos-tyrann-oedipus-998〉.

Taylor, Chloë, "Special Issue Information," *Societies*. 〈https://www.mdpi.com/journal/societies/special_issues/SJ〉.

Urry, John, *What is the Future?*, New York: Polity, 2016.

공연

〈디망쉬〉, Focus & Chaliwaté, 우란 2경, 2024.7.3.~7.11.

〈어부의 핵〉, 김도영 작, 장한새 연출, 신촌극장, 2023. 8.10~8.19.

황승경

코로나 이후 지속가능발전교육적 관점에서 분석한 연극적 영향력 탐색

방정환 연극 Dream 축제를 중심으로

코로나 이후 지속가능발전교육적 관점에서 분석한 연극적 영향력 탐색
방정환 연극 Dream 축제를 중심으로

1. 서론

유엔은 지구 환경 보호와 전 지구적 빈곤 해소 등 인류 공동의 번영을 실현하기 위해 2015년 '지속가능발전목표(Sustainable Development Goals : SDGs)'를 채택하였다. 이 가운데 제4목표는 기존 교육 패러다임의 전환을 요청하며 '지속가능발전교육(Education for Sustainable Development : ESD)'을 핵심 전략으로 제시하고, 교육이 지속가능한 미래 형성의 필수적 기반임을 강조한다. ESD는 모든 학습자가 양질의 교육을 통해 지속가능한 사회 변화를 이끌기 위해 필요한 가치·대도·역량을 습득하도록 하는 교육 접근으로 정의된다.[1]

본 연구는 코로나19 이후 교육 환경의 급격한 변화 속에서 ESD의 정립이 여전히 미비한 상황을 고려하여, 환경·경제·사회적 관점을 통합한 지속가능발전의 실질적 실현 가능성을 지역축제라는 문화적 실천의 장에서 탐색하는 것을 목적으로 한다. 특히 지역공동체 기반 축제가 지닌 교육적·문화적

---

1   문지영·양채원, 「지속가능성과 지속가능발전교육에 관한 연구 동향」, 『이시이교육연구』 23(3), 2022, 557~585쪽.

잠재력을 분석함으로써, 지속가능발전의 가치를 일상적 문화 경험 속에서 자연스럽게 확산할 수 있는 방안을 모색하고자 한다.

연구 절차로는 먼저, 지속가능발전교육의 개념·역사적 맥락·이론적 의의를 검토하고 한계를 진단한 배주경 등 연구진의 ESD 준거틀을 분석 기준으로 채택하였다.[2] 이어 확정된 준거에 따라 지속가능발전목표의 주요 영역 — ① 지속가능한 현재와 미래, ② 지속가능한 환경과 시민생활, ③ 지속가능한 사회와 시민생활, ④ 지속가능한 경제와 시민생활 — 과의 연계성을 검토하여, 지역축제 프로그램이 이러한 영역을 어떻게 반영하고 있는지 분석한다.

또한 본 연구는 축제의 참가 프로그램 가운데 ESD의 주요 내용 요소를 포괄할 수 있는 연극 기반 교육 프로그램을 구체적으로 탐색한다. 연극은 "만약 ~라면"이라는 가상(supposition) 기법을 통해 학습자에게 상황적 몰입과 심미적 상상력을 제공하며, 다층적 관점 이해를 가능하게 하는 교육적 도구다. 특히 지속가능한 미래를 위한 핵심 역량이 '전환적 임파워먼트(Transformative empowerment)'에 있음이 강조되는 최근 논의를 고려할 때, 연극은 예술적 탐구를 넘어 불확실한 미래 상황에 능동적으로 대응하는 시민성을 함양하는 교육 방식으로 기능한다.

생활세계에 기반한 지역축제는 공동체 구성원들이 놀이적 상상력을 공유하며 문화적 의미를 재구성하는 장이다. 이러한 축제를 ESD 관점에서 활용할 경우, 지속가능한 삶의 가치와 실천을 자연스럽게 체화시키는 효과를 기대할 수 있다. 따라서 본 연구는 지역축제의 연극 프로그램이 지닌 교육적·

---

2 배주경 외, 「초·중등학교 지속가능발전교육 활성화 방안 연구」, 한국교육과정평가원 연구보고 RRC 2022-6, 2022.

문화적 가치를 분석하고, 이를 바탕으로 지속가능발전목표 실현을 위한 지역축제 활성화 방안을 제시하고자 한다.

2. 지속가능발전교육의 교육철학 및 이론적 구조

1) 지속가능발전(SD)의 개념 형성과 국제적 전개

지속가능성(sustainability)의 개념은 근대 이후 자원 관리의 필요성이 대두되면서 등장하였으며, 19세기 후반~20세기 초반 어업자원 관리 지침으로 활용된 '최대 지속 생산량(Maximum Sustainable Yield)' 개념에서 이미 그 기원을 확인할 수 있다.[3] 이후 1987년 UN 세계환경개발위원회는 '브룬트란트 보고서(Our Common Future)'를 통해 기존 발전 패턴이 더 이상 유지 가능하지 않음을 지적하고 지속가능발전(Sustainable Development : SD)을 "미래 세대의 필요를 충족시키는 동시에 현세대의 필요도 충족시키는 발전"으로 정의하였다.[4]

1992년 브라질 리우에서 개최된 유엔환경개발회의(UNCED)는 '리우 선언'과 '의제 21'을 채택하며 환경·사회·경제의 조화로운 발전이라는 국제적 합의를 정립하였다.[5] 이어 2000년 채택된 새천년개발목표(Millennium Development Goals : MDGs)는 빈곤·기아·교육·보건 등 개발도상국 중심 과

---

3 이창언, 「새로운 시민교육 패러다임으로서 지속가능발전교육─홀리스틱 교육을 중심으로」, 『에너지기후변화교육』 14(1), 2024.

4 World Commission on Environment and Development, *Our Common Future*, Oxford University Press, 1987, p.24.

5 United Nations, *Rio Declaration on Environment and Development & Agenda 21*, UNCED, Rio de Janeiro, 1992.

제를 8개 목표로 제시하면서 국제 개발 담론의 구조를 확립하였다.[6]

2015년 제70차 유엔 총회에서는 이를 확대·보완한 지속가능발전목표 (Sustainable Development Goals : SDGs)를 2016~2030년까지 전 지구적으로 이행할 것을 결의하였다. SDGs는 "단 한 사람도 소외되지 않는다(Leaving no one behind)"를 핵심 원칙으로 하여 인간(people), 지구(planet), 번영(prosperity), 평화(peace), 파트너십(partnership)의 5대 영역을 기반으로 17개 목표와 169개 세부목표를 체계화하였다.[7] SDGs는 지속가능발전 개념을 실질적으로 구현하기 위한 정책 실행 프레임워크로 기능하며, 국가·지역 차원의 제도·교육적 적용을 촉진하는 국제적 기준으로 자리매김하였다.

2) 지속가능발전교육(ESD)의 철학적 토대와 교육적 의의

지속가능발전교육(Education for Sustainable Development : ESD)은 학습자가 지속가능한 사회로의 전환에 필요한 가치·지식·기술·태도를 기를 수 있도록 하는 교육 접근이다. ESD는 1992년 UNCED 이후 국제적으로 본격화되었으며, SDGs 제4목표(양질의 교육)에서 정식으로 규정됨으로써 그 제도적 기반이 강화되었다.

SDGs에서 제시되는 교육목표는 기존 MDGs의 "교육 접근성 확대"를 넘어, 지속가능한 사회변화를 위한 교육의 구조적 재편을 지향한다. 즉 개발도상국 중심의 지원 패러다임에서 벗어나, 모두를 위한 교육(Education for All)과 지속가능한 미래 역량을 통합하는 전 지구적 교육 패러다임으로 확장된 것

6　United Nations, *United Nations Millennium Declaration*, UN General Assembly Resolution 55/2, 2000.

7　United Nations, *Transforming our world: The 2030 Agenda for Sustainable Development*, UN General Assembly Resolution 70/1, 2015.

이다.

일부 학자들은 ESD가 환경적 의제를 충분히 반영하지 못하고 사회·경제적 측면을 상대적으로 중시한다는 비판을 제기한다. 그러나 국제 기준에서는 ESD를 환경·사회·경제의 상호 연계를 이해하고 문제 해결을 위한 통합적 역량을 강화하는 교육으로 규정한다.[8] 즉 ESD는 환경만을 강조하는 단선적 접근이 아니라 복합적 문제를 구조적으로 성찰하고 조정하는 능력을 기르는 데 핵심이 있다.

그럼에도 교육 현장에서는 ESD가 여전히 환경교육의 하위 범주로 오해되거나, 특정 의제 중심의 프로그램으로 축소되는 경향이 존재한다. 그러나 지속가능발전 문제를 온전히 이해하기 위해서는 서사·상황·갈등을 통합적으로 파악하는 능력이 요구되며, 이를 지원하기 위해 연극·드라마 기반의 간접경험과 스토리텔링 전략은 효과적인 교육적 접근이 될 수 있다. 특히 어린이·청소년은 정서와 인지가 긴밀하게 결합된 방식으로 세계를 이해하는 경향이 강하므로, 타자와 상황을 입체적으로 경험하게 하는 연극적 사고는 지속가능발전 가치에 대한 깊은 공감과 실천을 촉진하는 중요한 교육적 대안으로 기능할 수 있다.

3. 코로나19 이후 교육환경 변화의 구조적 분석

1) 코로나19 팬데믹의 구조적 영향과 교육 전환

현재 어린이·청소년의 정신건강과 학습 환경에 중대한 영향을 미친 외부

8　UNESCO, *Education for Sustainable Development Goals: Learning Objectives*, UNESCO Publishing, 2017.

요인은 '코로나19 팬데믹', '인공지능(AI) 기술의 급속한 일상화', '신(新) 문식성 환경의 확장'으로 정리할 수 있다. ESD의 교육철학을 효과적으로 구현하기 위해서는 이러한 환경 변화에 대한 진지한 고려가 필수적이다. 특히 코로나19는 기존 교육 시스템의 절차적 적응 과정을 생략한 채 디지털 전환을 단기간에 촉발시켰다.

2020년 5월 20일, 마이크로소프트 CEO 사티아 나델라는 "평소라면 2년이 걸릴 디지털 전환이 2개월 만에 이루어졌다"고 언급하며 코로나19가 가져온 구조적 변화를 상징적으로 표현하였다.[9] 교육은 시기적 상실을 회복하기 어려운 특성을 지니므로, 팬데믹은 단순한 정책 조정으로 해결할 수 없는 장기적 영향력을 야기했다. 2020년 초 대구 지역을 중심으로 감염이 확산되자, 대한민국 모든 초 · 중 · 고교는 개학을 수차례 연기하였고, 정식 온라인 플랫폼이 충분히 구축되지 않은 상황에서 비대면 수업을 긴급하게 도입해야 했다. 이후 약 300만 명 동시 접속이 가능한 디지털 교육 인프라가 마련되기까지 1년가량의 적응 기간이 필요했다.[10]

코로나19 이전 온라인 교육은 대면수업의 보조적 학습 자원으로 인식되었으나, 팬데믹 시기에는 필수적 교육 방식으로 전환되었다. 비대면 교육이 학습자의 부정적 정서나 성과 저하의 핵심 원인이라기보다는, 준비 과정이 축소된 '급작스러운 전환'이 여러 부작용을 초래한 것으로 해석할 수 있다. 이 과정에서 비대면 학습 경험 여부에 따라 학생 간 문제해결력, 독립 학습 능력, 정보 리터러시에서 격차가 도출되는 현상도 확인되고 있다.

---

9 Microsoft Official Blog, "Microsoft Cloud Strength Fuels Third Quarter Results", April 27, 2020.

10 박남기, 「포스트 코로나 시대 교육 새 패러다임 탐색」, 『한국초등교육』 32(2), 2021.

2) 인공지능(AI) 기반 학습 환경의 재구성

코로나19 팬데믹은 가정·학교·사회에서 디지털 기기 사용에 대한 기존의 금기와 우려를 빠르게 해제하였다. 스마트폰과 컴퓨터의 전자파 위험성과 같은 논쟁은 더 이상 중심 이슈가 되지 못했고, 학습·소통·업무의 핵심 기반으로 디지털 기술이 즉각 전면에 부상하였다.

AI 기술의 본격적 도입은 '창의성' 개념에도 변화를 가져왔다. 예를 들어, 초등학교 6학년 국어과의 '시 쓰기' 단원에서 감정 경험 → 시어 선택 → 표현 구성 → 수정·편집으로 이어지는 단계적 창작 과정은 오랫동안 중요한 학습 절차로 강조되어왔다. 그러나 ChatGPT에 몇 개의 키워드만 입력해도 완성된 시적 텍스트가 즉각 생성되면서, 기존의 창작 과정 일부가 축소되거나 생략될 가능성이 나타났다. 대학 교양과목의 '창작시 쓰기'에서도 AI 사용을 완전히 배제하기 어려워졌으며, 이에 따라 교수자는 창작 과정에서 학습자가 개입한 범위와 의도성을 평가하는 새로운 기준을 마련할 필요가 있다.

2021년 AI 챗봇 '이루다' 서비스 사건은 AI 기술의 윤리적 문제를 사회적 의제로 부각시킨 사례이다. 해당 서비스에서는 성적 대상화 및 혐오 발화 등이 발생하였고, 수사 과정에서 개인정보 수집 절차의 위반이 드러나 개발사에 과징금과 과태료가 부과되었다.[11] 이 사건은 AI 산업 경쟁력 논의와 별개로 디지털 윤리교육의 필수성을 강하게 환기시키는 계기가 되었다.

2023년 3월 대한민국 교육부는 '디지털 교육 대전환'을 공식 발표하며 AI·데이터 기반 맞춤형 학습을 교육정책의 핵심 방향으로 제시하였다. 에

---

11 개인정보보호위원회(2021), 「인공지능 챗봇 '이루다' 사건조사 결과 발표」, 보도자료.

듀테크 기반 교육은 학습자의 속도와 성향에 맞춘 개별화 학습을 가능하게 하지만, 동시에 데이터 윤리 문제, AI 의존성 심화, 정보 리터러시 왜곡 등 새로운 위험 요소 또한 증가시키므로 정서적·윤리적 교육의 병행이 필수적이다.

3) 신(新) 문식성 환경과 청소년 학습문화 변화

코로나19를 거치며 청소년 독서문화는 문자 기반 종이 독서에서 전자 기반 콘텐츠 소비로 빠르게 이동하였다. 웹툰·웹소설은 디지털 원어민(digital native) 세대의 주요 문화로 부상했으며,[12] '신(新) 문식성(New Literacy)' 개념은 문자 독해를 넘어 멀티모달 텍스트 이해 능력까지 포괄하는 확장된 문식성으로 정의되고 있다.

2021년 국민 녹서 실태 조사에서는 학생들의 웹소설 이용시간이 전년 대비 27.7% 증가하였으며, 정기적으로 책을 읽는 학생(주 1회 이상)은 57.7%로 나타났다. 학년이 올라갈수록 입시 중심 환경으로 인해 독서 시간이 감소하는 현상도 반복적으로 확인된다. 코로나 이전 김혜정의 연구에서도 고등학생의 61%가 "책을 거의 읽지 않고 SNS·웹툰·유튜브 소비에 집중한다"고 응답했다.[13] 윤미영은 이러한 변화 속에서, 청소년 독자를 이해하기 위한 새로운 디지털 독서관이 필요함을 제기하였다.[14]

신(新) 문식성 환경에서 ESD는 청소년이 디지털 환경을 단순 소비가 아닌

---

12 Marc Prensky, *Teaching Digital Natives*, 2010.

13 김혜정, 「미디어 시대의 책맹(비독서) 현상과 독서 교육의 방향」, 『독서연구』 52, 2019, 9~49쪽.

14 윤미영, 「고등학교 독자의 웹툰·웹소설 읽기 실태와 인식에 관한 연구」, 『독서연구』 64, 2022, 265~298쪽.

'비판적·성찰적 실천의 장'으로 활용할 수 있도록 돕는 문식성 교육을 요구한다. 즉, 텍스트가 다변화된 시대의 청소년에게 지속가능발전 맥락을 이해하고 해석하는 능력은 환경·사회·문화적 감수성의 통합적 발달과 직결된다.

4. 청소년 문화의 문화·정서 발달적 특성과 교육적 의미

청소년기는 아동기와 성인기 사이에 위치한 과도기적 발달 단계로, 신체적·심리적·사회적 변화가 급격히 이루어지는 시기이다. 코로나19 이전에는 대략 12세 전후가 청소년 문화의 시작점으로 여겨졌으나, 최근에는 디지털 환경의 확장과 사회적 자극의 증가로 인해 청소년 문화의 형성 연령이 점차 앞당겨지고 있다. 이러한 변화는 코로나19가 교육·사회 전반에 미친 간접적 영향으로도 해석할 수 있다.

이 시기의 청소년은 독자적인 라이프스타일을 만들어가며 능동적으로 의미를 생산하는 주체로 성장한다. 청소년기의 시작과 종료 시점은 생리학·인지발달·사회학적 관점에 따라 상이하여 단일한 정의가 어렵지만, 우리나라 '청소년기본법'에서는 이를 9세에서 24세로 규정하고 있다. 전통적으로 성인과 아동 사이의 '중간 단계'로 간주되던 청소년층은 사회문화의 중심적 영향력을 지닌 집단으로 부상하고 있으며, 이들의 감각과 스타일은 사회 전체의 문화적 지형을 변화시키는 중요한 요인으로 작용하고 있다.

디지털 콘텐츠 소비의 확대와 온라인 기반 소통문화의 발달은 청소년의 문화 형성 방식에도 구조적인 변화를 가져왔다. Prensky는 디지털 환경에서 성장한 세대를 '디지털 원어민(digital native)'으로 개념화하며, 기술 기반 환경이 사고방식·학습 방식·문화 수용 양식 전반을 재구성한다고 분석하였다.[15] 이러한 맥락에서 청소년 문화는 능동적이며 변화 지향적이고 다층적 양상을 띠며, 정서·인지·사회적 발달과 밀접하게 연관된다.

1) 또래집단 기반 문화의 공유성

청소년 문화는 동일한 또래집단 내부에서 공유·확산되는 경향을 지니며, 이는 개인적 취향을 넘어 특정 행동양식·패션·말투·브랜드 선호 등이 집단 정체성의 표식으로 기능하는 하위문화(subculture)의 특성과 맞닿아 있다. 예컨대 여학생들이 입학 직후 교복을 특정한 방식으로 착용하거나, 선호하는 브랜드와 스타일을 또래 사이에서 빠르게 공유하는 현상은 청소년 문화의 공유적 속성을 보여주는 대표적 사례이다. 이러한 공유성은 또래집단 내 소속감과 정체성 형성에 중요한 역할을 하며, 청소년들이 자신과 집단을 구분하고 의미를 구성하는 핵심적 문화적 기제로 작용한다.

2) 청소년 문화의 다층적 다양성

청소년 문화는 단일한 성격으로 환원될 수 없으며, 다양한 층위와 형태로 존재한다. 이는 청소년이 속한 사회·학교·지역·온라인 커뮤니티에 따라 각기 다른 특성을 보이며, 무엇이 '정답'인 문화도 존재하지 않는다. 예를 들어 과거에는 운동선수나 연예인 팬덤이 친구 관계 형성에 결정적 영향력을 가졌다면, 최근 연구에서는 웹툰·웹소설·유튜브 등 디지털 콘텐츠 기반 관심사가 더욱 다양해졌고, 또래 간 취향 존중 경향이 증가하고 있음을 보고

---

15 Marc Prensky, *Teaching Digital Natives: Partnering for Real Learning*, Corwin Press, 2010.

한다.[16] 이처럼 차이를 인정하고 존중하는 태도는 청소년 문화의 중요한 특징으로 자리 잡고 있으며, 이는 포용성·문화적 감수성 측면에서 교육적으로도 중요한 의미를 갖는다.

3) 사회화 과정을 통한 문화의 학습성

청소년 문화는 타고난 특성이 아니라, 일상적 상호작용 속에서 사회적으로 학습되는 산물이다. 가정·학교·지역사회·온라인 커뮤니티 등 다양한 사회적 환경은 청소년의 행동 양식과 가치관 형성에 지속적인 영향을 미치며, 각 환경에서의 경험은 문화적 규범을 해석하는 방식에 차이를 만들어낸다. 예컨대 가정에서는 인스턴트 식품 섭취가 제한되던 청소년이, 또래와 편의점을 방문해 음식을 구매하는 경험을 자연스러운 문화로 받아들이게 되는 것은 사회화 과정의 대표적 사례이다. 이러한 학습성은 청소년이 문화적 규범을 단순히 모방하는 것이 아니라, 상황 속에서 의미를 재구성하고 새로운 규범을 생산하는 능동적 주체임을 보여준다.

4) 세대 간 재구성과 문화적 축적성

청소년 문화는 어느 순간 갑자기 나타나는 것이 아니라, 과거로부터 축적된 문화가 변주되며 현재의 형태로 이어진다. 1990년대 중반 아이돌 팬덤 문화의 시작은 이후 2000~2020년대까지 한국 대중문화의 핵심 요소로 자리 잡았다. 김혜정은 학생들 사이에서 축적된 미디어 소비 습관이 종이책 독서보다 SNS·웹툰·유튜브로 이어지는 독서 환경 이동을 촉진한다고 분석한

16　윤미영, 앞의 글.

다.[17] 이처럼 특정 세대의 문화는 이후 세대가 기억하고 차용하는 문화적 유산이 되며, 이는 드라마 〈응답하라〉 시리즈와 같은 매체를 통해 세대별 청소년 문화가 기록·재해석되는 과정을 확인할 수 있다.

5) 문화 체계의 총체성·상호연결성

청소년 문화는 독립적으로 존재하는 것이 아니라, 가정환경·학교문화·지역사회·미디어·교육제도 등 다양한 사회적 요소가 촘촘히 결합된 총체적 체계로 구성된다. 예를 들어 온라인상에서의 축약어 변화('즐→KIN')는 PC통신 시절의 언어 습관, 게임 커뮤니티, 청소년 사이의 상호작용 등이 복합적으로 작용한 결과이다. 이러한 체계성은 청소년 문화 연구가 단일 요인 분석으로는 충분하지 않으며, 사회문화적 맥락 전체를 고려해야 함을 시사한다.

6) 청소년 문화의 가변성과 역동성

청소년기는 변화의 속도가 매우 빠른 시기이다. 문화는 시간이 지나면서 지속적으로 변형되고 재해석된다. 20여 년 전 여학생들이 교복 치마에 체육복을 넣어 입던 스타일은 현재 짧은 치마 착용으로 변화했다. 스티커 사진은 2000년대 초반 청소년 문화의 대표적 상징이었으나, 이후 한동안 쇠퇴했다가 최근 '인생네컷'과 같은 즉석 사진 부스 형태로 재해석되며 다시 부상하고 있다. 이는 과거 청소년 문화가 새로운 세대의 감각과 기술 환경 속에서 변주되며 축적되는 과정의 대표적 사례로 볼 수 있다.

윤미영은 이러한 변화가 디지털 기반 콘텐츠의 발달, 새로운 플랫폼의 등

---

17 김혜정, 앞의 글.

장, 또래집단 문화의 역동성 등 복합 요인의 결과임을 강조한다.[18] 또한 이러한 급격한 변화는 청소년이 '새로운 문화의 생산자'이자 '소비자'로 기능하는 이중적 위치에 있음을 보여준다.

5. 학교지속가능발전교육 관점에서 본 지역 연극축제 사례 분석

본 연구에서는 배주경 등이 제시한 '초 · 중등학교 지속가능발전교육(이하 학교지속가능발전교육)' 분석 준거를 적용하여, 2024 방정환 연극 Dream 축제 프로그램과 ESD의 연계성을 청소년 관점에서 검토하였다. 배주경 등의 연구진[19]은 지속가능발전목표가 다루는 환경 · 사회 · 경제 영역을 포함하여, 영역들이 통합적으로 작동해야 한다는 점을 반영해 〈표 2〉와 같이 4개의 대영역(I~IV)으로 구분하였다.[20]

1) 방정환 연극 Dream 축제의 구성 및 운영 특성 분석

서울중랑구연극협회가 주최한 '제2회 방정환 연극 Dream 축제'는 7월 19일과 20일 양일간 중랑구민회관 대 · 소공연장에서 개최되었다. 본 축제는 중랑구 소재 초등학생으로 구성된 12개 팀이 다양한 작품을 무대화하는 참여형 연극축제로, 초등학생이 직접 배역을 맡아 연극을 수행함으로써 능동적 예술 체험의 장을 마련하고 어린이 연극의 저변을 확대하는 데 목적이 있

---

18 윤미영, 앞의 글.
19 배주경 외, 앞의 글.
20 위의 글; 성경희 · 배주경, 「지속가능발전교육 기반 학교교육 적용방안 탐색」, 『환경교육』 36(1), 2023.

다. 아울러 중랑구 지역민과 지역사회를 소재로 한 고유한 연극 레퍼토리를 발굴하여 지역의 문화적 가치를 확장하고, 지역 특화형 축제를 육성함으로써 지역 정체성과 문화예술 역량을 강화하는 데 기여하고자 한다.

연극은 실연자와 관극자의 수용 경험이 본질적으로 상이하므로, 동일한 공연일지라도 관람 권장연령과 실연 권장연령이 다르게 설정될 수밖에 없다. 예컨대 초등학생 수업에서 학교 측이 뮤지컬 〈맘마미아〉나 〈시카고〉의 장면을 요청하는 사례가 있으나, 이는 교육적 관점에서 적절하지 않다. 무대 위에서 수행되는 '극중 자아'와 현실의 '나'는 상호 동일시되기 때문에, 작품의 주제와 정서가 학습자의 인지·정서 발달 단계와 부합하지 않을 경우 구체적 조작기 사고가 과도하게 강화되거나 정서적 혼란이 야기될 위험이 있다. 따라서 초등학생이 직접 배역을 연기해야 하는 상황에서는 배우의 발달 단계와 관객 연령을 고려한 희곡 선정이 보다 적절하다. 〈맘마미아〉와 〈시카고〉에 드러나는 서구적 정서와 문화 코드 또한 초등학생이 공감적으로 이해하기 어려워 극적 몰입을 저해하고 정서적 괴리를 초래할 수 있다.

'제2회 방정환 연극 Dream 축제'에 참여한 12개 단체와 공연 작품은 다음과 같다. 놀이터(〈댕댕이 똥〉), 차오름(〈매직 구슬〉), 독수리오남매(〈우리 마을 히어로〉), 어린연극인(〈토끼의 재판〉), 마루아라(〈빨간모자와 어리석은 늑대〉), 서울(〈비밀의 박의원〉), 씨앗(〈아기돼지 삼형제〉), 녹색(〈신데렐라〉), 중화(〈금도끼 은도끼〉), 하늘과 바다(〈해님 달님〉), 어린이(〈용기가 생기는 구슬〉), 새싹(〈똥 싼 녀석을 찾아라〉). 각 단체는 초등학생의 발달 단계에 적합한 서사 구조를 바탕으로 작품을 구성하여 공연을 진행하였으며, 이를 통해 지역 기반 아동·청소년 연극의 교육적 가능성을 확장하는 데 기여하였다.

공연	단체	내용
1	댕댕이 똥	놀이터	52년간 폭넓게 사랑받아 온 권정생의 동화 「강아지 똥」이 원작이며 아무런 쓸모없는 강아지 똥도 고운 민들레 꽃을 피우는 존재라는 주제를 함유한다. 넘쳐나는 지식과 정보는 우리 생활을 바꿀 수는 있어도 삶을 바꿀 수는 없다. 연극 〈댕댕이 똥〉은 보이는 곳 너머 보이지 않는 참다운 가치를 담는다.
2	매직구슬	차오름	원작은 아동극작가 이한영의 2008년 발간된 『신나는 아동극 세상』의 「구슬의 비밀」이며 소극적이고 매사 자신감이 부족한 경민이가 우연히 놀이터에서 노인을 만나 구슬을 매개로 용기와 자신감을 얻는다.
3	용기가 생기는 구슬	어린이	
4	우리 마을 히어로	독수리 오남매	전래동화 '재주 많은 다섯 친구'와 '재주 많은 여섯 쌍둥이'와 같은 스토리로, 다섯 쌍둥이가 각각은 보잘것없지만 각기 가진 재주로 단숨에 호랑이를 이기고 더 넓은 세상으로 나아가는 이야기로 서로 힘을 합쳤을 때 더 큰 힘을 발휘할 수 있다는 공동체 의식을 독려한다.
5	토끼의 재판	어린연극인	소파 방정환이 월간 『어린이』(1923년 11월호)에 한국의 고전 전래동화를 각색한 동명 희곡으로 신의(약속)에 대한 무게감과 권선징악의 지혜를 엿볼 수 있다.
6	빨간모자와 어리석은 늑대	마루아라	전 세계 어린이들에게 사랑 받는 프랑스 작가 샤를 페로의 명작동화 「빨간모자와 늑대」를 코믹한 버전으로 아이들의 눈높이에 맞게 윤색한 작품으로 아동 청소년 범죄 예방 차원의 교육 목적이 강하다.
7	비밀의 박의원	서울	원작은 천효정의 희곡집 『칠 대 독자 동넷개』에 수록된 어린이들의 오만 가지 병을 고쳐주는 박 의원의 이야기 「천하제일 박의원」으로 '이야기꾼'이 극에 등장인물로 등장해 마당극 형식으로 연출이 가능하다.
8	아기돼지 삼형제	씨앗	원작은 18세기 후반 영국에서 출판된 명작동화로 엄마 품을 떠나 자기들만의 인생을 시작하는 돼지 삼형제의 이야기를 통해 근면성실의 미래를 내다보는 혜안을 제시한다.

9	신데렐라	녹색	샤를 페로(1697)와 그림형제(1812)의 판본에도 나오지만 신데렐라는 유럽의 대표적 구전설화다. 고난과 역경에도 굴하지 않고 선한 마음과 성실함을 유지한 신데렐라를 통해 권선징악과 내면의 아름다움을 중요시한다.
10	금도끼 은도끼	중화	실수로 도끼를 연못에 빠트린 나무꾼이 금도끼, 은도끼, 쇠도끼 중에서 자신의 도끼로 쇠도끼를 선택하는 모습에서 정직한 인성을 보여준다.
11	해님 달님	하늘과 바다	우리의 대표적 전래동화인 '해와 달이 된 오누이'를 각색한 희곡으로 호랑이에 쫓기는 오누이가 하늘로 올라가 해와 달이 되는 기원 신화였다가 이후 민담이 되었다. 가족간 사랑과 우애, 슬기, 인과응보, 권선징악이 담겼다.
12	똥 싼 녀석을 찾아라	새싹	원작『누가 내 머리에 똥 쌌어』는 1993년 독일의 아동문학 작가 베르너 홀츠바르트와 볼프 에를브루흐가 지은 동화로 원제는 '자기 머리에 누가 똥을 쌌는지 알고 싶은 작은 두더지 이야기'다. 결국 두더지는 파리의 도움으로 범인을 찾아내 통쾌하게 응징한다.

연극은 문학적 요소를 지닌 희곡이 무대에서 관객에게 전달될 때 비로소 완성되는 예술 형식이다. 〈표 1〉의 프로그램에는 처음부터 극본으로 창작된 작품도 있으며, 명작동화 · 민담 · 전래동화를 무대화한 작품도 포함되어 있다.

2) 학교지속가능발전교육 요소와의 연계 가능성 분석

이러한 특성을 바탕으로 '학교지속가능발전교육'의 4대 대영역(Ⅰ. 지속가능한 현재와 미래, Ⅱ. 지속가능한 환경과 시민 생활, Ⅲ. 지속가능한 사회와 시민 생활, Ⅳ. 지속가능한 경제와 시민 생활)과 11개의 중영역, 28개의 주요 내용 요소를 반영할 수 있는 공연 프로그램을 분석하여 그 연계 가능성을 살펴보았다.

<표 2> '학교지속가능발전교육' 요소와 연결된 제2회 방정환 연극 Dream 축제 공연 프로그램

대영역	중영역	주요 내용요소	공연프로그램
Ⅰ. 지속가능한 현재와 미래	1. 지속가능발전의 이해	1. 지속가능성 및 지속가능발전의 의미와 가치	①
		2. 지속가능발전목표의 이해	③
	2. 지속가능한 미래를 위한 실천	1. 지속가능한 생활양식과 실천	②,⑥
		2. 지속가능한 사회를 위한 거버넌스 및 시민 참여	④,⑪
		3. 지속가능한 발전을 위한 과학기술혁신	⑥
Ⅱ. 지속가능한 환경과 시민 생활	1. 기후 변화와 친환경 에너지	1. 지구촌 환경 문제	
		2. 기후 변화의 영향 및 대응	③
		3. 에너지의 친환경적 생산과 소비 (탄소중립, 신·재생에너지 등)	⑩
	2. 자연 자원 및 생태계 보전	1. 자연자원(물, 공기, 토양 등)보전	①
		2. 생태계 보전, 생물 다양성 보전	①,④,⑤
	3. 지속가능한 도시와 지역사회	1. 도시화와 도시·주거 문제	⑦
		2. 생태친화적 도시 환경 및 교통 체계	②
		3. 세계 문화유산 보호·보존	
Ⅲ. 지속가능한 사회와 시민 생활	1. 건강과 행복한 삶	1. 신체·정신 건강 증진, 질병 예방과 관리	③
		2. 안전한 먹거리 및 식품 관리	
	2. 인권 보장과 불평등 해소	1. 인간 존중과 인권 보호	①,④,⑧,⑨,⑪
		2. 다양한 불평등 문제, 사회 정의와 형평성	①,③,⑦,⑧,⑨
		3. 편견·차별 해소, 공동체 의식과 연대	①,②,③,④,⑤, ⑥,⑦,⑩,⑪
	3. 문화 다양성과 포용	1. 문화 다양성 존중	①,⑥,⑩
		2. 사회문제 해결 및 갈등 조정	②,④
		3. 지구촌 평화, 남북 교류 협력	④

	1. 지속가능한 소비 생활	1. 자원의 유한성, 경제적 선택 문제	③,⑦
Ⅳ. 지속가능한 경제와 시민 생활		2. 친환경 · 윤리적 소비 생활	①,③
	2. 지속가능한 생산과 기업 윤리	1. 지속가능한 농업	①
		2. 친환경 생산 및 순환 경제	①
		3. 기업의 지속가능 경영과 사회적 책임	
	3. 빈곤층 감소와 사회 안전망	1. 경제 불평등 완화	③
		2. 사회취약계층의 사회 안전망 강화	⑤

6. 연극기반 지역문화 교육의 지속가능성에 대한 결론 및 전망

사회 변화에 민감한 청소년은 디지털 기반의 지식 · 정보 · 문화 콘텐츠를 적극적으로 수용하며, 그 과정에서 역동적이고 가변적인 생활양식과 가치체계를 형성한다. 이러한 청소년 문화의 생동성은 미래사회 발전과 직결되는 요소이므로, 기성세대는 청소년 세대가 지닌 문화적 감수성과 창조적 역량을 인정하고 존중할 필요가 있다. 청소년 문화가 어느 순간 갑자기 출현한 것이 아니라 기존 사회의 가치관 위에서 변주되며 축적된 결과임을 고려할 때, 성인의 경험 중심의 관점으로 청소년 문화를 단정하는 태도는 세대 간 오해를 심화시키고 미래 사회의 역동성을 저해할 수 있다.

청소년은 사회 · 문화적 환경 변화에 따라 서로 다른 대응 방식을 보이며, 특히 한국 청소년은 학교에서 보내는 시간이 길어 학교문화, 학습구조, 입시제도 등이 정서와 자아형성에 큰 영향을 미친다. 이러한 맥락에서 연극 활동은 청소년이 자기 자신과 타인을 이해하고 감정을 안전하게 탐색하도록 돕는 효과적인 교육적 매개체로 기능한다. 실제 미국의 일부 주에서는 아동에게 반성문을 강제로 작성하게 하는 방식을 금지하고, 대신 연극적 접근을 활용해 관계 회복을 시도하는 사례가 보고되고 있다.[21] 이는 반성문 작성 과정에서 발생할 수 있는 과도한 자기비난이나 정서적 위축을 예방하고, 연극 활동을 통해 보다 안전한 환경 속에서 감정 표현과 성찰을 이끌어내기 위한 조치이다.

연극은 인물의 감정과 상황을 신체적으로 경험하는 과정에서 '정화(catharsis)'를 가능하게 하며, 이후 일상으로의 건강한 복귀를 돕는다는 점에서 지속가능발전교육(ESD)이 지향하는 전인적 성장과 밀접하게 연관된다. 아동·청소년이 타자와 세계를 다층적으로 이해하는 능력은 지속가능한 미래사회를 구성하는 핵심 역량이며, 연극은 이러한 역량을 자연스럽게 확장시키는 교육적 장치로서 강점을 지닌다.

따라서 지역 기반 연극 축제의 활성화는 지역문화의 성장뿐 아니라 청소년의 정서 발달, 공동체 의식 강화, 문화적 감수성 향상이라는 교육적 효과로 이어진다. 본 연구에서 분석한 '방정환 연극 Dream 축제'와 같은 참여형 연극 프로그램은 ESD의 가치를 실천적·체험적으로 확산시키는 장으로 기능하며, 미래지향적 교육 환경 구축을 위해 향후 더욱 심층적인 연구와 제도적 지원이 요구된다. 연극이 가진 교육적 가능성은 학교지속가능발전교육의 실천 영역을 넓히고, 청소년이 지속가능한 사회 구성원으로 성장할 수 있도록 하는 중요한 대안이 될 것이다.

21　미국 일부 주의 반성문 강제 금지 및 그 심리적 위험성은 교육법·아동심리 분야 연구에서 다루어지며, 관련 내용은 American Psychological Association(2020), School Discipline and Student Mental Health 및 Child Trends(2020)의 학교 규정 보고서를 참고할 수 있음.

참고문헌

김용·곽덕주·김민성·이승은, 『코로나 이후의 교육을 말하다』, 지식의 날개, 2021.

박남기, 「포스트 코로나 시대 교육 새 패러다임 탐색」, 『한국초등교육』, 32(2), 서울교육대학교 초등교육연구원, 2021.

박영경 외, 『한국사회문제』, 한국방송통신대학교 출판문화원, 2020.

배주경·이미경·서지영·이미숙·성경희·장근주, 「초·중등학교 지속가능발전교육 활성화 방안 연구」, 한국교육과정평가원 연구보고 RRC 2022-6.

성경희·배주경, 「초·중등학교 지속가능발전교육의 영역 및 내용 요소 탐색」, 『교육과정평가연구』, 26(1), 한국교육과정평가원, 2023

손해숙·진설하, 「포스트 코로나 시대, 대학 교육 탐색」, 『문화와 융합』, 43(2), 한국문화융합학회, 2021

오판진, 『아동극 창작과 교육』, 정인출판사. 2020

이원영, 「새로운 시민교육 패러다임으로서 지속가능발전교육 — 홀리스틱 교육을 중심으로」, 『에너지기후변화교육』 14(1), 에너지기후변화교육학회, 2024.

장근주·박영주, 「초·중등학교 음악과 교육과정 성취기준과 지속가능발전교육 내용 간 연계성 분석」, 『예술교육연구』, 21(3), 한국예술교육학회, 2021.

정철희, 「포스트 코로나 시대 교육정책결정 원리의 변화 필요성」, 『교육철학』, 76(1), 한국교육철학회, 2020.

황승경, 『무한한 상상과 놀이의 변주』, 연극과 인간, 2020.

———, 「위드 코로나 시대의 문화예술정책 방향성 연구 — 어린이청소년 예술교육을 중심으로」, 국민의당 국민미래연구원 정책연구보고서, 2021.

———, 『문화예술수업 연극대본집』, 국제예술기획, 2024.

용어

필자 소개

김미희 연극평론가로『연극평론』편집장을 맡고 있으며, 한국예술종합학교 연극원 교수로 재직중이다. 한국예술영재교육연구원 원장을 역임했으며 아시아태평양연극대학교연합 부회장으로 예술교육연구와 연극평론 활동에 매진하고 있다.

남지수 동시대 연극의 혼종적 양상에 많은 관심을 갖고 연구를 수행 중이다. 다큐멘터리 연극, 버바팀 연극, 자기 이야기하기 연극 등 실재와 연극이 경계를 넘는 자리들에 특별히 주목하고 있다.

서지영 평론 활동을 하며 독일어권 연극을 연구한다. 주요 연구는 페터 바이스와 밀로 라우, 드라마투르기 이론 등이 있다. 최근에는 독일 연극계에 소환된 푸코 철학이 동시대 연극 작업에 미치는 긍정적 자극을 탐색하고 있다.

엄현희 연극평론가.『연극과 서사』,『한국 현대 연출가 연구 3』,『환승+극장』에 공저로 참여했으며, 인터뷰모음집『이머시브 씨어터 : 창작경험의 공유』와 연극평론집『연극비평과 연극경험』,『기록, 성장, 연극』을 썼다.『공연과이론』편집주간과 한국연극평론가협회 사무국장을 맡았다.

이미원 연극평론가, 한국예술종합학교 명예교수. 한국 전통연극과 근대극을 잇는 연극 작업에 관심이 많으며, 연극은 궁극적으로 인문학적인 질문이라고 생각한다.

임형진 극단 테아터라움 철학하는 몸 대표 및 상임연출, 상명대학교 예술대학 연극전공 교수로 재직 중이다. 제5회 서울국제공연예술제(SPAF) 젊은 비평가상을 수상하였으며, 수행성의 미학, 포스트드라마 연극, 브레히트의 동시대성에 대한 연구와 작업을 이어가고 있다.

정명문 뮤지컬평론가. 음악을 활용한 대중 공연들이 적절한 자리매김이 될 수 있는 객관적인 시선을 남기려 노력하는 중이다. 『한반도 음악극』을 집필했으며, 『1990년대 문화키워드 20』, 『인천 예술사 구술 채록』 등에 공저로 참여했다. 극작 음악극 〈할머니〉를 썼다.

조만수 연극평론가. 오페라, 창극, 연극 등 60여편에서 드라마터그로 참여하였고 평론집 『무대 위의 책』, 번역서 『무대』를 출판하였다. 충북대학교 프랑스언어문화학과에서 프랑스어권 희곡 문학과 공연에 대해 가르치고 있다.

최성희 이화여자대학교 영어영문학부에서 현대영미드라마를 공부하고 가르치고 있다. 관심 주제는 미메시스, 퍼포먼스 인문학, 생태비평이다.

황승경 연극평론가, 평생교육사, 사회복지사, 예술강사로 사회적 약자와 소수자의 목소리를 예술로 확장하는 작업에 관심이 많다. 예술을 통한 성찰이 세상을 시나브로 변화시킨다고 굳게 믿고 있다.